Das Erbe C. G. Jungs

# Philosophie und Geschichte der Wissenschaften

Studien und Quellen

Herausgegeben von
Hans Jörg Sandkühler (Bremen) und
Pirmin Stekeler-Weithofer (Leipzig)

Band 67

PETER LANG
Frankfurt am Main · Berlin · Bern · Bruxelles · New York · Oxford · Wien

Mario Trevi/Marco Innamorati

# Das Erbe C. G. Jungs

Neue Wege
in der dynamischen Psychologie

PETER LANG
Internationaler Verlag der Wissenschaften

**Bibliografische Information der Deutschen Nationalbibliothek**
Die Deutsche Nationalbibliothek verzeichnet diese Publikation in der Deutschen Nationalbibliografie; detaillierte bibliografische Daten sind im Internet über <http://www.d-nb.de> abrufbar.

Gedruckt mit Unterstützung des
Studiengangs Psychologie der Universität Bari /
La pubblicazione di questo volume è stata realizzata grazie a
un contributo del Dipartimento di Psicologia dell'Università degli
Studi di Bari.

Aus dem Italienischen übertragen von Brigitta Flau.

Die italienische Originalausgabe ist 2000 unter dem Titel
»Riprendere Jung« beim Verlag Bollati Boringhieri (Turin)
erschienen.
Die vorliegende deutsche Ausgabe ist gegenüber der
Originalausgabe überarbeitet.

ISSN 0724-4479
ISBN 978-3-631-55161-5



www.peterlang.de

# Inhalt

Für Nora
Für Lucia

Gibt es eine in ihrer subtilen Zweideutigkeit schönere Freude als die, der Zerstörung eines Mythos beizuwohnen? Welche Verschwendung an Irrtümern, ihn hervorzubringen! Die Furcht all derjenigen, die ihn nicht akzeptierten, und was für ein Aufwand an Hoffnungen – nur, um ihn endlich untergehen zu sehen! Die Intelligenz kann nur in solchen Epochen erblühen, in denen die Überzeugungen sich korrumpieren, die Grundsätze und Prämissen sich lockern, wenn die allgemein anerkannten Regeln nachgeben. Das Ende jeder Epoche ist ein Paradies für den Geist, der Zerstreuung und Inspiration nur innerhalb eines Organismus finden kann, der sich mitten im Zustand der Verwesung befindet. Wer das Unglück hat, in eine Epoche voller Gründergeist und geistiger Fruchtbarkeit hineingeboren zu werden, muss ihre Grenzen und Gewohnheiten ertragen lernen, er wird zum Sklaven einer universellen Weltanschauung und bleibt innerhalb dieses engen Horizonts ein Gefangener. Die fruchtbarsten historischen Epochen waren auch immer die, in denen es kaum Luft zum Atmen gab, die sich wie ein Schicksal darstellten; sie waren ein Segen für naive Geister, aber tödlich für die Liebhaber intellektueller Freiräume. Wahre Freiheit findet sich nur unter den desillusionierten und unfruchtbaren Epigonen, in den Gemütern der Dekadenz, wenn die stilistischen Verbindlichkeiten sich auflösen und Inspiration bestenfalls aus ironischem Interesse entsteht.

E. Cioran, *Précis de decomposition*

# Einleitung

Dass im Bereich der Tiefenpsychologie verschiedene theoretische Modelle nebeneinander existieren, ist keine Neuigkeit. Seit ihrer Entstehung wird die psychoanalytische Bewegung von internen Meinungsverschiedenheiten, Missverständnissen und gegenseitigen Abtrünnigkeitsbezichtigungen ihrer wichtigsten Vertreter begleitet. Nur der Existenz des „Übervaters" Freud ist es zu verdanken, dass ein scheinbarer Zusammenhalt der Psychoanalytiker gewahrt blieb, indem eine Unterteilung der unterschiedlichen Richtungen in Abweichler und Orthodoxe, Freudianer und Nicht-Freudianer, Streiter für oder gegen die (von ihm formulierte) Wahrheit vorgenommen werden konnte. Nachdem seit dem Tod des Gründervaters immerhin mehr als sechzig Jahre vergangen sind, lässt es sich jedoch schwer leugnen, dass selbst der leiseste Anschein theoretischer Übereinstimmung seit langem verloren gegangen ist. Innerhalb der International Psychoanalytic Association (IPA), der internationalen psychoanalytischen Vereinigung, die wohl als der direkteste Nachfolger der ursprünglichen Wiener Gruppe angesehen werden kann, leben die verschiedensten theoretischen Richtungen bewusst und in beharrlichem Eigensinn als Gegensatz zusammen. Fast scheint es so, als seien die offiziellen Vertreter der IPA eher durch politische Motive als durch gemeinsame Ideen miteinander verbunden, da sie sich auf eine Art Vertrag „*Cuius regio eius religio*" geeinigt haben. (Am Ende der blutigen Religionskriege des 16. Jahrhunderts verpflichtete der Augsburger Religionsfrieden in Anerkennung der historischen Tatsachen jeden Untertan dazu, dem religiösen Glaubensbekenntnis seines Fürsten beizutreten.) In der gleichen Art und Weise schließen sich die meisten werdenden Analytiker generell dem psychoanalytischen Glaubensbekenntnis ihres eigenen Lehranalytikers an. Kleinianer schulen kleinianische Analytiker, Kohutianer bilden kohutianische Analytiker aus und so weiter. Es lässt sich leicht nachweisen, dass die verschiedenen Schulen freudianischer Richtung erst in jüngster Zeit Anzeichen für ihre Bereitschaft zu einem Dialog haben erkennen lassen, der von Respekt und Offenheit und nicht mehr von gegenseitigem Misstrauen gekennzeichnet ist.[1] Nach dem Standpunkt der jeweiligen ‚offiziellen' Meinungen zu urteilen, scheint das Ergebnis jedoch nicht viel bedeutender zu sein als der Übergang vom bewaffneten Frieden zur gegenseitigen Duldung – und nicht viel mehr.

1 Als anlässlich einer Tagung in den achtziger Jahren in den Vereinigten Staaten Vertreter unterschiedlicher Schulen sechs verschiedene psychoanalytische Modelle des Gedächtnisses und deren jeweilige klinische Implikationen miteinander verglichen, wurde das von den Teilnehmern als eine Premiere erlebt und wiederholt als solche bezeichnet, die nur wenige Jahre vorher kaum vorstellbar gewesen wäre. Siehe auch: Rothstein 1985.

Umgekehrt erweisen sich die Kliniker in ihrer Praxis, entgegen einer scheinbaren Abschottung der verschiedenen Theorien gegeneinander, als sehr viel flexibler und offener dafür, die Erfahrungen und Beiträge anderer zu verwenden, als man annehmen könnte, wenn man von dem ausgeht, was öffentlich zugegeben wird. Daraus resultiert eine immer stärker wahrnehmbare Unfähigkeit, die klinischen Erfahrungen objektiv miteinander auszutauschen.[2] Vor allem resultiert daraus jedoch eine befremdliche Scheinheiligkeit, auch weil die Insider nach außen hin lieber das Bild einer homogenen Interessengemeinschaft vertreten sehen möchten, in solidarischer Übereinstimmung gemeinsam unter dem Dach des großen Namens von Sigmund Freud, der wie eine Art Gütesiegel gegenüber all denjenigen verwendet wird, die sich einer psychoanalytischen Therapie unterziehen wollen.

Dieses Buch geht von der Überzeugung aus, dass diese Scheinheiligkeit nicht nur unnötig, sondern auch schädlich ist, da die Existenz und die Entwicklung der unterschiedlichen Theorien zur Erklärung der Erscheinungsformen der Psyche nicht nur für jeden, der diesen Bereich erforschen will, eine unvermeidliche und unumgängliche Tatsache darstellen, sondern darüber hinaus ganz wesentlich den Reichtum der Tiefenpsychologie ausmachen. Ein Fortschritt dieser Disziplin ist wahrscheinlich nur dann möglich, wenn man die Suche nach der *einzig wahren* oder der – wenigstens – der Wahrheit im absoluten Sinne vorläufig am nächsten stehenden Theorie über die Psyche aufgibt und stattdessen damit anfängt, die Kriterien für die Legitimität und die Grenzen der Anwendung jeder einzelnen mit intellektueller Aufrichtigkeit aufgestellten Theorie zu ergründen.

Unter diesem Gesichtspunkt erscheint den Autoren dieses Buches die theoretische Forschungsarbeit von Jung ein wichtiger, bislang relativ vernachlässigter Beitrag. Die Abwehrhaltung des *Mainstreams* der psychoanalytischen Bewegung gegenüber einer ernsthaften Auseinandersetzung mit der immer noch äußerst fruchtbaren Hinterlassenschaft Jungs hatte sicher historische Gründe. Es wäre an der Zeit, sie aufzuarbeiten – wobei diese neue Aneignung Jungs notwendigerweise die Folge einer kritischen und undogmatischen Betrachtung seiner Werke sein müsste, die bis heute nicht einmal seitens der Jungianer selbst in Angriff genommen wurde.

Historisch gesehen wurzeln die Gründe für die Abspaltung der jungschen Lehre von der Theorie Freuds in dem schwierigen persönlichen Verhältnis zwischen Freud und Jung. Einige Ansichten Jungs, die Freud anfangs noch tolerierte – wie die unterschiedliche Konzeption der Libido – wurden nach der Trennung als

2 In diesem Zusammenhang sei hier auf das neueste Buch von Donald Spence verwiesen, das eine Art Anklagerede gegen die fragmentarische und anekdotische Form der Berichte beinhaltet, die daher unmöglich zuverlässig zu beurteilen seien und mittlerweile die einzige öffentliche Kommunikationsform der Psychoanalytiker über klinisches Material darstellten (vgl. Spence 1994).

unhaltbare Abweichungen von der wahren Lehre verunglimpft und mit einer kanonischen Verurteilung belegt. Folglich präsentierten sich die Psychoanalyse und die analytische Psychologie in der Zeit zwischen den zwanziger und den dreißiger Jahren des vorigen Jahrhunderts als zwei stark divergierende Theorien. Dennoch scheinen sie sich mittlerweile durch das im Laufe der Zeit immer häufigere Entstehen von differenzierteren Standpunkten im Vergleich zu den ursprünglichen Dogmatismen – vor allem unter den Freudianern – in ein theoretisches Kontinuum einzufügen.[3] Tatsächlich konnten die Historiker der Psychoanalyse keine plausiblen Erklärungen für die Gründe finden, warum in psychoanalytischen Werken, die zum Teil sehr ähnliche Vorstellungen wie die des Psychologen aus Zürich erarbeiten, nicht ausdrücklich auf diesen hingewiesen wird. Selbst ein Mann wie Paul Roazen hat für die Ächtung Jungs kein besseres Argument gefunden als seine angebliche Zustimmung zum Nazi-Regime.[4]

Es wäre dennoch falsch, die Schuld für den fehlenden Dialog zwischen der Welt der Jungianer und der Freudianer ausschließlich den Letzteren zuzuschreiben. Die Lehre Jungs ist von tiefen Aporien und ständigen Widersprüchen gekennzeichnet. In seinen Werken finden sich hermeneutische Motive neben nicht durchdachten Dogmatismen. Wenn an einer Stelle die individuellen Bedürfnisse des Einzelnen in den Vordergrund gerückt werden, so steht an einer anderen die unumstößliche Gewissheit (weitgehend vermuteter) universeller Inhalte der Psyche. Wir finden sowohl Öffnungen zum Dialog mit der freudschen Psychoanalyse, als auch die radikale Negation ihrer theoretischen Legitimität. Auf die Genialität des Gründers, die weitgehend auch die strukturellen Mängel seiner Lehre kompensierte, folgte ein unter seinen Schülern weit verbreiteter Konservatismus – eine Verehrung Jungs, die vielleicht noch unkritischer war als diejenige gegenüber Freud von Seiten seiner Anhänger-, welcher eine kritische Diskussion des jungschen Erbes und demzufolge auch eine reale Bereitschaft zum Dialog fast unmöglich erscheinen ließ. Trotz sporadischer Anstrengungen waren es nur sehr wenige, die versucht haben, auf dieses grundlegende Problem einzugehen. Dies ist womöglich das erste Problem, mit dem sich ein Leser Jungs konfrontieren sollte, der einen Schritt nach vorn auf dem vorgezeichneten Weg machen möchte: Die Unmöglichkeit, die vorhandenen Widersprüche und Aporien zu verschlei-

3 Neuere Beiträge aus freudianischen Kreisen erweisen sich bisweilen als relativ tolerant gegenüber dem theoretischen Beitrag Jungs. In diesem Zusammenhang siehe auch: Cooper 1985, 16; Mitchell/Black 1995, 43.

4 Paul Roazen schreibt wörtlich: „Persönlich gehe ich davon aus, dass im Augenblick weder in den Vereinigten Staaten von Amerika noch in Frankreich irgendjemand Jung auf einem kulturellen Niveau gerecht würde. Dieser Mangel an Beachtung liegt zumindest zum Teil daran, dass die von ihm ausgehende Faszination eher ästhetischer denn wissenschaftlicher Natur ist. Dazu kommt natürlich noch seine Kompromittierung mit den Nationalsozialisten." (Vgl. Roazen 1990). Hinsichtlich der Diskussion von Jungs Beziehung zum Nationalsozialismus verweisen wir auf Innamorati 1992.

ern, und daher die Notwendigkeit, auf einen Teil der theoretischen Anregungen Jungs zu verzichten, um den anderen konsequent zustimmen zu können.

Das vorliegende Buch gliedert sich in zwei Teile. Im ersten wird zunächst versucht, eine vorläufige Bilanz der geschichtlichen Entwicklung der Tiefenpsychologie nach Freud und nach Jung zu ziehen. In diesem Zusammenhang wird veranschaulicht, wie die Geschichte der psychoanalytischen Bewegung nach den von Freud aufgestellten Theorien vor allem darin bestanden hat, die Grenzen des klassischen Freudianismus hervorzuheben, anstelle einer natürlichen Weiterentwicklung und harmonischen Wissenserweiterung des ursprünglichen theoretischen Modells; jeder neue Theoretiker hat seine Arbeit mit einem seiner Meinung nach unbefriedigenden Bestandteil der Psychoanalyse Freuds begonnen. Im Gegensatz dazu hat die analytische Psychologie den Prozess der notwendigen Distanzierung vom Stammvater, der für die Freudianer auf den unterschiedlichsten Gebieten von so großem Nutzen war, vielleicht noch nicht einmal begonnen. Es wird daher einerseits versucht, die Gründe für das Fehlen einer derartigen Entwicklung, die oft mit einer falschen – weil nicht realisierbaren – Auffassung von Treue gegenüber dem Lehrmeister zusammenhängen zu veranschaulichen, und andererseits die noch nicht vollständig entfalteten Fähigkeiten der jungschen Lehre darzustellen. Angesichts der außergewöhnlichen Vielfalt der nur teilweise miteinander zu vereinbarenden rivalisierenden Lehren, werden wir versuchen herauszustellen, wie gerade die Überlegungen Jungs der Ausgangspunkt für die Erarbeitung einer Theorie sein können, die das Zusammenleben dieser Doktrinen zu legitimieren imstande ist. Auch wenn ein solches Vorhaben hier noch nicht zu Ende geführt werden kann, kann ein erster, zur Weiterentwicklung fähiger Weg skizziert werden. Gleichzeitig wollen wir uns an einer aktuellen Beurteilung der Grenzen, Stärken und Möglichkeiten des Jungianismus versuchen.

Der zweite Teil ist kürzer und hat einen eher praxisbezogenen Charakter. Er versucht, die klinischen Möglichkeiten eines an Jung orientierten psychotherapeutischen Modells herauszuarbeiten. Dabei möchten wir gleich deutlich – sozusagen „programmatisch" – darauf hinweisen, dass es sich natürlich nicht um das einzig mögliche Modell handelt. Angesichts der Tatsache, dass die ihm zugrunde liegenden Ideen – wie Perspektivismus, dialogische Interaktion und heuristisch bedingte Schwankungen – eher eine Manifestation der Öffnung gegenüber „anderen" theoretischen Möglichkeiten darstellen als eine stabile Grundlage für Prinzipien, könnte die Bezeichnung „Modell" vielleicht sogar schon zu anspruchsvoll sein.

Dieses Buch ist das Ergebnis jahrelanger Überlegungen und Gespräche der beiden Autoren über die hier erörterten Themen, in deren Verlauf das Projekt Gestalt annahm, diesen Gedankenaustausch schriftlich niederzulegen. (Unter anderem gab es schon vorher zwei kurze, unter beider Namen erschienene Veröffentlichungen, die hier wieder aufgegriffen und überarbeitet werden). Die Autoren bitten ihre Leser um Nachsicht dafür, dass der unterschiedliche Schreibstil in den verschiedenen Kapiteln (und manchmal auf den verschiedenen Seiten innerhalb eines Kapitels) den Eindruck einer stilistischen Uneinheitlichkeit erweckt. Für die in diesem Buch geäußerten Ansichten übernehmen die Autoren zu gleichen Teilen die Verantwortung.

# Erster Teil

# Nach Freud und nach Jung

# 1. Nach Freud

> Nur wenn man ihm Freiheit gewährt, gibt ein Mensch sein Bestes. Wir dürfen nicht vergessen, dass die Geschichte der menschlichen Wahrheit auch die Geschichte der Menschen ist. Also müssen wir auch dem gut gemeinten Irrtum Raum lassen.
>
> C.G. Jung, Brief an Freud vom 15.11.1912

## *1.1. „Gravitationsfelder" in der Geschichte der Tiefenpsychologie*

In der Geschichte der Psychologie lässt sich ein Phänomen beobachten, das allen Geisteswissenschaften eigen ist, in den so genannten exakten Naturwissenschaften hingegen fast gänzlich fehlt: Der Theoretiker, der Gründer neuer Theorien, erhebt sich sozusagen über den normalen Ablauf der Disziplin, indem er eine Art „Gravitationsfeld" schafft. Seine Anhänger sind daher in einem gewissen Sinne an ein historisch gewachsenes, eng an die Erfahrungen des Gründers angeschlossenes „Gravitationszentrum" gebundenen.

Im Allgemeinen bleiben diese Anhänger Epigonen und bewegen sich innerhalb der Denkmuster ihres jeweiligen Gravitationsfeldes. Außerhalb der so genannten „Schule" entwickelt sich die äußerst vielseitige und komplexe allgemeine Psychologieforschung wie alle anderen Disziplinen weiter, während sich innerhalb einer bestimmten Schule die Tendenz zeigt, dem Denkmuster des Gründers zu folgen. Diese Tendenz ist jedoch weder integralistisch noch absolut; mit anderen Worten, jeder Anhänger, der mit einem Minimum an wissenschaftlicher Aufrichtigkeit und Unabhängigkeit in der Forschung ausgestattet ist, ist auch bereit, sich auch auf andere Denkrichtungen einzulassen. Trotzdem kann man sagen, dass der „Anhänger" dazu tendiert, eher dem außergewöhnlichen und beeindruckenden Gründer seiner Schule als der Disziplin im Allgemeinen zu folgen. Man kann feststellen, dass die Position des Anhängers sich zwischen zwei unterschiedlichen Kräften in der Waage hält: Die eine Kraft bindet ihn an das Gravitationsfeld des Gründers, die andere treibt ihn dazu, aus psychologischen oder auch außerpsychologischen Quellen zu schöpfen, welche dem Gründer zu seiner Zeit unbekannt waren oder von ihm vernachlässigt wurden. Diese zweite Kraft ist maßgebend für die relative Originalität des Anhängers. Wenn allerdings die Kraft des vom Gründer geschaffenen Gravitationsfeldes besonders stark ist, kann man auch das Phänomen des treuen bis hin zum extrem treuen Anhänger beobachten: Meist handelt es sich dabei um durchaus fähige Exegeten der Werke des Meisters.

Das hier kurz beschriebene Phänomen ist charakteristisch für die Geisteswissenschaften und deshalb ist es nur legitim, die Psychologie (und hier besonders die Tiefenpsychologie) als solche zu betrachten. Man könnte vielleicht sogar behaupten, dass besonders dieses Phänomen eines der wichtigsten Motive darstellt, um den Gegensatz zwischen Natur- und Geisteswissenschaften aufrechtzuerhalten, den die gegenwärtige Epistemologie und die Wissenschaftsgeschichte gern auflösen würden (zumindest in den von Dilthey formulierten und von Windelband und Rickert weiterentwickelten Ausführungen). In den Naturwissenschaften ist es, ganz abgesehen von der geschichtlichen Abfolge der großen „Paradigmen" im inzwischen allgemein anerkannten Sinne Kuhns,[1] generell nicht möglich, das Phänomen der oben beschriebenen „Gravitationsfelder" zu beobachten. Eine Ausnahme gilt für den – im Allgemeinen sehr begrenzten – Zeitraum, der für die Durchsetzung und Verifizierung[2] von einem neuen Grundsatz oder einer neuen Gruppe von Gesetzen erforderlich ist. In der Physik existieren zum Beispiel nicht gleichzeitig unterschiedliche Schulen, die sich auf demselben Forschungsgebiet rivalisierend gegenüber stehen. So existieren zum Beispiel keine Einsteinianer, die im Kontrast zu Planckianern stünden. Die Gemeinschaft der Physiker (wie übrigens auch die der Biologen, Chemiker, etc.) diskutiert die neuen Theorien, bis es möglich ist, diese mehr oder weniger gleichzeitig seitens aller beteiligten Forscher anzunehmen bzw. abzulehnen. In den Geisteswissenschaften trifft man hingegen nicht nur häufig auf das Phänomen entgegengesetzter Schulen, sondern es ist bisweilen sogar möglich, dass eine theoretische Organisation experimenteller Daten, die von der Geschichte als überholt angesehen wurde oder in Vergessenheit geraten ist, neue Aktualität erlangt.

Man darf natürlich nicht vergessen, dass innerhalb der Psychologie eine bedeutende, sich an der Praxis der Naturwissenschaften orientierende Richtung existiert: Es handelt sich hierbei um Gemeinsamkeiten, welche die Psychologen zwischen ihrer eigenen Disziplin und den großen Forschungsgebieten der Molekularbiologie, der Neurophysiologie, der Biopsychologie etc. gefunden haben. Diese „naturwissenschaftlichen" Zweige wachsen gemeinsam mit denen der eher geisteswissenschaftlich ausgerichteten Psychologie am selben Baum und tragen in nicht unbeträchtlichem Maße dazu bei, aus letzterer eine fragwürdige Wissen-

1 Vgl. Kuhn 1970.

2 Der Begriff „Verifizierung" ist hier im weitest möglichen Sinne zu verstehen. Es ist bekannt, dass es seit Popper auf epistemologischem Gebiet sehr umstritten ist, ob eine Theorie oder ein theoretisches Konzept im klassischen induktiven Sinn ‚verifiziert', beziehungsweise *experimentell als wahr nachgewiesen* werden können. Heute nimmt man im Allgemeinen an, dass keine Theorie mit Gewissheit als definitiv gültig angesehen werden kann. Andererseits müssen einige Theorien, zum Nachteil anderer, auf der Grundlage von experimentell gesicherten Daten dennoch akzeptiert werden, die, auch wenn sie nicht als direkter Beweis angesehen werden können, den Wert einer „Bestätigung" annehmen. Siehe auch Popper 1959.

schaft mit einem extrem problematischen Statut zu machen. Darüber hinaus werden manchmal diejenigen, die von einem dieser „Gravitationsfelder" angezogen sind, von dessen Kraft davon „abgelenkt", die Beiträge der anderen Richtungen objektiv zu beurteilen. Ein Beweis dafür ist zum Beispiel der Widerstand, auf den man im freudianischen Gravitationsfeld, zweifellos vom historischen Standpunkt eines der stärksten und am weitesten verbreiteten, bei der Beurteilung der Beiträge der Neurowissenschaften trifft. In der Tat war es bereits seit den ersten neurophysiologischen Forschungen über den Schlaf in den fünfziger Jahren klar, dass ein großer Teil der Forschungsergebnisse Freuds über den Traum unausweichlich widerlegt werden würden. Nichtsdestotrotz folgten Jahrzehnte zähen Widerstandes seitens der Anhänger Freuds, die selbst den unhaltbar gewordenen Teil seiner Theorien weiter zu verteidigen suchten. Die Konsequenz davon war, dass auch die Teile der *Traumdeutung*, die es weiterhin verdient gehabt hätten, ernsthaft in Betracht gezogen zu werden, ins Zwielicht gerieten.

Die Wirkung des Gravitationsfelds hat übrigens auch die Schule Jungs sehr stark beeinflusst und erreichte ihren Höhepunkt in einer an Böswilligkeit grenzenden Parteilichkeit unter denjenigen, die einen „reinen" Jungianismus am Leben erhalten wollten. Tatsächlich kann die sowohl geniale als auch unbestimmte, vielseitige und widersprüchliche Lehre Jungs nicht in ihrer Ganzheit akzeptiert werden, da sie durch kontrastierende, sich gegenseitig ausschließende Polaritäten gekennzeichnet ist. Noch bevor man überlegt, welcher Teil des Jungianismus fruchtbarer für weitere Entwicklungen sein könnte, muss man sich im Klaren darüber sein, dass die Akzeptanz bestimmter Gesichtspunkte der analytischen Psychologie mit großer Wahrscheinlichkeit das Aufgeben anderer Aspekte derselben Disziplin mit sich bringt.

## *1.2. Entwicklung des Freudianismus nach Freud*

Die Entwicklung der Freudschen Schule repräsentiert möglicherweise eines der kompliziertesten und komplexesten Kapitel der Historiographie der Wissenschaften aller Zeiten. Bis heute gibt es keine Abhandlung, die der Forderung, zu einem Verständnis dieses Kaptitels der Historiographie der Wissenschaften beizutragen, zu vollster Zufriedenheit entsprechen würde. In diesem Rahmen wäre es ohnehin unmöglich, das Profil der Freudschen Psychoanalyse in ihrer geschichtlichen Entwicklung zu Lebzeiten Freuds und in den darauf folgenden fünfundsechzig Jahren nach seinem Tod selbst in einer dürftigen Zusammenfassung zu skizzieren. Es wird lediglich versucht, wesentliche Ähnlichkeiten und Unterschiede zwischen einer Entwicklung „nach Freud" und „nach Jung" darzustellen.

Seit Beginn der Forschungen Freuds – d.h. seit dem ersten Jahrzehnt des letzten Jahrhunderts – haben unter den Anhängern Freuds einige bedeutende Differenzierungen und Abspaltungen stattgefunden. Es erscheint uns sinnvoll, zwischen ‚rhizoiden' und ‚dendritischen' (von *dendron*, Baum, hier in der Bedeutung von „Verzweigung") Entwicklungen zu unterscheiden. Die erst genannten führen zu einer Bildung von unabhängigen Schulen, welche dennoch durch eine manchmal oberflächliche, manchmal klar gegensätzliche, oder, besser gesagt, oppositionelle Beziehung mit dem Gründer verbunden sind. Wie bekannt, kann die neue Pflanze, die von der Mutterpflanze als Rhizom mit einem entschiedenen Schnitt abgetrennt wurde, ganz unabhängig von dieser üppig weiterwachsen. In dieser Hinsicht können als typisch rhizoide Entwicklungen in Bezug auf Freud und die Psychoanalyse im eigentlichen Sinn die Hypothesen von Adler und Jung und, wie wir noch sehen werden, in gewisser Weise auch die Lehre Hillmanns in Bezug auf Jung definiert werden. Im Gegensatz dazu kann ein Ast, ein dendron, nicht von seiner Mutterpflanze getrennt werden, und seine Vitalität ist von der kontinuierlichen Verbindung zu dieser abhängig.

In diesem Sinne kann man sowohl die Lehre von Klein[3], und generell die Englische Schule, als auch Hartmanns Lehre und die *Ego Psychology* sowie die Ansätze von Lacan etc. in Bezug auf Freud als dendritische Entwicklungen bezeichnen. Dies schließt jedoch nicht aus, dass man bisweilen dendritische Entwicklungen beobachten kann, die sich, als handelte es sich um eine doppelte Genesis, in der Folge als rhizoide Entwicklungen entpuppen. In diesen Fällen gedeiht die neue Lehre unabhängig von ihrem Ursprung. Wie in der Natur wirft der neue Ast, der in einen anderen Boden verpflanzt wird, neue Wurzeln und wächst vollkommen unabhängig von seiner Mutterpflanze. Dies ist zum Beispiel bei Kohut der Fall, dessen letzte theoretische Entwicklungen als eigenständige rhizoide Filiation in Bezug auf seine freudianische Abstammung definiert werden können. Man kann durchaus sagen, dass das Werk des späten – und sicher originelleren – Kohut Frucht eines Rhizoms ist, das sich von seiner Mutterpflanze radikal abgenabelt hat.

Sowohl die rhizoiden als auch die dendritischen Entwicklungen der Psychoanalyse haben ihren Ursprung in einem oder mehreren in der ursprünglichen Theorie ungelöst gebliebenen Problemen, die sowohl theoretischer als auch klinischer, ja, sogar im weiteren Sinn philosophischer bis politischer Natur sind. Auf den folgenden Seiten wird eine zusammenfassende Klassifikation der postfreudianischen Schulen versucht; ausschlaggebend sind dabei die Gründe für die Unzufriedenheit mit Freud.

[3] Paradoxerweise hielt Melanie Klein ihre eigene Forschung für, um derselben Metapher treu zu bleiben, vollkommen zum Zentralstamm der Freudschen Orthodoxie zugehörig, indem sie die für sie einzig mögliche logische Weiterentwicklung des späten Freud konstituierte, der mit *Jenseits des Lustprinzips* die Existenz eines Todestriebes neben der Libido postuliert hatte. Ebenso paradox war, dass derselbe Sigmund Freud Melanie Klein sozusagen auf einen ‚Nebenzweig' drängte, auch um den von seiner Tochter Anna betriebenen konkurrierenden Forschungen im Bereich der Kinderpsychoanalyse innerhalb der psychoanalytischen Bewegung eine vorrangige Position zu verschaffen.

### *1.2.1. Adler und der Wille zur Macht*

Am 13. Mai 1908, während einer der Debatten der Wiener Psychoanalytischen Vereinigung, antwortet Alfred Adler auf eine Bemerkung von Otto Rank, indem er „die Abtrennung des Sadismus von der Sexualität [als seine eigene Entdeckung] herausstellt und ihn über alle anderen Triebe stellt".[4] In diesen kurzen Sätzen befindet sich der Keim der ersten eklatanten Sezession innerhalb der psychoanalytischen Bewegung: Der Austritt Adlers aus der ursprünglichen Gruppe um Freud. Die *Studien über die Minderwertigkeit von Organen* sind schon ein Jahr vorher erschienen, aber seine darin geäußerten, von der Freudschen Lehre bereits abweichenden Vorstellungen hinsichtlich einer Theorie über die Neurosen, haben ihn noch nicht seines beträchtlichen Ansehens innerhalb der psychoanalytischen Gemeinschaft beraubt. In den oben zitierten Ausführungen erkennt man Adler jedoch schon potenziell außerhalb des orthodoxen psychoanalytischen Kontexts, da er eine klare kritische Position zum strittigsten Punkt der Freudschen Theorie bezogen hat – der Hypothese, dass jeder Aspekt der menschlichen Psychopathologie (und letzten Endes der menschlichen Existenz selbst) mit Hilfe der Sexualtriebe zu erklären sei.

Mit dem Werk *Über den nervösen Charakter* wird die Trennung von Freud im Jahre 1912 endgültig vollzogen. Während Adler sich mit dem von ihm als „fruchtbar und wertvoll" definierten Beitrag Freuds zur Psychologie auseinandersetzt, sind seine Vorstellungen bereits so klar definiert und sein Tonfall ist so weit von jeder Polemik entfernt, dass der Leser ohne weiteres veranlasst wird anzunehmen, dass der Bruch zwischen den beiden schon lange her ist. Dagegen liegt die Gründung des Verein für Individualpsychologie nur ein Jahr zurück.

Laut Adler sind es im Wesentlichen drei Annahmen von Freud, die kein korrektes Verständnis der Neurose zulassen: die Überzeugung, dass die Libido die einzige *fons et origo* der neurotischen Manifestation ist; die Idee einer, letzten Endes, immer sexuellen Ätiologie der Charakterneurosen und die Annahme, dass alle Triebe, die zu neurotischem Verhalten führen, in der Kindheit begründet sind (d.h. die Konzeption des Ödipuskomplexes).[5]

Weit davon entfernt, eine Quelle neurotischen Verhaltens zu sein, sind, nach Adlers Ansicht, die Libido, die Sexualität – oder auch die Perversion – in Wirklichkeit dem Versuch der Behauptung der individuellen Persönlichkeit untergeordnet. Diese Motivation, dieser „Wille zur Macht" hat, anstatt von Kräften geleitet zu sein, deren sich der Neurotiker nicht bewusst ist, einen finalistischen Charakter. Wenn sich das menschliche Verhalten als „verdreht" erweist, rührt dies nicht daher, dass der Inhalt der Triebe verdrängt wurde, sondern vielmehr daher, dass beim fehlgeschlagenen Versuch der Behauptung der eigenen Persön-

4 Vgl. Nunberg/Federn (Hrsg.) 1962.

5 Vgl. Adler 1922.

lichkeit (generell im Sinne der „männlichen Selbstbehauptung“) der Neurotiker seine objektive Sicht der Welt verliert. Bei dem Versuch, sich zu behaupten, die Spuren von dem zu verwischen, was er als das eigene Minderwertigkeitsgefühl wahrnimmt, konstruiert der Neurotiker eine ideelle und imaginäre Überstruktur, von der er sich Schutz verspricht.[6]

Nach Adlers Meinung verdanken die Sexualneurosen ihre Existenz nicht in erster Linie der Sexualität: Das ganze Bild der Sexualneurose ist ein Gleichnis, in dem sich die Distanz des Patienten von seinem fiktiven männlichen Endziel, und wie er sie zu überwinden oder zu verewigen sucht, spiegelt.[7]

Auch die infantilen Bedürfnisse bleiben dem neurotischen Finalismus untergeordnet. In der gleichen Weise lassen sich die inzestuösen Wünsche als „symbolisch“ auffassen; der Versuch, die Zuneigung eines Elternteils zu gewinnen, um das eigene Gefühl der Unsicherheit zu kompensieren, kann dazu führen, sich so zu verhalten *als wenn* man das andere Elternteil ersetzen wollte.

Seine Überlegungen über die Gründe für die Abspaltung Adlers führten Jung zur Annahme der Koexistenz unterschiedlicher und gegensätzlicher Theorien im Bereich der Psychologie. Sie werden ihn schließlich von seinem kurzen Beitrag im Jahre 1913 *Zur Frage der psychologischen Typen* bis zu den *Psychologischen Typen* von 1921 bringen. Die Individualpsychologie präsentierte sich als eine Theorie, die für dieselben Phänomene eine im Allgemeinen nicht weniger überzeugende Erklärung als die Psychoanalyse zu bieten hatte, aber gleichzeitig alles andere als dazu bestimmt war, Freuds Lehre zu verdrängen.

### *1.2.2. Melanie Klein, die Englische Schule und die Schwäche der Libido*

#### *Die Entwicklung der Kleinianischen Lehre*

Melanie Kleins Werdegang beginnt mit dem Versuch, Freuds Lehre zu Ende zu denken, nicht mit dem Suchen nach Unstimmigkeiten. Melanie Klein hielt sich selber so sehr für die wahre Fortsetzerin der Gedanken Freuds, dass sie, nach der Aussage Hanna Segals zu urteilen, überaus enttäuscht darüber war, wie Sigmund Freud seine Tochter Anna in den Kontroversen zwischen den beiden Frauen unterstützte, die durch Melanie Kleins 1926 veröffentlichte Abhandlung Die psychologischen Grundlagen der Frühanalyse ausgelöst wurden. Klein war jedenfalls die erste Psychoanalytikerin, die eine klinische Reflexion über Freuds Hemmung, Symptom und Angst und über Jenseits des Lustprinzips durchführte. Es han–delt sich hierbei um Werke Freuds, die von seinen eigenen Schülern so gut wie ignoriert wurden.

6 Vgl. Adler 1922, 14.
7 Vgl. Ebd., 5.

Die Entwicklung der Kleinianischen Lehre entstand durch den Gedanken, Freuds Psychoanalyse auf die Behandlung von Kindern auszudehnen, auf den Klein von ihrem Lehrmeister Abraham gebracht worden war. Der erste Grund ihrer Unzufriedenheit mit der Freudschen Psychoanalyse war daher die begrenzte Anwendbarkeit der psychoanalytischen Methode in Bezug auf die Leiden in der Kindheit. Die ersten Analytiker waren nämlich davon überzeugt, dass man keine echte Übertragung mit Kindern herstellen kann (da die Beziehung des Kindes zu den Eltern noch lebendig und deswegen die Idee ihrer „Reproduktion" undenkbar sei). Daneben suchten sie verzweifelt nach einem technischen Mittel, mit welchem man, analog zur freien Assoziation der Erwachsenen, Anzeichen für unbewusste Gedanken der Kinder ermitteln konnte. Anna Freud, die sich ihrerseits auf dieses Fachgebiet spezialisiert hatte, ging anfangs davon aus, dass es nicht möglich sei, mehr als eine Art aufgeklärte Pädagogik mit den Kindern zu verwirklichen.

Melanie Klein fand jedoch heraus, dass es möglich ist, einen kommunikativen Kontakt zu den Kindern aufzunehmen durch die Beobachtung ihres Spiels (welches sie als Externalisierung innerer Konflikte, Ängste und Wünsche betrachtet); die Möglichkeit der Benutzung von Spielzeug wurde dadurch ein unabdingbarer Bestandteil des Settings der Kinderanalyse. Aufgrund der Neigung der Kinder, dem Analytiker eine Rolle innerhalb der Spiele zuzuweisen, war nach Kleins Meinung auch die Möglichkeit, eine Übertragung der kleinen Patienten zu bewirken, offensichtlich vorhanden.

Die Beobachtung von Kleinkindern[8], deren Triebleben von Freud nur vermutet, oder, besser gesagt, postuliert werden konnte, brachte Melanie Klein seit den 1920er Jahrren dazu, ihre Aufmerksamkeit auf die Bedeutung der Angst und im Besonderen auf die „Bedeutung der Inhalte (und weniger auf den instinktbedingten Ursprung) der Angst"[9] zu lenken. Während sie sich auf Phantasien konzentriert, die Angst assoziieren, meint sie, behaupten zu können, dass „die ursprüngliche Angst eine Angst vor verfolgenden Objekten ist (an erster Stelle die böse

[8] Es sollte daran erinnert werden, dass Melanie Klein in Wirklichkeit keine direkten Beobachtungen an Kindern unter zwei Jahren und neun Monaten durchgeführt hat. Die Existenz von früheren libidinösen Impulsen ist aus dem Inhalt der Phantasien älterer Kinder gefolgert, welche zum großen Teil von oralen Themen dominiert werden: Melanie Klein hält die orale Libido für zentral im ersten Lebensjahr und datiert demnach auf dieses Alter den Ursprung von oralen Phantasien (siehe zum Beispiel M. Klein 1932, 270 ff.). Ein großer Teil der Diskussionen über die Gültigkeit der kleinianischen Lehre (angefangen mit den so genannten ‚kontroversen Diskussionen', welche die British Psychoanalytical Society in den 1930er Jahren belebt haben) dreht sich um die Gültigkeit dieser Schlussfolgerungen.

[9] Hinshelwood 1989. Joan Riviere vergleicht die Funktion der Angst in der theoretischen Entwicklung der Kleinianischen Lehre mit dem Ariadnefaden (vgl. Rivière 1970, 8).

Brust) und dass die Abtrennungsmechanismen zu den ersten Verteidigungsstrategien des Ich zählen".[10] Demnach überzeugte sich Klein davon, dass die Beziehung zwischen Mutter und Kind als eine Beziehung zwischen zwei unterschiedlichen Objekten entsteht: Hier die gute Brust, die die Nahrungsbedürfnisse des Kindes befriedigt, und dort die böse enttäuschende Brust (die so genannten Partialobjekte). Erst nach den ersten Monaten, sagt Klein, „werden, zusammen mit der wachsenden Integration des Ich, die gegensätzlichen Aspekte synthetisiert."[11] Die Fähigkeit, das gleichzeitige Bestehen von guten und bösen Aspekten in einem einzigen Objekt akzeptieren zu können, führt zur Entwicklung der depressiven Angst (während die ersten Lebensmonate durch die Verfolgungsangst charakterisiert sind).[12]

Klein versteht die Angst als ein solch zentrales Element des menschlichen Lebens, dass sie so weit geht zu behaupten, dass alle Psychoneurosen „als mehr oder weniger verunglückte Versuche angesehen werden können, die Angst zu beherrschen".[13] Nicht zu Unrecht spricht Jean-Bertrand Pontalis von „heideggerschen Akzenten" im Zusammenhang mit der von Klein vertretenden Auffassung des Menschen und im Besonderen des Kindes.[14]

Ein anderes Thema, das seinen Ursprung in Freuds Überlegungen hat, in den Schriften Melanie Kleins seit Beginn der dreißiger Jahre jedoch eine sehr spezielle Bedeutung annimmt, ist das Thema der Aggression. Auch wenn schon in Jenseits des Lustprinzips auf die Aggression als einen – neben dem Eros und von diesem unabhängigen – Primärtrieb hingewiesen wurde, erlangt die Aggression bei Melanie Klein eine so große Bedeutung, dass dadurch alle anderen Motivationen gewissermaßen in den Hintergrund gedrängt werden. Darüber hinaus führte diese Konzeption um so mehr zu einem Bruch, weil die von Freud aufgestellte These über die Aggression und den Todestrieb auch innerhalb der Kreise der ihm am nächsten stehenden Analytiker auf starken Widerstand gestoßen war.

Das, was sich anfangs für Klein als eine orthodoxe Weiterentwicklung der Freudschen Psychoanalyse darstellte, enthielt in Wirklichkeit den Keim einer echten Revolution. Die kleinianische Konzeption der kindlichen Entwicklung verändert – radikal, aber progressiv – die von Freud aufgestellte und von Abraham weiterentwickelte klassische Konzeption der Phasen (in der Reihenfolge oral, anal, phallisch). Der Beginn der Ödipus-Thematik wird auf das erste Lebensjahr vorverlegt: „In der Interpretation von Klein verändert sich der Ödipus-

10 Heimann 1952, 84-93.

11 M. Klein 1971, 21.

12 Schematisch kann man festhalten, dass die depressive Angst sich auf die Angst, das Objekt des eigenen libidinösen Interesses zerstört zu haben bezieht; wobei die (paranoide) Verfolgungsangst mit der Angst, vom Objekt zerstört zu *werden* verbunden ist.

13 M. Klein 1932, 245.

14 Pontalis 1968, 192.

komplex von einem Kampf um die Erfüllung verbotener Lüste und der damit verbundenen Angst vor Strafe in einen Kampf um Besitz und Zerstörung und die Angst vor Repressalien".[15] Die Reihenfolge der Phasen macht Platz für die Dynamik der „Positionen": die paranoid-schizoide Position (charakterisiert durch die paranoide Angst) und die depressive Position (charakterisiert durch die depressive Angst) werden nicht mehr als feste Etappen der Entwicklung angesehen. Es besteht immer die Möglichkeit, von der einen in die andere überzuwechseln.

Dennoch ist es die Aufwertung des Triebobjekts bei Klein, die in der Folge einen sehr starken Einfluss auf die Entwicklung der psychoanalytischen Lehre ausüben wird. Melanie Klein ist nämlich letzten Endes überzeugt davon, dass „die Objektbeziehungen praktisch mit der Geburt beginnen und mit den ersten Ernährungserfahrungen einhergehen, ja, dass alle Aspekte des vernünftigen Lebens mit Objektbeziehungen verknüpft sind."[16]

### *Die Entstehung der Objektbeziehungs-Schule*

Wenn Melanie Klein die erste Autorin ist, die ihre Aufmerksamkeit auf die Signifikanz der Objektbeziehungen richtet, so setzt ein sehr bedeutender Teil der psychoanalytischen Bewegung den von ihr vorgezeichneten Weg so konsequent fort, dass damit letztlich eine Umkehrung der Perspektive Freuds bewirkt wird. Wie bekannt, ist die Bedeutung des Objekts und der Beziehung zu ihm in Freuds Augen ausschließlich an die Möglichkeiten der Triebbefriedigung geknüpft: Wenn die Beziehung zur Außenwelt nicht notwendig wäre, um die eigenen Triebbedürfnisse zu befriedigen, würde die Libido einen rein narzisstischen Einsatz finden. Ein gewisser narzisstischer Widerwille gegenüber der Objektbesetzung bleibt, nach Freuds Auffassung, selbst in der Psyche des Erwachsenen eine Konstante. Im Anschluss an Klein kann sich jedoch die Meinung durchsetzen, dass das Interesse für das Objekt an Primärtriebe gebunden ist: Obwohl schon Michael Balint von „primärer Objektliebe"[17] spricht, kann man sagen, dass erst durch die Beiträge Ronald Fairbairns eine neue „Schule" entsteht, in der die Bedeutung der Objektbeziehungen radikalisiert wird.

Fairbairn fasst seinen Standpunkt programmatisch so zusammen, dass „die Libido in erster Linie nicht die Suche nach Lustbefriedigung, sondern die Suche nach dem Objekt ist.".[18] Seiner Meinung nach hat das Konzept der Suche nach Lustbefriedigung, in seiner ursprünglichen Freudschen Konzeption als Suche nach Erleichterung für die libidinöse Spannung, keinen heuristischen Wert. Die Tatsache, dass es die Natur der Spannung ist, nach Entladung zu suchen und dass

15 Greenberg/Mitchell 1983, 124.
16 M. Klein 1971, 21.
17 Balint 1937.
18 Fairbairn 1952, 155.

dieselbe Entladung eine Erleichterung verursacht, beantwortet nämlich nicht die Frage, welches die wahre Natur der Kräfte ist, die sich entladen müssen. Folgt man Fairbairn in diesen Überlegungen, dann hat Freud den Zweck mit den Mitteln verwechselt, wenn er die „libidinösen Ziele" in Bezug auf die betroffenen erogenen Zonen (orale, anale, etc. Ziele) definiert hat. „Diese von ihm beschriebenen Ziele sind in Wirklichkeit gar keine Ziele, sondern Modalitäten, mit denen die Objekte behandelt werden. Die betroffenen Zonen müssten dementsprechend nicht als Herren der Ziele, sondern vielmehr als deren Sklaven angesehen werden, physische Organe, die als Kanäle dienen, mit deren Hilfe persönliche Ziele verwirklicht werden können. Der wirkliche Zweck der Libido ist die Herstellung befriedigender Objektbeziehungen; daher kann man das Objekt als das wahre Ziel der Libido bezeichnen".[19]

Man kann die historische Bedeutung dieser Position gar nicht unterschätzen, die in ihren mehr oder weniger radikalen Assimilationen definitiv die Bedeutung der Beziehungsdimension für die menschliche Entwicklung herausgearbeitet hat und damit auch ihre Rolle in der Psychopathologie (man denke beispielsweise an den Beitrag von Winnicot). Vor allem jedoch haben die Überlegungen Fairbairns die Grundlage für eine Auffassung des Subjektbegriffs in der Psychotherapie geschaffen, die, auch wenn Jung selbst von der Englischen Schule niemals in Betracht gezogen wurde, den ursprünglichen jungianischen Bestrebungen sehr nahe kommt. Man beachte hierzu die folgenden Zeilen von Harry Guntrip: „While Freud hovered between a psychology of the organism and a psychology of the person, a theory of instincts and a theory of object relations, his theory of instincts and a theory of theory of objects relations, his theory in toto remained fundamentally orientend to biology. Thus, he makes character dependent on the organic maturing of the sexual instincts rather than dealing with sexual functioning as controlled by the extent to which character has matured in human relationships. Moreover, his radical subordination of objects to the role of mere means to the gratification of instincts is unsatisfactory from a sociological and from a human point of view, since it treats of personal relationships on a subpersonal level".[20]

### *1.2.3. Die Ich-Psychologie und die Forderung der Wissenschaftlichkeit*

Unter dem Begriff „Ich-Psychologie" versteht man üblicherweise jene Fraktion der Verfechter der Psychoanalyse, die darauf bedacht war, dem Ich mehr Autonomie gegenüber dem Unbewussten zuzuschreiben, als von Freud konzipiert wurde. *Das Ich und die Abwehrmechanismen* von Anna Freud (1936) und *Ich-Psychologie und Anpassungsprobleme* von Heinz Hartmann (1939) können als die

19 Fairbairn 1952, 138.
20 Guntrip 1961, 29.

Werke betrachtet werden, die den theoretischen Beginn der Ich-Psychologie darstellen. Hartmann, der anfangs von Ernst Kris und Rudolph Loewenstein und dann von seinem Schüler Rapaport unterstützt wurde, kann als der bedeutendste Inspirator der Ich-Psychologie angesehen werden. Merton Gill, George Klein, Robert Holt und Roy Schafer (auch wenn der Werdegang des Letztgenannten ihn am Ende zu im Wesentlichen hermeneutischen Positionen geführt hat), ihrerseits Schüler Rapaports, sind einige der wichtigsten Persönlichkeiten dieser Richtung seit den sechziger Jahren des zwanzigsten Jahrhunderts bis heute.

Traditionell charakterisiert die Zugehörigkeit zu dieser Strömung die als orthodox bezeichnete Mehrheit der psychoanalytischen Bewegung. Auf den ersten Blick erscheint es daher eher paradox, sie unter dem Aspekt ihrer Kritik an Freud zu begutachten. Morris Eagle meint feststellen zu können, dass die Arbeit Hartmanns und seiner Anhänger hauptsächlich in kleinen „Korrekturen und Erwieterungen der Freudschen Lehre bestand, [sie bestand] darin, explizit zu formulieren, was implizit schon vorhanden war. „[21] Und doch kann man in diesem Fall sogar sehr deutlich das Motiv ermitteln, welches diese Gruppe mehr und mehr vom ursprünglichen Freudianismus entfernt hat: Die Forderung nach strenger Wissenschaftlichkeit.

Dieser Anspruch kommt in den grundsätzlichen, von Hartmann vorgebrachten Veränderungsvorschlägen zur Theorie Freuds zum Ausdruck: An erster Stelle die Idee, dass sich einige Ich-Funktionen nicht infolge des Triebdrucks, sondern vielmehr auf der Grundlage eines genetischen Programms entwickeln;[22] des weiteren das Prinzip, dass bestimmte Verhaltensweisen, auch wenn sie sich durch den Kampf zwischen dem Lust- und Realitätsprinzip entwickeln, und daher das Ergebnis einer Triebsublimierung sind, eine sekundäre Autonomie erwerben können. Hartmann betont in diesem Zusammenhang ausdrücklich, dass seine Ideen eine „konsequentere Integration der Schlussfolgerungen und der analytischen Hypothesen mit den Daten direkter Beobachtungen“[23] gestatten sollen.

Die Überzeugung, die Psychoanalyse vollständig nach den strengsten wissenschaftlichen Maßstäben aufbauen zu können, erlitt dennoch eine eklatante Desillusionierung, als bedeutende Vertreter der Ich-Psychologie (unter ihnen Hartmann) im Jahre 1958 auf einer Tagung zum Thema „Psychoanalyse und wissenschaftliche Methode“ mit Wissenschaftsphilosophen, obendrein neopositivisti-

21 Eagle 1993, 374.

22 Hartmann 1964, 113-141. „Some aspects of early ego development appear in a different light if we familiarize ourselves with the thought that the ego may be more [...] than a developmental by-product of the influence of reality on instinctual drives, that it has a partly independent origin [...] and that we may speak of an autonomous factor in ego development in the same way as we consider the instinctual drives autonomous agents of development“ (ebd., 119).

23 Ebd.

scher Abstammung, diskutierten. Die Epistemologen, besonders Ernest Nagel in seinem Beitrag, äußerten starke Vorbehalte gegenüber der wissenschaftlichen Glaubwürdigkeit der psychoanalytischen Theorien, indem sie den Mangel an Überprüfbarkeit der empirischen Evidenz, auf die sich die Psychoanalyse gründet, seitens unabhängiger Forscher feststellten. Auch wenn Nagels Meinung nach akzeptiert werden kann, dass nicht alle theoretischen Konzeptionen explizit durch empirische Verfahren bestimmt sein müssen (obwohl dies an sich wünschenswert sei), „müssten [jedoch] wenigstens einige der verwendeten Begriffe mit beobachtbarem Material verknüpft sein, dass hinreichend genau und klar spezifiziert ist, in Hinblick auf Verfahrensnormen, die als „Korrelationsnormen", „Koordinationsdefinitionen" und „operative Definitionen" bezeichnet werden"[24]. Wenn aber die operative Definition eines Begriffs erst durch Operationen zum Ausdruck kommt, die jeder unabhängige interessierte Forscher durchführen kann, kann keine psychoanalytische Theorie durch eine angemessene empirische Nachprüfung bestätigt werden.

Auch wenn dem Neopositivismus ein schneller Niedergang bestimmt war, wurde die Ermittlung von aussagekräftigen empirischen Daten zur Unterstützung der psychoanalytischen Theorien zu einem Schwerpunkt innerhalb der Entwicklung der Ich-Psychologie. Nachdem das Vorhaben Rapaports, die Psychoanalyse auf der Basis eines logisch-deduktiven Modells umzustrukturieren, welches sich auf wenige metapsychologische Grundlagen stützte, gescheitert war, hat die amerikanische psychoanalytische Bewegung vergeblich nach Alternativen gesucht, um Begriffe (wie zum Beispiel die ‚psychische Energie'), die offensichtlich nicht verifizierbar sind, unter einem wissenschaftlichen Gesichtspunkt zu begründen. Auf diese Weise negiert am Ende ausgerechnet der orthodoxeste Flügel der psychoanalytischen Bewegung die Metapsychologie als solche, um sich einer theoretischen Konstruktion hinzugeben, die ausschließlich auf rein klinischen Daten basiert. Genau das ist das Endresultat von einigen der einflussreichsten unter den amerikanischen Theoretikern in der auf Hartmann folgenden Generation, wie Schafer, Gill, Holt und George Klein (alle paradoxerweise ehemalige Schüler von Rapaport).

### *1.2.4. Die Selbst-Psychologie und die Aufwertung des Narzissmuss*

Die Psychologie des Selbst, das heißt jene Strömung der psychoanalytischen Lehre, deren Ursprung in den Werken von Heinz Kohut zu finden ist, setzt die Objektbeziehungs-Theorie als Grundlage voraus, sondert sich aber noch darüber hinaus von der Freudschen Psychoanalyse ab, und zwar ausgehend von zwei besonderen, in engem Zusammenhang stehenden Begriffssphären: Zum einen der Begriff des Selbst, der bei Freud keine theoretische Bedeutung hat und von der

[24] Nagel 1959.

auch die Hauptrichtung der psychoanalytischen Bewegung sehr selten Gebrauch macht (auch wenn schon Hartmann von einem vom Ich getrenntem Selbst spricht)[25], und zum anderen eine unterschiedliche Auffassung des Narzissmus.

Nach Kohuts Ansicht ist das Selbst der Mittelpunkt des psychischen Universums. Es ist also keine psychische Instanz und selbst wenn es sich, im Vergleich zur klinischen Erfahrung, ohne Zweifel um eine Abstraktion handelt, so handelt es sich immerhin – im Vergleich zu anderen theoretischen Konstruktionen der Metapsychologie, im Besonderen im Vergleich zur Konzeption von Ich, Es und Über-Ich – um eine Abstraktion auf wesentlich weniger überhöhtem Niveau (d.h. weniger entfernt von der Erfahrung). Kohut nimmt ebenfalls an, dass Ich, Es und Über-Ich verschiedene und einander entgegengesetzte Vorstellungen des Selbst haben können. Auch wenn es keine psychische Instanz ist, stellt das Selbst in jedem Fall eine interne Struktur der Psyche [dar], da es von Triebenergie besetzt ist und Kontinuität in der Zeit besitzt, d.h. es ist dauernd.[26]

Das Hauptziel der Entwicklung besteht im Erreichen eines kohärenten Selbst (und außerdem in der Erhaltung eines, von Kohut so genannten „homöostatischen narzisstischen Gleichgewichts der Persönlichkeit".[27]) Die Kohäsion des Selbst hängt jedoch nicht ausschließlich davon ab, dass die psychosexuelle Entwicklung ohne Blockierungen durchlebt wird, sondern ist auch durch den nicht weniger wichtigen Aspekt der narzisstischen Entwicklung bedingt. Es muss hier darauf hingewiesen werden, dass Kohuts Konzeption des Narzissmuss grundlegend von der Freudschen Konzeption abweicht, weil sie nicht (wie bei Freud) von der Zielsetzung der libidinösen Besetzung her, sondern aus deren Natur und Qualität heraus definiert wird.[28] Mit anderen Worten, für Kohut ist bei der Klassifikation der Libido als narzisstisch oder nicht narzisstisch nicht entscheidend, ob das Subjekt selbst oder andere das Triebobjekt sind. Das Kind hat das Bedürfnis, die Elternfiguren, die es auf diese Weise als eng mit seinem eigenen Sein verbunden wahrnimmt, mit narzisstischer Energie zu besetzen, beziehungsweise, in kohutianischer Terminologie, sie als *Selbstobjekte* wahrzunehmen. Die Beziehung zu einem Selbstobjekt lässt sich als narzisstisch bezeichnen, weil zum einen die Funktionen dieser Beziehung in der Erreichung eines positiven, kohärenten Selbstgefühls bestehen und weil zum anderen die Wahrnehmung des Selbstobjektes, die das Kind hat, nicht der entspricht, die der Erwachsene von

25 Hartmann benutzt zum Beispiel den Terminus ‚Selbst' um die ‚eigene Person' im Gegensatz zum Objekt zu bezeichnen (die Formulierung ‚Vorstellung des Selbst' wird zum Beispiel als antithetisch gegenüber der ‚Vorstellung des Objekts' verstanden). Im Sinne Hartmanns kann man die Aussage machen, dass die narzisstische Libido das Selbst anstelle des Ichs besetzt. (Vgl. Hartmann 1964, 127-128; 279; 287-288).

26 Vgl. Kohut 1971.

27 Vgl. Kohut 1985.

28 Vgl. Kohut 1971.

der Aussenwelt hat. Im Gegenteil, nach Kohuts Ansicht hat das Kind den Eindruck, eine Kontrolle über das Selbstobjekt ausüben zu können, ähnlich der Selbstwahrnehmung des Erwachsenen. Nach der Auffassung Kohuts befriedigen die Selbstobjektbeziehungen die Bedürfnisse des Selbst danach, bestätigt, akzeptiert und geschätzt zu werden („Spiegelung"); ein Selbstobjekt zu idealisieren, dem man sich in gewisser Art zugehörig fühlt („Idealisierung") und von einem anderen, ähnlichen unterstützt zu werden („Unterstützung", dem entspricht die Selbstobjektbeziehung der „Seelenverwandtschaft"). Ernest Wolf, ein Schüler und Mitarbeiter Kohuts, fügt diesen Bedürfnissen die des „Antagonismus" hinzu, d.h. das Selbstobjekt wird „wie eine wohlwollende oppositionelle Kraft erlebt" und die der „Wirkmächtigkeit", d.h. die Erprobung der eigenen Fähigkeiten in der Beeinflussung des Selbstobjekts. Die Möglichkeit, eine dauerhaft positive Beziehung zu den Selbstobjekten herzustellen und aufrechtzuerhalten, führt bei dem Kind zu innerer Sicherheit. Fehlt eine derartige Beziehung, bedarf es einer Kompensierung durch die Erfahrung von Ersatz-Selbstobjekten, um das Erleben der so genannten „Desintegrationsangst" zu vermeiden, die laut Kohut und seiner Schule die „narzisstischen Persönlichkeitsstörungen" kennzeichnet.

Kohut macht Freud und seinen Nachfolgern explizit den Vorwurf, dass sie die narzisstische Libido gegenüber der Objektlibido vernachlässigt hätten, und das aus Gründen, die auf den Einfluss der weit verbreiteten europäisch-amerikanischen Werte, anstatt auf die klinische Erfahrung, zurückzuführen seien.[29] Die Tatsache, dass wissenschaftlich nachvollziehbare Werturteile durch Forschungsergebnisse, die weit entfernt von beobachtbaren klinischen Phänomenen entstanden, ersetzt wurden, führt, so Kohut, zu schweren Fehlern in der psychotherapeutischen Praxis. Im Hinblick auf die narzisstische Position eines Patienten neigt der „klassische", Analytiker im Allgemeinen dazu, sich zu erhoffen, dass sich in dessen Persönlichkeit die Fähigkeit zur Objektliebe entwickelt. Dadurch wird ein Hauptziel vernachlässigt, und zwar „die Umwandlung des Narzissmus", bezie-

[29] Vgl. Kohut 1985. Hier wird es auch darauf hingewiesen, dass die Tatsache, dass der Narzissmuss als libidinöse Investition des Selbst an und für sich weder pathologisch noch verachtenswert sei, bei den theoretischen Disukssionen im Allgemeinen nicht angezweifelt wird. Es existiert jedoch eine deutliche Tendenz, ihn negativ zu bewerten, sobald man das theoretische Terrain verlässt. Da, wo ein derartiges Vorurteil besteht, stützt es sich zweifellos auf die Gegenüberstellung von Narzissmus und Objektliebe und wird mit der Annahme gerechtfertigt, der Narzissmus sei sei die primitivere und weniger anpassungsfähige dieser beiden Formen der Libidoverteilung. Ich glaube jedoch, dass diese Ansichten sich nicht aus einer objektiven Bewertung der evolutiven Position und der Anpassungsfähigkeit des Narzissmus ableiten lassen, sondern dass sie auf eine unzulässige Einführung des altruistischen Wertesystems der abendländischen Kultur zurückführbar sind.

hungsweise „eine Umverteilung der narzisstischen Libido des Patienten und die Integration der primitiven Strukturen der Psyche in die reife Persönlichkeit".[30]

In Kohuts Lehre existieren verschiedene Formen von Narzissmus, die nicht nur als bloße Vorstufen der Objektbesetzung zu verstehen sind, sondern auch autonome Funktionen und Entwicklungen zeigen. Von der narzisstischen Libido gehen außerdem einige wichtige Erkenntnisse und Fähigkeiten der reifen Persönlichkeit aus (wie Humor, Kreativität, Weisheit, Empathie, aber auch das Empfinden der menschlichen Vergänglichkeit). Diese Elemente erlangen ein großes Bedeutungspotential bei der Bestimmung des Therapieziels, vor allem im Hinblick auf psychopathologische Erscheinungsformen, die mit einer regressiven Libidofixierung zusammenhängen.

Seit dem Buch Die Heilung des Selbst verliert das Selbst seine Eigenschaft als bloßer Bewusstseinsinhalt und erlangt die eines unabhängigen Initiativzentrums. Als Kohut zum ersten Mal den Begriff Kern-Selbst gebraucht, bezeichnet er dieses als „einen selbstinitiativen Kern, der selbst seine Richtung bestimmt und sich selbst unterstützt, der der Persönlichkeit ihren zentralen Entwurf liefert und den Sinn des Lebens bestimmt". Das Kern-Selbst wird in dem 1984 posthum veröffentlichten Werk Wie heilt die Psychoanalyse? eindeutig als mit kreativen und produktiven Potentialen und mit einem Aktionsprogramm ausgestattet definiert.

Daniel Stern beschreibt die Entwicklung des Selbst durch den bei der Geburt beginnenden Erwerb von vier aufeinander folgenden Selbstempfindungen. Das Empfinden eines auftauchenden Selbst bildet sich in den ersten zwei Lebensmonaten und steht im Zusammenhang mit den ersten affektiven und perzeptorischen Erfahrungen. Das Empfinden eines Kern-Selbst entwickelt sich zwischen dem zweiten und siebten Monat und besteht in der Fähigkeit, sich selbst als getrennt von den anderen zu erleben. Das Empfinden des subjektiven Selbst entsteht zwischen dem siebten und fünfzehnten Monat; mit ihm entwickelt sich das Verständnis dafür, dass die eigenen Erfahrungen potentiell mit anderen teilbar sind (das Kind fängt zum Beispiel an, die Mutter zur Teilnahme an den eigenen Erforschung der Umwelt zu ermuntern). Das Empfinden eines verbalen Selbst entsteht als Letztes. Jede dieser einmal entstandenen Selbst-Empfindungen bleibt für das ganze Leben voll funktionstüchtig und aktiv, entwickelt sich weiter und koexistiert mit den anderen.

Zusammenfassend ist zu sagen, dass der Perspektivenwechsel zwischen der Selbst-Psychologie und der traditionellen Psychoanalyse prinzipiell durch eine Akzentverschiebung gekennzeichnet ist: Von einem psychopathologischen Modell, welches sich auf Konfliklösung konzentriert, hin zu einem Modell, das auf den Fehlern und Mängeln des Selbst basiert; vom Wunsch hin zum Bedürfnis; von der Interpretation, die auf die Introspektion des Patienten zielt, hin zu der Funktion des empathischen Verständnisses des Analytikers und der positiven Be-

30 Vgl. Kouth 1985.

ziehung Patient-Analytiker. Nach Kohuts Ansicht ist die Introspektion nicht mehr ein an sich schon therapeutischer Faktor.[31]

### *1.2.5. Die Frankfurter Schule. Unterdrückte subversive Aspekte der Freudschen Lehre*

Die so genannte Frankfurter Schule entsteht und entwickelt sich im Wesentlichen als eine philosophische Strömung neomarxistischer Ausprägung. Die Freudschen Theorien sind für die Entwicklung der Ideen jener Gruppe von Philosophen, die sich seit den zwanziger Jahren des zwanzigsten Jahrhunderts um Max Horkheimer und Theodor Adorno scharen, von besonderer Bedeutung und finden dann im Werk von Herbert Marcuse ihren philosophisch-ideologischen Ausdruck mit großer Wirkung. Aus dieser Gruppe fallen außerdem zwei Persönlichkeiten mit historischer Bedeutung auch für die klinische Welt auf: Erich Fromm und Willhelm Reich.

Die Frankfurter sind im Wesentlichen politische Philosophen und Soziologen, deren Ziel es ist, die repressiven Mechanismen der gegenwärtigen Gesellschaft aufzudecken (erst Deutschland auf dem Weg in den Totalitarismus, aber dann auch Amerika). Unter diesem Aspekt ist der wichtigste Autor für Horkheimers Gruppe natürlich Marx, vor allem seine frühen Werke, deren repräsentativster Text die *Pariser Manuskripte von 1844* sind. Hier legt Marx seine Reflexionen über die Ausbeutung der Arbeiter durch die Arbeitsaufteilung dar. Es handelt sich jedoch um einen Marx, hinter dem deutlich die Figur Hegels und seine dialektischen Betrachtungen der Begriffe Wirklichkeit und Vernunft zum Vorschein kommen. Für Hegel gibt es einen grundlegenden Unterschied zwischen der Wirklichkeit als dem ausschließlichen Merkmal der Vernunft und der philosophischen Lehre, mit anderen Worten, der authentischen Reflexion über den letzten Sinn der Welt auf der einen Seite und der bloßen Realität, der Domäne des Verstands und der vorgeblichen wissenschaftlichen Rationalität auf der anderen Seite. Die Möglichkeit, zwischen unterschiedlichen Wahrheitsregistern zu unterscheiden, z.B. zwischen einer authentischen Wahrheit und einer bloß scheinbaren Wahrheit, bekräftigt wirkungsvoll eine Kritik der „bürgerlich-kapitalistischen" Gesellschaft, wo die Gesellschaftsorganisation als rational dargestellt wird, nur um die Macht der herrschenden Klassen aufrecht erhalten zu können.

Die ganze Lehre der Frankfurter Schule stellt sich als ein Versuch der Entlarvung (oder, wie man damals sagte, der „Entmystifizierung") der gesellschaftlichen Mechanismen dar, die auf die Ausbeutung der unteren Klassen, insbesondere des Proletariats, gerichtet sind – hinter dem Anschein einer Gesellschaft, die durchaus ein liberales Erscheinungsbild annehmen kann; wobei derselbe Libera-

[31] Kohut 1984.

lismus, nach Ansicht der Frankfurter, nichts anderes als der natürliche Ursprung der nazifaschistischen Diktaturen ist.

Unter diesem Gesichtspunkt ist es nicht verwunderlich, dass die Psychoanalyse, immer darauf bedacht, die tiefsten und instinktbedingten Ursachen eines Verhaltens zu ergründen, das sich hinter der Fassade von Spiritualität und Seelenadel verbirgt, sich schon sehr bald als ein besonders geeignetes Instrument für Horkheimer und seine Mitstreiter erwies[32]. Diesbezüglich denke man nur an das freudianische Konzept der „Rationalisierung", d.h. jenen Abwehrmechanismus, der darauf bedacht ist, unbewusste Motive einer Handlung zu leugnen, indem er um diese herum eine rechtfertigende Hülle des logischen Anscheins schafft, während er diese in Wirklichkeit umso kraftvoller verteidigt, je angreifbarer sie ist, auch gegen offensichtlich mit ihr unvereinbare Tatbestände. (Allerdings wird Freud von Adorno auch kritisiert, weil das Konzept der Rationalisierung Gefahr läuft, die echte *ratio* ihrer Kraft zu berauben, während diese doch das hauptsächliche Instrument zur Entlarvung der Mechanismen der repressiven Gesellschaft ist.)[33]

Es besteht also kein Zweifel, dass Freuds biologistischer Materialismus bei den Frankfurtern eine besondere Hochachtung genießt. Das Gleiche gilt für seine Idee, dass die Kultur das Ergebnis der Sublimierung libidinöser Energien ist, abgelenkt vom Lustprinzip (und daher unterdrückt), mit dem Ziel, Strukturen für eine Gemeinschaft zu schaffen, die sich über die Familie hinaus immer weiter in den sozialen Bereich hinein ausdehnt. Auch wenn Freud einige der repressiven Gesellschaftsmechanismen erfasst und enthüllt, strebt seine Schlussfolgerung keine Veränderung der gegenwärtigen Situation an; sondern versucht nur, die Neurotiker an die Gesellschaft, in der sie leben, anzupassen. Anstatt die Neurose als ein Symptom einer universellen Krankheit der repressiven Gesellschaft zu deuten, wird sie bei Freud zu einem notwendigen Übel; das Fehlen einer vollen libidinösen Triebbefriedigung ist an die Notwendigkeit gebunden, eine Gesellschaft zu schaffen, die den Mangel an Überlebensmitteln, die unsere Welt kennzeichnet, eindämmen kann, und gegen den eine hoch organisierte Menschheit ankämpfen muss.

Die Philosophen der Frankfurter Schule nehmen, wenn auch mit unterschiedlichen Nuancen, alle eine klar gegensätzliche Position ein gegenüber Freuds Idee des Analytikers als eines (wenngleich gemäßigten und toleranten) Trägers der Instanzen des Realitätsprinzips. Erich Fromm erhebt einerseits Einwände gegen Freud „da sich hinter der ‚Toleranz' des von ihm vorgestellten ‚gleichgültigen' und ‚unsensiblen' Analytikers der Respekt vor den sozialen Tabus der bürgerlichen Gesellschaft verbarg, die seiner Meinung nach die Ursache für die Verdrängungen des Patienten waren. Diese Position verbarg eine autoritäre patrizentristi-

32 Zur Anwendung und Kritik der Freudschen Lehre seitens der Frankfurter Philosophen siehe auch Bedeschi 1985, 23-38, 143-155.

33 Adorno 1980, 65-67.

sche Haltung. Nach [Fromm] dagegen bedurfte es einer unbedingten Akzeptanz des Glücksanspruchs des Patienten, keinesfalls einer ‚neutralen' Haltung, um das Ziel der analytischen Situation zu erreichen".[34] Adorno seinerseits hält die Position Fromms für unzureichend und vertritt hingegen die Meinung, dass der Analytiker seinen Patienten bewusst machen sollte, wie sinnlos die von der Gesellschaft unterhaltenen Instanzen seien, und wie sie für rein repressive Zwecke genutzt werden (demnach müsste er eine politische Funktion ausüben). Bei Marcuse wird die Freudsche Lehre dann völlig einem revolutionären Ziel untergeordnet, in der Perspektive einer Art Triumph des Lustprinzips.

### *1.2.6. Jacques Lacan und die Rückkehr zu Freud*

Lacan wäre sicherlich nicht damit einverstanden gewesen, unter den Autoren aufgeführt zu werden, die versucht haben, die ungelösten Probleme der Freudschen Psychoanalyse aufzuarbeiten und in einer allgemeinen Übersicht neben die Ich-Psychologen eingereiht zu werden. Jacques Lacan hielt sich eher für den Wortführer der gegenläufigen Tendenz: Seine Vision sieht die Wiedereinführung der authentischsten und ursprünglichsten Teile der Freudschen Lehre vor und er kritisiert scharf jeden Versuch eines Neo-Freudismus. Seiner Meinung nach müssten die Neo-Freudianer eher als Theoretiker einer Restauration betrachtet werden, einer Rückkehr zum Stand der Psychologie, auf dem sie vor der kopernikanischen Wende durch die Entdeckung des Unbewussten war. (Lacan geht so weit zu behaupten, dass das Unbewusste vor Freud im wörtlichen Sinn nicht bestanden habe.) Der Lacanismus lässt sich also, im Hinblick auf die unterschiedlichen psychoanalytischen Schulen, in der gegensätzlichen Position zum Jungianismus einordnen; weit davon entfernt, andere Standpunkte wenigstens teilweise für legitim zu erklären, will er zurück zur unberührten Reinheit der Freudschen Lehre; es ist natürlich kein Zufall, dass Jung zum Ziel zahlreicher heftiger Kritiken von Seiten Lacans wurde.[35]

[34] Vgl. Wiggershaus 1986.

[35] Es existieren jedoch historische Gründe, welche die übertriebene Härte der Polemiken der Pariser Schule verständlich machen. Wie bekannt, wurde Lacan – was nach dem Tod Freuds ein Einzelfall in der Geschichte der Internationalen Psychoanalytischen Vereinung darstellt – aus der International Psychoanalytic Association (IPA) ausgeschlossen. Seine Lehre wurde von der IPA grundsätzlich für illegitim erklärt und seine Schüler, die noch weiterhin in Verbindung mit dieser bleiben wollten, wurden brutal dazu aufgefordert, sich von ihr abzuwenden: Unter ihnen befanden sich so berühmte Namen wie André Green und Jean Laplanche. Seitdem das Echo dieses eklatanten Ereignisses endgültig verhallt ist, wurde der Dialog zwischen dem psychoanalytischen *Mainstream* und den Anhängern Lacans, nach mehrjährigem Schweigen, durch so berühmte Stimmen wie die von Etchegoyen, ehemaliger Vorsitzender der IPA, und Jacques-Alain Miller, Lieblingsschüler Lacans und Präsident der Ècole

Lacans Rückkehr zu Freud versteht sich jedoch nicht als eine Wiederentdeckung des ursprünglichen Wortlauts seiner Werke, sondern vielmehr als eine Rekonstruktion seines authentischsten Sinnes, ermöglicht durch das Anwenden von Disziplinen, die zu Freuds Zeiten noch nicht ausreichend entwickelt waren, oder deren Wahlverwandtschaft mit der Psychoanalyse dieser zuvor entgangen war: die Logik, die Topologie, die Mathematik im Allgemeinen, die Rhetorik, die kulturelle Anthropologie, die Philosophie (oder vielmehr die Anti-Philosophie, wie sie in einer Schrift genannt wird,)[36], vor allem aber die Linguistik. Einer der bekanntesten Aussprüche Lacans lautet, dass das Unbewusste „wie eine Sprache strukturiert" ist. Nur unter der Voraussetzung, dass man sich das Unbewusste analog einer Sprache strukturiert vorstellt, kann man die Möglichkeit verstehen, auf dieses mit Hilfe einer *talking cure* einzuwirken, die von einem Verlauf geprägt ist, den man mit gutem Recht als Entzifferung bezeichnen kann. Der von der Linguistik (im speziellen von der strukturalistischen Linguistik) angebotene theoretische Apparat ist demzufolge, nach Lacans Ansicht, offensichtlich sehr viel geeigneter, die Funktionsweise des Unbewussten zu erklären, als die Freudschen Lehnwörter der Physik: „Metapher" und „Metonymie" sind so für ihn passendere Begriffe um das auszudrücken, was Freud als „Verdichtung" und „Welt der Verschiebung" bezeichnet hat.

Die Vorstellung einer paralinguistischen Strukturierung des Unbewussten ist eng verbunden mit der Unterteilung der psychischen Erfahrung in drei Register: Das Symbolische, das Imaginäre und das Reale. Die Schwierigkeit beim Verständnis dieser Dreiteilung beruht im Wesentlichen auf deren völlig gegensätzlicher intuitiver Verwendung. Das Symbolische entspricht im Grunde der Sprache, Ausgangs- und Zielpunkt der Evolution des Menschen, während das Imaginäre der Welt der *imagines*, der Vorstellungen, entspricht (dies impliziert, dass das, was für einen Jungianer „symbolisch" ist, von einem Lacanianer als „imaginär" bezeichnet wird). Der Begriff des Realen ist paradoxerweise der komplexeste. In den Anfängen der Lehre Lacans entspricht das Reale grundsätzlich der Realität, wobei es sich fortschreitend in das verändert, was außerhalb der psychoanalytischen Erfahrung bleibt und auf das diese Erfahrung als Voraussetzung verweist. Das Reale ist also das, was sich nicht verändert, sich nicht durch das Bild verän-

de la Cause Freudienne, wieder aufgenommen.

36 Lacan hat eine äußerst ambivalente Beziehung zur Philosophie. Oft zitiert er Philosophen, wie Aristoteles, Spinoza und Kierkegaard, ohne jeglichen Bezug auf den ursprünglichen Kontext. Oft präsentiert er Autoren als Mentoren, die überhaupt nicht mit seiner Forschungsarbeit im Zusammenhang zu stehen scheinen (vgl. Althusser 1970). Unbestreitbar ist hingegen sein Einfluss auf die Philosophie, allein schon dadurch, dass alle so genannten *nouveaux philosophes* sich als seine Schüler ausweisen können, wobei dass das einzige, allen gemeinsame Element zu sein scheint (vgl. Fagès 1971).

dern lässt, sich nicht in linguistischen Bedeutungen äußert. Deswegen gelangt er zu der Aussage: „das Reale ist das Unmögliche".[37]

Wie Melanie Klein versucht Lacan also die Freudsche Lehre so gut wie möglich in sich schlüssig zu machen; und wie Klein (auch wenn die Affinitäten möglicherweise nicht über diesen Punkt hinausgehen) nimmt er die Freudsche Idee des Todestriebes wieder auf, indem er ihm auch eine klinische Bedeutung beimisst, die Freud ihm nur sehr zögernd eingeräumt hat. Nach Lacans Vorstellungen neigt das menschliche Wesen nicht dazu, nach seinem eigenem authentischen „Begehren" zu handeln, sondern vielmehr seine Undurchführbarkeit zu „genießen": Das Begehren begehrt ein Anderes, das es niemals erreichen wird (in diesem Sinne wäre es richtiger, nicht von Objektbeziehung sprechen, sondern eher von einer Beziehung mit der Unmöglichkeit, das Objekt zu erreichen).[38] Die Beziehung zwischen Patient (bei Lacan „Analysant" genannt) und Analytiker gestaltet sich infolgedessen in einer durchaus besonderen Art und Weise. Der Analytiker ist grundsätzlich dazu bestimmt, den Mechanismus des Genießens zu durchbrechen (auch im Sinne vom „Unterbrechen" der Sitzung in dem Moment, in dem der Analysant sein eigenes Erzählen übermäßig genießt) und seine Funktion wird zu der eines Stachels bei der analytischen Arbeit, bei der so genannten Durchquerung des Phantasmas.

Mit dieser kurzen Darstellung der Entwicklung der Psychoanalyse des letzten Jahrhunderts haben wir keinesfalls angestrebt, dem Leser eine detaillierte und vollständige Übersicht der Epoche „nach Freud" zu verschaffen. Im Gegenteil, wir haben versucht, die Dynamik und in einem gewissen Sinn die Logik der Bewegungen und Strömungen, die von der Lehre Freuds ausgehen, aufzuzeigen und somit einerseits deren Vitalität zu bestätigen und gleichzeitig andererseits ihre historische oder ideologische Bedingtheit darzustellen. Um es noch einmal zu wiederholen: Jede Richtung scheint sich in einen problematischen oder in bestimmter Weise fragwürdigen Gedanken der Freudschen Lehre oder in eine anfänglich unbemerkte Lücke einzufügen. Wir entschuldigen uns bei dem Leser dafür, dass wir einige historische Entwicklungen, die uns weniger bedeutsam erschienen als die in diesem Kapitel aufgeführten, vernachlässigt haben. Es ist Aufgabe des Lesers, selbst zu versuchen, gegebenenfalls die von uns vorgeschlagenen historiographischen Kriterien auf diese Entwicklungen anzuwenden.

37 Siehe Miller 1986, 80-83.

38 Vgl. Lacan 1994.

# 2. Mythologischer Exkurs: Ödipus, der ideale Patient

> Ihr müsst vielmehr zufrieden sein, dass [uns] eine menschliche Natur zuteil ward, so dass es uns geziemt, indem wir die Wahrscheinlichkeit des Mythos annehmen, diese Grenze nicht zu überschreiten.
>
> Platon, *Timaios*, 29d

## *2.1. Möglichkeit eines Vergleichs der psychoanalytischen Theorien*

Einzige Gemeinsamkeit aller Theoretiker der Tiefenpsychologie scheint die grundsätzliche Unzufriedenheit mit allen früheren Theorien zu sein, die als unvollständig oder sogar als vollkommen unangemessen angesehen werden. Von dieser Tendenz war selbst Freud nicht frei, der, wie bekannt, seine eigenen Theorien bis hin zu seinen allerletzten Schriften immer wieder radikal neu überdachte, neu festlegte und veränderte. Obwohl die verschiedenen Schulen sich gegenseitig der Einseitigkeit oder, noch schlimmer, der völligen Verfälschung der Realität beschuldigten, sind sie allerdings fast nie zu einer dialektischen Gegenüberstellung der verschiedenen theoretischen Divergenzen vorgedrungen. Im Gegenteil: Normalerweise wurden die eigenen Positionen mit einer gewissen Distanz dargelegt und man beschränkte sich darauf, die eigenen Erfahrungen, die eigenen klinischen Ergebnisse den „Anderen" entgegenzuhalten, ohne jemals die möglichen Anwendungen der eigenen Ideen auf andere Fälle als die eigenen auch nur in Betracht zu ziehen. Die Zeit der so genannten „kontroversen Diskussionen" zwischen englischen „Annafreudianern" und „Kleinianern" in den dreißiger Jahren endete in einer Art *cuius regio eius religio*: Ein Nichtangriffspakt, der trotz der gegenseitig anerkannten Unvereinbarkeit der Theorien so perfekt eingehalten wurde, dass die Psychoanalytiker beider Strömungen unter demselben Dach der British Psychoanalytical Association blieben. Ebenso nimmt auch die International Psychoanalytic Association immer noch einen großen Teil aller Richtungen auf, die sich, wenn auch vage, auf die Freudsche Lehre berufen.

Damit eine Theorie aus epistemologischer oder praktischer Perspektive als besser als eine andere bezeichnet werden kann, wäre es erforderlich, ein Experiment zu konzipieren, das zuverlässige und definitive Antworten auf die Frage nach den Erfolgsaussichten einer Theorie innerhalb des Bereichs der Tiefenpsychologie liefern könnte, und zwar in Bezug auf jede andere Theorie. Das einzig mögliche *experimentum crucis* würde jedoch in einem völlig undurchführbaren Verfahren bestehen, bei dem derselbe Patient sich allen möglichen Interpretationstechniken nacheinander unterziehen müsste und man jedes Mal beobachtete, welcher theoretische Ansatz sich bei dem beobachteten Patienten besser anwenden lässt, wobei man jedes Mal die Erinnerungsspur der eben gemachten Erfahrung löschen müsste, damit man die unkontrollierbaren Folgen der Wechselwirkung der verschiedenen Theorien ausschließen könnte.

In der Welt der Lebenden besteht die „technische" Möglichkeit, einen ähnlichen Vergleich zwischen den Theorien anzustellen, selbstverständlich nicht. Dagegen existiert diese Möglichkeit – unter der Voraussetzung, dass wir bereit sind, die Idee fallen zu lassen, ein Experiment im engeren Sinne durchführen zu können – in der Welt der literarischen Tradition. Es gibt tatsächlich einen idealen Patienten (oder vielleicht handelt es sich vielmehr um den Idealtypus eines Patienten), dessen Geschichte von unzähligen Analytikern interpretiert wurde, angefangen bei Freud selbst: Sein Name ist Ödipus von Theben, der Sohn des Laios.

Mit der Idee, eine mythologische Figur mit einem „wirklichen" klinischen Fall vergleichen zu können, wird hier nicht beabsichtigt, den folgenden Überlegungen eine Beweiskraft, und noch weniger – wie schon gesagt – den Wert eines Experiments, nicht einmal den eines mentalen Experiments, beizumessen. Der Fall Ödipus bietet dennoch eine nahezu einmalige Möglichkeit, die Interpretationsarbeit verschiedener Analytiker an demselben Material und, ein durchaus nicht weniger wichtiger Umstand, an einem Material, dass allen Analytiker-Interpreten und allen ihren Lesern und Kritikern gleichermaßen zugänglich ist, zu vergleichen. Es ist nämlich selbstverständlich, dass der Zugang zu den eigenen klinischen Daten den Therapeuten privilegiert, da er den „Fall" persönlich begleitet hat: Davon abgesehen, fasst jeder Therapeut seinen eigenen Bericht aus der persönlichen Zuhörerperspektive zusammen, die sicher nicht die eines neutralen Beobachters ist. Die literarische Tradition hingegen ist unparteiisch: Sie bietet sich allen in ihrer Gesamtheit gleich dar, und die Texttreue der Interpretation kann von allen nach den gleichen Ausgangskriterien bewertet werden.

Der Fall Ödipus nimmt zudem eine privilegierte Stellung in der Geschichte der Psychoanalyse ein. Freud traf die Entscheidung, die Geschichte des Ödipus zu interpretieren, in einer entscheidenden Phase für die Entwicklung seiner Lehre. Beweis hierfür ist der berühmte Brief an Wilhelm Fließ vom 10. Oktober 1897, in dem der Begründer der Psychoanalyse zum ersten Mal seine Lesart des Ödipus-Mythos ausführt. In wenigen intensiven und begeisterten Zeilen schildert er einige echte historische Wendepunkte. Freud hat definitiv die Theorie der infantilen Verführung aufgegeben; betrachtet nun die Selbstanalyse als den wahren Mittelpunkt seiner theoretischen Aufmerksamkeit; hat daraus die Universalität der Liebe des Kindes zur Mutter, begleitet von dem Wunsch, den Vater zu töten, gefolgert und glaubt so, durch das universelle Nachempfinden dieser Gefühle, den außergewöhnlichen Erfolg der Tragödie des Sophokles zu verstehen, deren Protagonist Ödipus ist. Wie Freud sagt, handelt es sich nicht um eine Schicksalstragödie, da sie den Zuschauer mehr als jedes andere schicksalhafte Drama involviert. Indem er den Vater tötet und die Mutter heiratet, vollbringt Ödipus unbewusst das, was in Wirklichkeit dem ebenso unbewussten Wunsch aller entspricht.

Drei Jahre später veröffentlichte Freud in der *Traumdeutung* seine Interpretation des Ödipusmythos, wobei er fast wörtlich seine früheren Ausführungen im Brief an Fließ wiederholt und auch die gleichen Bezüge desselben Briefs auf Shakespeares *Hamlet* und Grillparzers *Die Ahnfrau* anführt. Freuds Enthusiasmus inspirierte weite Kreise unserer Kultur: Im letzten Jahrhundert wurde die Geschichte des Ödipus dutzendweise aus Freudscher Sicht für das Theater neu geschrieben, sie wurde von den Anthropologen als Modell verwendet, und, wie schon gesagt, von einer beträchtlichen Anzahl von Analytikern neu interpretiert. Abschließend kann man feststellen, dass der Ausdruck ‚Ödipuskomplex' einer der populärsten Beiträge Freuds zur Alltagssprache ist, da es keinen durchschnittlich gebildeten Abendländer gibt, der nicht von sich glaubt, mehr oder weniger die Bedeutung dieses Begriffes zu kennen. Claude Lévi-Strauss, der dem Begründer der Psychoanalyse in anderer Hinsicht sehr kritisch gegenüber steht, hat in den fünfziger Jahren sogar behaupten können: „Wir zögern nicht, Freud, wie Sophokles, zu den Schöpfern unseres Mythos des Ödipus zu zählen. Ihre Version verdient unser Vertrauen in dem gleichen Maße wie die anderen, älteren, dem Anschein nach „authentischeren".[1]

## *2.2. Ödipus in der Version von Sophokles und von Freud*

Ödipus scheint jedoch gegen Freud und seine Epigonen zu rebellieren, so, wie Zeno Cosini sich seinem Analytiker widersetzte, der ihm die „Sophoklesdiagnose" vorschlug (dies der anschauliche Ausdruck von Italo Svevo): Diese Rebellion besteht aber nicht darin, den Analytiker seiner Argumente zu berauben, sondern ihn im Gegenteil immer wieder mit neuen zu versorgen. Je nachdem, welche der antiken Versionen des Mythos als die wichtigste angesehen wird und wie man die Bedeutung der ambivalenten Symbole auflöst, kann der Ödipusmythos nicht nur auf unterschiedliche, sondern auch auf miteinander *inkompatible* Weisen interpretiert werden (von denen jede ihre rationale Begründung findet).

[1] Vgl. Lévi-Strauss 1995, wobei die kursive Schreibweise sich nicht im Original befindet. Wir können dennoch am Rande anmerken, dass manchmal im Bereich der Psychoanalyse die Freudsche Deutung dem Mythos näher gerückt wird, als sie es in Wirklichkeit ist: In *Das Vokabular der Psychoanalyse* von Laplanche und Pontalis steht unter anderem unter dem Stichwort ‚Ödipuskomplex' , dass „der Komplex sich in seiner als *positiv* bezeichneten Form wie in der Geschichte des *Ödipus Rex* präsentiert: Der Wunsch nach dem Tod des Rivalen, der durch eine Person desselben Geschlechts dargestellt wird, und das sexuelle Verlangen nach einer Person des anderen Geschlechts." Das, was für Freud von der Kultur verdrängt wurde, wird hier als Konflikt des Protagonisten, als Teil der Geschichte präsentiert.

Im Verlauf des Prologes des *König Ödipus* wendet sich der Priester, der auch Chorführer ist, hilfesuchend an Ödipus mit der Bitte, die Stadt Theben von der verheerenden Pest zu befreien, die viele Tote fordert. Die Worte des Priesters erinnern daran, dass der derzeitige König schon einmal die Stadt gerettet habe, und zwar ohne je von der Sphinx gehört zu haben noch von den Schrecken, die sie in der Stadt verbreitete: „Und nichts wusstest du von uns, du warst nicht gewarnt"[2] Das Thema des Dramas ist hier schon allegorisch ausgedrückt: Der Priester begnügt sich damit, darauf anzuspielen, dass einer, der die Stadt schon einmal gerettet hat, ohne etwas zu wissen, ohne an die Privilegien zu denken, die mit seinem Sieg verbunden waren, jetzt, wo er das höchste Amt der Stadt innehält, nur einen einzigen Wunsch haben kann, nämlich den, Theben noch einmal zu retten. Dies alles bleibt jedoch unausgesprochen, da die Rede des Priesters ausschließlich auf die *Unbewusstheit* von Ödipus verweist.[3] Als er von dem Orakelspruch „gewarnt" wird, versucht Ödipus alles zu tun, um nicht die Verbrechen zu begehen, zu denen ihn das Schicksal vor seiner Geburt verdammt hat. Verbrechen, die von der väterlichen *Hybris* herausgefordert worden waren, denn die Götter hatten Laios ermahnt, keine Kinder zu zeugen. Ödipus kehrt deswegen nicht nach Korinth zurück, weil er seinen Vater nicht töten will. Er tötet Laios, weil dieser sein Vater nicht sein kann, er heiratet Iokaste, weil sie seine Mutter nicht sein kann. Er verspürt Iokaste gegenüber nicht einmal Verlangen oder Liebe, weil die Königin von Kreon dem Mann, der die Sphinx töten würde, zur Braut versprochen war. Folglich ist Iokaste dem Ödipus schon als Frau zugesprochen, bevor er sie überhaupt sieht. Auch wenn er im *König Ödipus* von Iokaste spricht, sagt Ödipus, dass er der Braut keinen Wunsch verwehren möchte, aber er sagt ihr nicht – wie Iokaste es tut –, dass er sie liebt.[4] Die Mutter zu heiraten und den Vater zu töten mag zwar ein universeller Wunsch sein, aber er ist so unaussprechlich, dass Ödipus dazu gezwungen werden muss, diesen Traum im Namen aller Menschen zu verwirklichen. Ausgerechnet er, der denjenigen, den er für seinen Vater hält, nicht hasst, ausgerechnet er, der diejenige, die er heiratet, nicht liebt – ohne zu wissen, dass es seine Mutter ist.[5]

Die archaische Fassung des Mythos, wie sie von Homer überliefert wird[6], befreit Ödipus von jedem Schuldgefühl, sogar nach dem er sich dessen bewusst ge-

2 Sophokles 1982, 37.

3 Ebd., 14-55.

4 Dies ist eine Kritik, die schon Erich Fromm an Freud gerichtet hat. Vgl. Fromm 1949.

5 Eine anderes unerklärliches Detail ist, dass der Mythos die Möglichkeit hätte, ein viel gewalttätigeres Ereignis unmittelbar darzustellen: Der Fluch von Hera hat Laios getroffen, weil er Chrysippos, den Sohn von Pelops, *vergewaltigt* hat.

6 Aus *Odyssee*, IX, (271), geht hervor, dass Ödipus auch nach dem Selbstmord von Iokaste weiter regiert. Der Sohn des Laios wird auch in der *Ilias*, XXIII, (679), erwähnt, in der *per accidens* von Ödipus' Beerdigung in Theben die Rede ist, nachdem

worden ist, was wirklich geschehen ist: Iokaste ist die Einzige, die sich schuldig fühlt und sich das Leben nimmt, während Ödipus eine zweite Ehe eingeht und nur mit der zweiten Ehefrau Kinder hat. Mit Dodds Worten: „Für Sophokles bleibt Ödipus ein Paria, von der Last einer Schuld ganz erdrückt, *die weder die Erde noch der heilige Regen ertragen können.* Nach der Homer bekannten Fassung regiert Ödipus Theben auch nach dem Bekanntwerden seiner Schuld weiter, er fällt in einer Schlacht und wird in allen Ehren begraben."[7] Kein Schuldgefühl bewegt Ödipus in der ältesten Fassung des Mythos, eben weil er keine Schuld hat, da er sich seiner Lage als Mörder seines Vaters und Gatte seiner Mutter nicht bewusst ist.[8]

Wie die weit verbreiteten Szenen fröhlicher Inzeste unter den Göttern verdeutlichen, braucht der Inzest in der griechischen Mythologie keine Masken, hinter denen er sich verstecken muss. Minucius Felix stellt ganz ungezwungen fest, dass sich Jupiter (Zeus) „mit der Mutter [Rhea], der Tochter [Persephone] und der Schwester [Hera]" inzestuös vereinte.[9] Angesichts des offensichtlich normativen, „paradigmatischen" Charakters der „kosmischen Monarchie" für die menschliche Welt, unabdingliches Merkmal der Mythologie nach Homer und Hesiod, kann man sich kaum auf die Distanz zwischen der göttlichen und menschlichen Welt berufen.[10]

## *2.3. Die Auflösung des Ödipuskomplexes*

Es ist offensichtlich, dass der Ödipuskonflikt, obwohl er im Verlauf eines Menschenlebens durchaus aufgelöst werden kann, in der Interpretation von Freud, die sich ausschließlich auf *König Ödipus* bezieht, unter dem tragischen Aspekt des Mythos betrachtet und als Parabel für einen unlösbaren Konflikt gedeutet wird. Wenn man jedoch, unter freudianischem Blickwinkel, die Geschichte des Ödipus nicht mit seiner Verbannung enden lassen würde, sondern nach einer natürlichen Entwicklung mit einem friedlichen Tod als Achtzigjähriger, dann könnte das Ende des *Ödipus auf Kolonos* die Auflösung des Komplexes symbolisieren. Man

er in der Schlacht gefallen war. Hierzu vgl. Homer 2005 und Homer 2004

7 Dodds 1951, 36.

8 Im Gegensatz zu Sophokles' Ödipus ist sich Senecas Ödipus von Anfang an in der eponymen Tragödie sicher, dass er selbst aus irgendeinem Grund die Ursache für die Pest in Theben ist. Wie es scheint, wusste Freud jedoch nichts von der Existenz von Senecas Ödipus, und ebenso wenig von der reichhaltigen theatralischen Überlieferung der *Remakes* von Sophokles Tragödie. Kürzlich wurde diese Überlieferung durch die umfassende und abgeschlossene Studie von G. Paduano rekonstruiert (Vgl. Paduano 1992).

9 Minucius Felix, *Octavius* 31, 3 siehe auch Athenagoras, *Legatio pro Christianis*, 20, 3; 32, 1. Vgl. Minucius Felix 1983 und Athenagoras 1969.

10 Siehe Capizzi 1982, 185-220.

könnte versucht sein, eine Interpretation, die einen umfangreicheren Kontext berücksichtigt, zu bevorzugen. Dieser Überlegung ist jedoch ein wichtiger Vorbehalt entgegenzusetzen: Es ist möglich, dass der Kern des Mythos, die Substanz, nur im *König Ödipus* enthalten ist und das Ende des *Ödipus auf Kolonos* eine Art *Arrangement* ist, eine Art Traumarbeit, deren Funktion im Kompensieren der von der vorherigen Tragödie produzierten Brutalität des Eindringens von unbewusstem Material besteht. Unter anderem sind im Hauptteil des in Theben spielenden Mythos die „athenischen“ Elemente zumindest teilweise mit Sicherheit in einer späteren Epoche in Athen eingefügt worden. Ganz unabhängig von der für ursprünglich gehaltenen Bedeutung, kann man nicht umhin, festzustellen, dass aus demselben antiken mythologischen Material Mythen, Fabeln und Legenden mit unterschiedlicher Bedeutung entstehen. „In Hellas, schreibt Wladimir Propp, ist [Ödipus] ein Mythos, aber im Mittelalter nimmt er sakralen christlichen Charakter an und der Held wird zu einem großen Sünder wie Judas oder ein Heiliger wie Gregor oder Andreas von Kreta oder Alban, deren große Tugendhaftigkeit ihnen dabei hilft, sich von einer ebenso großen Schuld zu befreien.“[11] Auch indem man sie auf denselben theoretischen Hintergrund projiziert, ist es also möglich, vollkommen voneinander abweichende Deutungen des Mythos anzunehmen: Pessimistische oder optimistische Deutungen hinsichtlich Ödipus' Fähigkeit, die ödipale Phase seiner Existenz zu überwinden, um es salopp auszudrücken. Konsequenterweise hat der Analytiker Mark Kanzer[12] vorgeschlagen, die gesamte Trilogie des Sophokles, bestehend aus *König Ödipus*, *Antigone* und *Ödipus auf Kolonos* als Metapher für die folgenden Phasen des ödipalen Komplexes zu interpretieren: Laut Kanzer leben Ödipus, Kreon und Theseus einen Konflikt, der in eine Situation mündet, die auf die Symbolik der Wiedergeburt verweist. Auf Ödipus, dem den Vater mordenden Sohn, folgt Kreon, Figur des kastrierenden Vaters, und darauf Theseus oder die Reife (Ödipus würde demnach in der letzen Trilogie symbolisch weniger relevant sein als Theseus). Theseus ist der gütige „Vater“ gegenüber Ödipus, während Kreon hart gegen seinen eigenen Sohn, Haimon, und gegen die Tochter des Ödipus, Antigone, ist; und er ist ein weiser und gerechter König, während Ödipus – so Kanzer – in der Ausübung seiner Macht in Theben tyrannisch war.[13]

11 Vgl. Propp 1986. Man muss jedoch anmerken, dass schon Otto Rank die Affinität zwischen dem Ödipusmythos und den Legenden des Judas und des heiligen Gregors hervorgehoben hat.

12 Vgl. Kanzer 1950.

13 So sehr der Essay von Kanzer bemüht ist, eine konsequente Übersicht über Sophokles' Tragödie zu liefern, ist er durch eine artifizielle Konstruktion verfälscht. Das, was er *Oedipus Triology* nennt, besteht aus Tragödien, die mit mehrjährigem zeitlichem Abstand voneinander geschrieben worden sind: *Antigone* wurde um 442 v. Chr. geschrieben, *König Ödipus* zwischen 430 und 420 v. Chr. und *Ödipus auf Kolonos* gegen 406 v. Chr. Wie man schon bemerkt hat, ist nicht nur die chronologische Ab-

## *2.4. Ödipus und die Insight*

Ödipus' Selbstblendung ist von Freud als Kastration interpretiert worden. Man kann jedoch in Bezug auf die Kastration – ebenso wie schon in Bezug auf den Inzest – feststellen, dass der griechische Mythos nicht zur falschen Scham neigt. Mit den Worten von Robert Graves: „Die Blindheit mit der Ödipus, gepeinigt von Schuldgefühlen, sich selbst schlägt, ist von den Psychologen als Symbol für eine Kastration gedeutet worden. Doch obwohl die Blindheit des Phönix, dem Erzieher von Achilles, von den griechischen Exegeten stets als ein Euphemismus für Impotenz interpretiert wurde, ist der archaische Mythos doch immer sehr explizit: Die Kastration von Uran und Attis finden wir in den klassischen Texten immer ohne jedes Erröten zitiert."[14]

Eine alternative Interpretation der Blendung des Ödipus bietet sich an, wenn man eine Figur in Betracht zieht, der Freud keinen Raum gewährt, deren Bedeutung aber nicht unterschätzt werden sollte: der Seher Teiresias. Die verschiedenen Überlieferungen des Mythos stimmen darin überein, diese Figur als blind, aber gleichzeitig als hellsichtig zu beschreiben. Eine Version des Mythos besagt, dass er von Athene geblendet wurde, weil er ungewollt den Waschungen der Göttin zugeschaut habe, die ihm danach aus Mitleid die Gabe der Weissagung verliehen habe. Eine andere, differenziertere Version hingegen sieht in Teiresias – der, infolge verschiedener wunderbarer Begebenheiten sein Leben teils als Mann und teils als Frau verbracht hatte – den Richter eines Streits zwischen Zeus und Hera darüber, welchem Geschlecht die physische Vereinigung größere Lust beschere. Die Antwort des Teiresias – dass nämlich die Lust des Mannes nur den zehnten Teil der Freude einer Frau ausmache – gefiel Hera nicht, weil sie gewissermaßen das intensive Sexualleben Zeus' außerhalb der „institutionellen" Vereinigung mit ihr rechtfertigte. Hera rächte sich also, indem sie Teiresias erblinden ließ. Zeus hingegen schenkte ihm dafür die Erkenntnis und eine Lebensdauer von sieben Generationen. Es scheint jedoch, dass diese Zusammenstellung der Gaben Teiresias traurig stimmte, da er lieber entweder in Unwissenheit lange oder als Wissender kurz gelebt hätte.

folge der Erscheinung der drei thebanischen Dramen anders als die von Kanzer aufgeführte ‚logische' Ordnung. Die erzählten Geschehnisse entsprechen zudem auch einer weiteren unterschiedlichen Chronologie: *Antigone* erzählt Ereignisse, die auf den Tod von Ödipus folgen. Auch Fromm betrachtet in dem zitierten Essay die drei Tragödien als eine Trilogie, indem er sich auf logische Argumentationen stützt. Er reiht sie aber wenigstens in die reale Abfolge der Geschehnisse ein und beschränkt sich darauf, einige ihrer Analogien zu veranschaulichen, ohne ein starres Schema zu konstruieren.

14 Graves 1993, 376.

Die Gestalt des Teiresias erlangt große Bedeutung, sofern man den Ödipusmythos aus erkenntnistheoretischer Sicht deuten möchte.[15] Die Aufmerksamkeit des Interpreten richtet sich in diesem Fall auf den Moment, in dem Ödipus die Wahrheit über seine eigene Geschichte erfährt. Diesem Moment der Selbsterkenntnis folgt sofort die Blendung: Teiresias, die Personifizierung *dessen, der weiß*, ist blind schon vor Beginn des *König Ödipus*. In dieser Logik scheint der Mythos einen Zusammenhang zwischen Erkenntnis und Blindheit herzustellen. Wir sollten uns daran erinnern, dass die Figur des Teiresias wahrscheinlich sehr alt ist und seit Homer als blind beschrieben wird. Der Name Teiresias selbst ist nicht griechischen Ursprungs und bedeutet wahrscheinlich Seher. Die Legende von seinem sehr langen Leben ist durch seine Anwesenheit in den vielen Mythen, die sich auf unterschiedliche Zeiten und Orte beziehen, entstanden. Die Gestalt des blinden Sehers ist also keine Erfindung des Sophokles, sie könnte auch ganz unabhängig von der inneren Logik des Mythos existieren.

An diesem Punkt befindet sich der Interpret vor einem neuen hermeneutischen Scheideweg: Die Erkenntnis kann sowohl als ein positiver als auch ein negativer Umstand verstanden werden. Der Mythos bietet Argumente für beide Thesen. Die Evidenz scheint zunächst denjenigen Recht zu geben, die die negativen Aspekte der Erkenntnis für den Menschen betonen wollen. Ödipus leidet unter dem furchtbaren Geheimnis, über das er unterrichtet wird und der darauf folgende Akt der Selbstblendung ist ein Sühneopfer. Fortes schreibt dazu, dass Ödipus, als er die Wahrheit erfährt, „nichts anderes tun kann als zu *leben,* nachdem er sich geblendet hat, um die unerträgliche Kenntnis dieser Tatsachen auszulöschen, denn seine Sünden sind so groß, dass nicht einmal der Tod sie vergeben kann."[16] Dass die Erkenntnis für den Menschen nichts Positives ist, wird auch durch den vorher erwähnten Fall des Teiresias in jener Fassung des Mythos bestätigt, in der Teiresias sich bei Zeus darüber beklagt, dass er die Gabe des Sehens an die des langen Lebens geknüpft habe, nach dem sich normalerweise alle Menschen sehnen. Im Übrigen warnt derselbe Teiresias Ödipus bei Sophokles vor den Risiken, die er eingeht, wenn er um jeden Preis die Wahrheit erfahren will: „Wehe, wehe, Klarsehen: Wie furchtbar, wo es nicht nützt dem Klarsehenden!"[17]

Die Vorstellung, dass Glückseligkeit und Ruhe als vorrangige Ziele vor der Erkenntnis angesehen werden müssen, wird jedoch nicht von allen geteilt: Den Beweis hierfür liefern die in allen Kulturen verbreiteten mythologischen Erzählungen (angefangen mit dem Gilgamesch-Epos), die sich in Geschichten über menschliche Wesen oder Halbgötter verbreiten, welche, auf der Suche nach ris-

15 Eine Deutung des Ödipus als gnoseologischer Mythos findet man in Loraux 1987. Laut Michels verkörpert die Tragödie des Sophokles eine wertvolle Metapher, um die Rolle der Insight in der Psychoanalyse zu verstehen. Vgl. Michels 1986.

16 Vgl. Fortes 1959.

17 Sophokles 1982, 316.

kanten Prüfungen, einen Zustand der (zumindest scheinbaren) Ruhe verlassen. Parallel dazu fehlt es gewiss nicht an bedeutenden Exponenten der psychoanalytischen Bewegung, die dazu bereit sind, den Weg zu weisen, die scheinbare ‚Ruhe' auf dem Altar der Einsicht, der inneren Erkenntnis, zu opfern (im Gegensatz zu Kohuts Ansicht, wie man im vorigen Kapitel gesehen hat, nach der die Einsicht als solche nicht notwendig für die psychotherapeutische Wirkung ist). Unter diesem Blickwinkel könnte die Geschichte des Ödipus von einem weiteren Standpunkt aus betrachtet werden. Ödipus kann das Symbol für die These werden, nach der man ‚die Erkenntnis nicht ohne Leid erlangt': In diesem Fall handelt es sich um einen Einstellungswandel. In anderen Kulturen existieren Parallelen in Form von Parabeln, die lehren, wie eine Verstümmelung der Weg zur Erkenntnis sein kann, die immer als *der* absolute Wert betrachtet wird. Eine Zen-Fabel erzählt zum Beispiel von einem Schüler, der die Erleuchtung nur erlangt, nachdem sein Meister ihm den Finger abgeschnitten hat.[18] Schließlich könnte man suggerieren, dass der Ödipus-Mythos die Nicht-Erlangung der Erkenntnis versinnbildlicht, da Ödipus genau in dem Moment, wo er die Erkenntnis erlangt, erblindet.

## *2.5. Ödipus im Fall Adler*

Der Ödipusmythos wurde auch aus adlerianischer Sicht interpretiert: Beispiele dieser Deutung sind die Beiträge von Frances Atkins und Roy Huss.[19] Von einem adlerianischen Standpunkt aus kann die Geschichte des Ödipus als ein Kompensationsversuch eines organischen Minderwertigkeitskomplexes interpretiert werden. Der Name Ödipus bedeutet nämlich ‚Schwellfuß' und könnte – einer kuriosen Assonanz wegen – anscheinend auch der ‚Fuß, der weiß' bedeuten. Huss bringt diese zweideutige Bedeutung des Namens Ödipus mit dem Rätsel der Sphinx in Verbindung: Offensichtlich musste Laios, Sohn eine besondere Veranlagung zum Verständnis von Rätseln haben, die sich auf Gliedmaßen beziehen. Ebenso außergewöhnlich ist der Umstand, dass Ödipus nicht die normale Entwicklung des Menschen – vierbeinig als Kind, zweibeinig als Erwachsener und als Greis dreibeinig – nimmt, da er, seinen verbundenen Füßen ausgeliefert, schon von klein auf dazu gezwungen ist, einen Stock zu benutzen und außerdem dazu verurteilt ist, als Greis auch die Füße seiner Töchter zu benutzen, um sich bewegen zu können.[20]

Oft wird der Fuß als Phallussymbol interpretiert, und demnach könnte die organische Minderwertigkeit auch auf eine sexuelle Minderwertigkeit hinweisen. Der Name ‚Schwellfuß' hat dennoch Anlass zu gegensätzlichen Interpretationen

18 Mumon 1980, 23.
19 Vgl. Atkins 1966; Huss 1973.
20 Huss 1973, 281.

gegeben. Der Philologe Bruno Gentili hat sogar die Hypothese vorgeschlagen, nach der der Mythos auf die Hypersexualität des Ödipus hindeutet, indem er sich auf eine alte griechische Volksweisheit – die durch mehrere Quellen bestätigt wurde – beruft, nach der ‚árista cholòs oifei", beziehungsweise der Hinkende erotisches Vermögen bis zur höchsten Stufe entwickelt hat.[21] Eine andere, neutralere Hypothese weist darauf hin, dass der Name Ödipus symbolisch sein inzestuöses Schicksal bekräftigt, weil laut anderer antiker griechischer Quellen das Hinken mit der Transgressivität im sexuellen Bereich – entweder im Sinne der Homosexualität oder im Sinne des Inzests – in Verbindung stehen soll.[22]

## *2.6. Ödipus und die Sphinx*

Ein Mythologem, das die Fantasie und Kreativität der Deuter angeregt hat, ist die Sphinx mit ihrem berühmten Rätsel, welches Ödipus gelöst hat. Jung sah, in einem Aufsatz von 1912 (also vor der definitiven Trennung von Freud), in ihr die ‚schreckliche Mutter'. Mehrere Interpreten, unter ihnen Otto Rank, haben die Sphinx für das Symbol der phallischen Mutter gehalten. Andere, wie Balter,[23] haben in der Sphinx eine Mutter als Lustspenderin gesehen. Seiner Meinung nach entspricht die Beziehung zur Sphinx der Phase des Wunsches, sich die Mutter oral einzuverleiben (was natürlich nicht geschehen kann, wenn die Mutter als Angstquelle wahrgenommen wird). Die Umkehrung der Perspektive ist mit Van der Sterren vollzogen,[24] nach dessen Meinung die Beziehung von Ödipus mit der Mutter inzestuös und sadistisch ist und in der Beziehung mit der Sphinx vorweggenommen wird (infolgedessen der Fall eines symbolischen und eines realen Muttermordes vorläge).

Selbstverständlich kann die Sphinx auch als inneres Bild beurteilt werden: Für Roy Huss könnte das Symbol auch auf Jugendprobleme bezüglich der Bisexualität hindeuten; Reik vermutet in der Sphinx ein Symbol der Beziehung mit den Eltern und Róheim eine Vorstellung des Vaters als Homosexueller. Kanzer hingegen sieht in ihr „eine Allegorie für die Probleme mit der weiblichen Sexualität. Im oberen Teil eine Frau mit Brüsten, im unteren eine Löwin, vereinigt sie die Aspekte der begehrten und gefürchteten Weiblichkeit, die der junge Mann miteinander versöhnen muss, um seine genitale Potenz zu entwickeln."[25]

21 Gentili 1986, 119.
22 Vgl. Bettini/Borghini 1986.
23 Vgl. Balter 1969.
24 Vgl. van der Sterren 1952.
25 Kanzer 1950, 562.

## *2.7. Ödipus, Transgression und Narzissmus*

Der Interpret kann sich jedoch auch von einer sexuellen Interpretation *in stricto sensu* abwenden und eine Sicht von Ödipus als Paradigma des kreativen und transgressiven Menschen zeichnen. Ödipus kann also den Kampf des Einzelnen gegen die von der Gemeinschaft auferlegten Werte verkörpern. Die Tatsache, dass er von einem König, also der Führungsspitze der gesellschaftlichen Hierarchie, gezeugt wurde, ist ein erster Hinweis auf diesen – sozusagen genetischen – Konflikt. Auch der König-Vater zeugt einen Sohn gegen den Willen der Götter und stellt sich dadurch auf die radikalste Weise gegen die herrschenden Schemata. Mit seinem ersten Verbrechen, der Tötung des König-Vaters, bricht Ödipus gleichzeitig mit den beiden stärksten von den Gemeinschaftsgesetzen festgelegten Bindungen: die Familie und die Staatsautorität. Ödipus verdient die Anerkennung der Stadt Theben, indem er, das Rätsel der Sphinx lösend, seine Kreativität beweist; dieser Umstand eröffnet ihm die Chance König zu werden und seine Mutter zu heiraten; das heißt, seine eigenen Schemata im Bereich der Familie und der Hierarchie des eigenen sozialen Umfelds durch die der Gemeinschaft zu ersetzen. Dennoch kann die Kreativität des Einzelnen besser akzeptiert werden, wenn sie die Realisierung der Ziele anstrebt, die alle verfolgen (die Beseitigung der Sphinx), als wenn sie auf die persönliche Suche gerichtet ist: In dem Moment wird die Kreativität zu einem subversiven Faktor, den man ausmerzen muss (daher die Pest, welche die Reaktion der Welt auf den nicht angepassten Eigenwillen symbolisieren könnte).

Ödipus ist vom Gemeinwillen geblendet, der ihn daran hindert, seine eigenen Zielvorstellungen auch weiterhin unabhängig von denen der Anderen zu sehen. Derjenige, der ihm die Kollektivwahrheit enthüllt, ist seinerseits blind. Denn um die objektive Welt zu sehen, kann er nicht anders, als auf seinen eigenen, subjektiven Standpunkt zu verzichten. Um die gesellschaftliche Anerkennung noch einmal zu erlangen, muss auch Ödipus einen deutlichen Beweis erbringen, dass er auf seine subjektiven Bestrebungen verzichtet hat. Dies gelingt ihm erst im Alter, kurz vor seinem Tod.

Auch eine Deutung, die sich auf das Thema des Narzissmus stützt, bietet Interpretationsmöglichkeiten. In diesem Fall führt die Entschlüsselung des Mythos über die Lösung des Rätsels der Sphinx und die Suche nach der Wahrheit über die Pestilenz. Ödipus als Fremder würde nicht versuchen, das Rätsel der Sphinx zu lösen und dadurch sein eigenes Leben aufs Spiel zu setzen, wenn er nicht durch den Antrieb des Narzissmus dazu gebracht würde. Außerdem kann das Rätsel selbst auf eine gewisse Art auf das Motiv des Narzissmus hindeuten: Die Sphinx verlangt nach der Bestimmung eines Tieres. Die Sicherheit, mit der Ödipus den Menschen als Lösung angibt, kann als Symbol seines narzisstischen Überlegenheitsgefühls angesehen werden. Schließlich ist auch die Sphinx ein Tier und Ödipus ein Mensch. Ödipus muss vor allem sich selbst (da die Eroberung des Throns von Theben kein festgelegter Plan ist) seine eigene Überlegenheit beweisen.

Die Anwesenheit der Pest in Theben und die Reaktion der Götter auf die Prophezeiungen (die, indem sie auf den Grund ihres Zornes, aber nicht auf den Schuldigen hinweisen, die Möglichkeit, die Wahrheit zu erfahren auf den Willen der menschlichen Welt übertragen) verursachen eine Situation, die Ödipus verschiedene Auswege bietet. Ödipus könnte keine Nachforschungen anstellen oder diese jedenfalls auf einen anderen Zeitpunkt verschieben: Die Unfähigkeit zu akzeptieren, dass seine Regierung nicht vollkommen ist, bringt ihn dagegen zur Entdeckung seiner eigenen Schuld. Die narzisstische Verletzung veranlasst ihn, sich das Leben zu nehmen. Ödipus zieht es vor, sich nicht im Spiegel sehen zu können, anstatt sich des Vatermords und Inzests schuldig zu sehen. Der Narzissmus führt so zur primitivsten Verdrängung. Teireisias' Blindheit ist eine Vorankündigung der freiwilligen Erblindung von Ödipus, so als ob Teiresias ein ‚Doppeltes' wäre, in dem Ödipus sich selbst wieder erkennen und die Wahrheit erkennen müsste. So ist Teiresias für Ödipus ein Spiegel, aber ein Spiegel, in den Ödipus sich weigert zu schauen und dem er eine andere als die reale Wahrheit abverlangt.

## *2.8. Ödipus und das Matriarchat*

Einige Anthropologen haben den Ödipusmythos als eine Reminiszenz an die neolithischen Fruchtbarkeitsriten angesehen.[26] Die neolithische bäuerliche Kultur stützte sich nämlich kulturell auf drei Hauptrituale, die zum Anlass der Aussaat, des ersten Sprießens des neuen Getreides und schließlich seiner Ernte gefeiert wurden. Diese Kulte beruhten auf der Identifikation der Königin mit der Erde als Mutter und der Ernte und der Identifikation des Königs mit dem Getreide. Während die Königin lange im Amt blieb, wurde der amtierende König jedes Jahr zur Ernte von dem nachfolgenden König getötet – ursprünglich im wörtlichen Sinn, später nur noch als symbolische Tötung. Dieser Nachfolger vereinigte sich im Laufe der Zeremonie der Aussaat rituell mit der Königin und wurde bei der Feier für das neu aus der Erde sprießende Getreide symbolisch wieder ‚geboren' (möglicherweise wurde die Geburt des Königs nachgeahmt).

Von diesem Gesichtspunkt aus betrachtet würde Ödipus mit seiner Lebensgeschichte die drei neolithischen Rituale verkörpern und wäre demnach eine positive Figur in einer Kultur, die direkte Erbin der matriarchalischen Tradition der Landwirtschaft ist. Dennoch hatte das Aufkommen der indoeuropäischen Kultur, aus der die Griechen entstanden sind, seinen Ursprung in dem Zusammenstoß zwischen der bäuerlichen und der erheblich kriegerischeren Kultur der Nomaden, deren patriarchalische und auf den Kult des Himmels und des Lichtes ge-

[26] Vgl. Robert 1915 und Capizzi 1988.

stützte Kultur sich durch ihren militärischen Sieg durchgesetzt hat. Im Angesicht der neuen herrschenden Kultur könnte Ödipus demzufolge nichts Anderes als den Verdammten schlechthin verkörpern, wie er selbst in den Versen von Sophokles resümiert: „Entstammt bin ich, von wem ich nicht gesollt, verkehr, mit wem ich nicht gesollt, und hab erschlagen, wen ich nicht gedurft".[27] Es ist kennzeichnend, dass Ödipus in Aischylos' Sieben gegen Theben als derjenige beschrieben wird, der die Furche besät, aus der er geboren wurde. Ebenso im Einklang mit dieser Deutung sind die Geschehnisse, die mit der Gabe des eigenen (Ödipus') Körpers an Athen verbunden sind (im Ödipus auf Kolonos): Diese Gabe, dem Anschein nach ohne Wert, ist hingegen sehr nützlich für Athen, wie man versteht, wenn Ödipus tot und begraben ist (dies deutet genau auf die Saat und das Nachwachsen des Getreides). Otto Rank hat die These von Ödipus als dem neolithischen ‚Getreidekönig' in *Beyond Psychology*[28] übernommen: „Wir haben hier, am Ende der griechischen Zivilisation, eine spätere, sexualisierte Version des Fruchtbarkeitsritus vorliegen, die in den Kontext einer auf den Vater zentrierten Familie übertragen wird."[29] Die These Ranks, nach der der Ödipusmythos den Widerwillen ausdrückt, die Vaterrolle zu akzeptieren, hat eine klare Grundlage in diesem Rahmen: Die Annahme der Rolle des König-Vaters hätte keine Begeisterung in dem Auserwählten hervorrufen dürfen, da sie automatisch zu seinem Todesurteil nach einem Regierungsjahr führt. Nachdem Rank den ursprünglichen Charakter des neolithischen Rituals betont hat, kommt er überraschenderweise jedoch auch zu dem Schluss, dass der Kampf zwischen dem alten und dem neuen König dem Kampf zwischen dem alten und neuen Selbst des Individuums entspricht. Dies ist sicherlich eine vertretbare Interpretation, sie widerspricht jedoch dem ursprünglichen Charakter des Rituals, wobei sich Ranks Kritiken an Freud genau auf das Fehlen einer konsequenten anthropologischen und soziologischen Bewertung des Mythos beziehen: Wie Rank richtigerweise erwähnt, existierte die tyrannische Herrschaft der Väter, wie Freud sie in Totem und Tabu konzipiert hat, möglicherweise erst in der römischen Kultur.

## *2.9. Eine endgültige oder mehrere gültige Interpretationen?*

Diese Übersicht der Interpretationen des Ödipusmythos ist weit davon entfernt, vollständig zu sein. Es gibt eine große Anzahl von Essays von Psychoanalytikern zu den Erlebnissen des Ödipus, die anscheinend längst nicht erschöpft sind, da jedes Jahr in den entsprechenden Bibliographien auf neue hingewiesen wird. Jede der vorgeschlagenen Interpretationen hat rationelle Argumente auf ihrer Seite und jede erklärt in einer einigermaßen überzeugenden Weise wenigstens einige

[27] König Oedipus, 1184 f.
[28] Vgl. Rank 1941.
[29] Rank 1941, 125.

Aspekte des Mythos. Trotzdem scheint es keiner zu gelingen, den ganzen symbolischen Reichtum der Erlebnisse des Ödipus in ihre Darstellung mit einzubeziehen.

Wenn es sich bei Ödipus jedoch um eine mythologische Gestalt handelt, die nicht auf die Fragen nur eines Deuters antworten kann, kann nichtsdestoweniger auch in der Realität der gleiche Patient die von verschiedenen Analytikern vorgeschlagenen unterschiedlichen Interpretationsrahmen überzeugend finden. Umgekehrt kann derselbe Analytiker auf verschiedene hermeneutische Modelle zurückgreifen, um unterschiedliche Fälle zu behandeln; diese Modelle sind darüber hinaus sehr oft *theoretisch nicht miteinander kompatibel.* Zudem sind theoretische Abweichungen auch unter den Analytikern, die offiziell als ‚orthodox' bekannt sind, keine Seltenheit. In diesem Zusammenhang wollen wir auf einen Essay des französischen Analytikers Michel de M'Uzan verweisen, der am Ende der achtziger Jahre des zwanzigsten Jahrhunderts in der ‚Revue Française de Psychanalyse' veröffentlicht wurde. M'Uzan betont die unzureichende Kohärenz der Analytiker, die sich oft, solange sie untereinander diskutieren, auf die Verteidigung jeden Aspekts des eigenen Bezugsmodells versteifen, in der Praxis hingegen sehr viel offener sind auf „technische Modelle zurückzugreifen, die im Prinzip ihren Bezugsdoktrinen durchaus fremd sind." [30] Jeder Versuch der theoretischen Vereinheitlichung entsteht – unterstreicht M'Uzan – durch dieses Problem; es bringt aber den Analytiker, der es theoretisiert, dazu „zu einem Seiltänzer auf der Theorie zu werden".[31] Dies ist ein Bekenntnis von entwaffnender Aufrichtigkeit, da M'Uzan seinerseits, in dem gleichen Aufsatz, die Vereinbarkeit der Kleinianischen und Freudianischen Theorien erforscht.

Ein anderes Beispiel von großem Interesse zum Thema des Surfens von einem psychodynamischen Modell zum anderen ist von Jacqueline Schaeffer in einem Artikel, der in der gleichen Zeitschrift einige Monate später unter dem Titel *Les cartes et le territoire*[32] erschienen ist, dargelegt worden. Schaeffer erzählt von einem klinischen Fall, der sie – als Freudianerin – dazu gebracht hat, einen Kleinianischen Ansatz anzuwenden, und sie fragt sich und die anderen Analytiker (es handelt sich um einen einführenden Vortrag zu einer Round-Table-Konferenz): „Warum habe ich mich bei jenem Patienten nicht nur auf Vorstellungen und Bilder vom Typ Kleins berufen – was an sich noch kein Widerspruch ist (*sic!*) – warum habe ich mit ihm *kleinianisch gesprochen*, wenn das doch gar nicht meine Muttersprache ist und ich diese Sprache überdies nur mit starkem Akzent beherrsche?" Wenn sich ein Analytiker in Schwierigkeiten befindet, wendet sich offensichtlich seine Sprache rasch der metaphorischen Richtung zu, auch wenn sie die eigene theoretische Einstellung berücksichtigen muss.

30 Siehe de M'Uzan 1988, 657.
31 Ebd.
32 Vgl. Schaeffer 1989.

Die Anwesenheit und die anerkannte Anwendbarkeit verschiedener Modelle innerhalb der Tiefenpsychologie führen zu drei möglichen Schlussfolgerungen:

1) Ein einziges der im Bereich der Tiefenpsychologie historisch aufgetretenen Modelle ist das Richtige: Man muss nur die klinischen Forschungen vertiefen und deren scheinbare Widersprüche verbessern. Die anderen Modelle sind nur dann ‚wahr', wenn sie mit dem ersten kompatibel sind.

2) Alle Modelle widersprechen sich untereinander: Ersichtlicher Grund für die Meinung , dass kein Modell wirklich gültig ist.

3) Alle Modelle können Wahrheitselemente enthalten. Die Tatsache, dass alle in einem gewissen Maßstab widersprüchlich sind, muss grundsätzlich dazu veranlassen, nach deren jeweils möglichem Anwendbarkeits- und Vereinbarkeitskriterium zu suchen.

Die erste mögliche Schlussfolgerung, die wir als die ‚Vogel-Strauß-Haltung' bezeichnen könnten, wird von fast allen ‚orthodoxen' Analytikern und Psychotherapeuten jeder beliebigen Gesellschafts- und Schichtzugehörigkeit vertreten. Selbstverständlich ist jeder von ihnen dazu bereit, auf die Richtigkeit *seines* Modells zu schwören. Die zweite Schlussfolgerung, die man die ‚des Zensors' (zu Ehren des bekannteren der beiden Catos) nennen könnte, ist die, der im Allgemeinen von den immer zahlreicher werdenden Kritikern der Psychoanalyse Glauben geschenkt wird. Die letzte Möglichkeit ist die, die sich die Autoren dieses Buches zu Eigen gemacht haben; es ist die Konklusion, zu der Jung schon in dem ersten Jahrzehnt des zwanzigsten Jahrhunderts gelangte. Es gibt dennoch keinen Zweifel daran, dass die wirklich kreativen Aspekte der Lehre Jungs nicht zu einem ‚nach Jung' geführt haben, das auch nur im Geringsten – im Hinblick auf die historische Relevanz – mit einem ‚nach Freud' zu vergleichen ist. In den folgenden Kapiteln wird versucht, die tatsächliche geschichtliche Entwicklung der Jungschen Schule und die Gründe der scheinbaren Armut dieser historischen Entwicklung zu ergründen. Zudem wird versucht die Möglichkeit darzulegen, Jung neu zu deuten und dies auf einer anderen Grundlage als der, die sich ein großer Teil der angeblichen Anhänger eines Denkers, der sich dem Kampf gegen den Reduktivsmus und der Orthodoxie verschrieben hat, zu Eigen gemacht hat, und die zu einer Institutionalisierung seiner Lehre als unantastbares Wort geführt hat.

# 3. Nachfolger Jungs

> Man vergilt einem Lehrer schlecht, wenn man immer nur der Schüler bleibt.
>
> F. Nietzsche, *Also sprach Zarathustra*

## *3.1. Probleme der Nachfolge von Jung*

In der „Zeit nach Jung" lässt sich nichts finden, was mit der „Zeit nach Freud", zumindest wie sie hier dargestellt wurde, in irgendeiner Form vergleichbar wäre. Unter den Anhängern Jungs lassen sich auch nach über einem halben Jahrhundert weder deutlich rhizoide noch bedeutungsvolle dendritische Entwicklungen erkennen. Auch der „Fall Hillman" und die so genannte archetypische Psychologie führen nicht – wie wir noch sehen werden – zur Ausarbeitung einer definierten Lehre, sondern, wenn überhaupt, zur Herausbildung eines besonderen „Stils" im psychologischen Diskurs.

Wie wir im Zusammenhang mit der Nachfolge Freuds gesehen haben, formt sich ein dendritischer Zweig an einem ungelösten Problem der ursprünglichen Doktrin. Eine oder mehrere miteinander verknüpfte Hypothesen der ursprünglichen Lehre werden angezweifelt, negiert oder ausgetauscht. Die Anhänger dieser neuen, kritischen Richtung halten sich streng an die Konsequenzen ihrer Überlegungen und entwickeln eine neue Lehre, die sich in Teilen von der ursprünglichen unterscheidet. Dabei schöpfen sie deren gesamtes denkbares theoretisches und praktisches Potential aus. Kein ernst zu nehmender Mensch könnte behaupten, dass etwas Ähnliches in der Jungschen Schule geschehen sei. Selbstverständlich mangelte es auch hier nicht an bedeutenden und originellen Persönlichkeiten (man denke nur an Neumann, Fordham und den oben bereits erwähnten Hillman), aber beim genauen Hinsehen bildet keine von ihnen den Anfang einer fruchtbaren unabhängigen Richtung; nicht einmal in dem Sinne, den wir bei Freud als „dendritisch" bezeichnet haben. Jede dieser Persönlichkeiten bildet allenfalls um sich herum eine „Gruppe", oder, besser gesagt, eine „Tendenz" ohne eindeutige Grenzen und unterscheidet sich hauptsächlich durch eine besondere „Art des Ausdrucks". Analog zu dem entsprechenden Begriff der Kunstgeschichte könnte man von unterschiedlichen jungianischen „Manierismen" sprechen.

Fünfundvierzig Jahre nach dem Tode Jungs und fast siebzig Jahre nach der Entwicklung seiner Lehre können wir nur sagen, dass seine Psychologie eine beachtliche Reihe von Nachfolgern hervorbrachte, die versuchten, sein Werk zu systematisieren oder zu synthetisieren. Des Weiteren finden wir einige einfache „Apologeten", einige beachtenswerte „Exegeten", eine kleine Anzahl origineller, aber nicht unabhängiger Denker (wie Neumann) und eine noch begrenztere Anzahl von z.T. unabhängigen Weiterentwicklern der Lehre (wie Hillman). Unter ihnen allen überwiegen diejenigen, die wir guten Gewissens als Apologeten oder partielle Exegeten bezeichnen können.

Charakteristisch für die Nachfolge Jungs ist zudem das Fehlen von verständlichen, zufriedenstellenden und ausführlichen Darstellungen seiner Lehre, die mit den Werken eines Fenichel oder Rapaport im Freudschen Lager vergleichbar wären. Die Gründe für den Mangel an fruchtbaren Weiterentwicklungen in der Jungschen Schule – und zwar sowohl im rhizoiden als auch im dendritischen Sinne – liegen unserer Meinung nach in der Wesensart der Lehre Jungs selbst und in der Ausdrucksweise seiner Werke begründet. Wir werden also versuchen, einige dieser Charakteristika ausfindig zu machen und vorzustellen, ohne jedoch den Anspruch auf Vollständigkeit zu erheben.

### *3.1.1. Die Systemlosigkeit Jungs*

Jung ist, im eigentlichen Sinne des Wortes, ein systemloser Autor; das heißt, dass er mehr oder weniger bewusst die Konstruktion eines geordneten und vollständigen „Systems" ablehnt, innerhalb dessen sich alle wesentlichen Merkmale des normalen und pathologischen psychischen Lebens erfassen lassen. In diesem Zusammenhang scheint die Tatsache bezeichnend, dass sich Jung nie die Mühe gemacht hat, eine vollständige Darstellung der analytischen Psychologie zu liefern, im Gegensatz zu Freud, der mindestens drei systematische Abhandlungen über die Psychoanalyse hinterlassen hat[1]. Wenngleich berühmt, lassen sich die *Zwei Schriften über Analytische Psychologie*[2] kaum als Synthesen der Lehre Jungs bezeichnen, zumal es sich hierbei um zwar vielleicht programmatische Anschauungen einer jedoch in den Details noch auszuführenden Psychologie handelt, die lediglich einer ersten Übersicht dienen. Noch viel weniger kann man die so genannten *Definitionen*, jene Form eines kleinen Lexikons der analytischen Psychologie, die im Anhang der *Psychologischen Typen* zu finden sind, als eine systematische Abhandlung ansehen. Diese stellen zwar einen wertvollen Leitfaden zum Verständnis der analytischen Psychologie dar, zumindest wie sie 1921 formuliert wurde (oder werden konnte), aber sie sind nicht in einem vollständigen und geordneten Rahmen strukturiert. Die *Definitionen* sind vielmehr Steine eines Mosaiks, das sich der Leser selber zusammensetzen muss – und zwar oft unter großer Anstrengung und mit beträchtlichem Spielraum für Ungewissheiten.

1 Als solche lassen sich die beiden Vorlesungsreihen *Einführung in die Psychoanalyse*, die Formulierung des Stichworts *Psychoanalyse* für die Enciclopedia Britannica und das späte *Kompendium der Psychoanalyse*, welches zwar nicht vollendet aber doch vollständig strukturiert erscheint, bezeichnen.

2 Unter diesem Titel ist Band 7 der *Werke* Jungs bekannt, der die *Psychologie des Unbewussten* und die *Beziehungen zwischen dem Ich und dem Unbewussten* umfasst.

Jungs Systemlosigkeit zeigt sich nicht nur im Fehlen einer wenigstens tendenziell logischen und vollständigen Darstellung seiner analytischen Psychologie, sondern auch durch die ungeordnete Zufälligkeit des größten Teils seiner Schriften, die sich nie als Elemente eines zusammenhängenden (durchaus *werdenden*) Gebäudes darstellen, sondern vielmehr als partielle Standpunkte oder Veranschaulichungen, die durch die Erfahrungen eines Menschen mit einer besonderen Sensibilität und einer besonderen *Weltanschauung* „angelegentlich festgestellt" wurden.

### *3.1.2. Literarischer Stil*

Im Unterschied zu Freud ist Jungs literarischer Stil überwiegend verworren und ausschweifend, manchmal sogar nachlässig, obwohl er bisweilen ein hohes Niveau an Ausdrucksfähigkeit und sogar an Poesie erreicht. Innerhalb seiner Abhandlungen gelingt es ihm nicht immer, die semantische Kohärenz zu bewahren: In einem Text kann derselbe Begriff im Abstand von wenigen Seiten, manchmal sogar auf ein und derselben Seite, unterschiedliche Bedeutungen annehmen. Die reichlich vorhandenen Abschweifungen erzeugen den Eindruck eines Durcheinanders und oft läuft der von ihnen überflutete Leser Gefahr, die Entwicklung des Hauptthemas aus den Augen zu verlieren. Jungs Zerstreutheit bzw. Nachlässigkeit entfaltet zuweilen eine komische Wirkung, so zum Beispiel, wenn sein Text auf eine grafische Illustration verweist, die in keiner Weise dem Text entspricht, oder wenn er, in den oben erwähnten *Definitionen*, ein Stichwort ankündigt, das dann vergessen wird. Es bleibt unerklärlich, dass keiner der Editoren sich je darum bemüht hat, auf diese eklatanten Fehler hinzuweisen.

### *3.1.3. Der nicht gekennzeichnete Fehler*

Jung bemüht sich nie – oder fast nie – darum, einen Fehler oder eine Meinung, die er aufgrund seiner Gedankenentwicklung später überwunden bzw. geändert hat, erkenntlich zu machen. Jedes neue Werk kann eine wesentliche Änderung eines schon vorher geäußerten Grundgedankens mit sich bringen, aber die neue Definition wird nie zu der vorhergehenden in Beziehung gesetzt. Folgendes Beispiel sei genannt, das stellvertretend für alle gelten soll: Das Konzept der *Individuation* wird in den *Psychologischen Typen* (1921) vor allem unter dem Aspekt der *Differenzierung* vorgestellt. In *Die Beziehung zwischen dem Ich und dem Unbewussten* (1928) wird das gleiche Konzept in einem deutlich komplexeren Zusammenhang dargestellt, in dem der Aspekt der *Integration* zu dominieren scheint, und zwar als Integration sowohl der unbewussten Funktionen als auch jener als „apriorisch" bezeichneten Formen des kollektiven Unbewussten, die Jung *Archetypen* nannte. Zwischen den beiden Werken besteht ein zeitlicher Abstand von nur sieben Jahren. Dennoch bemüht sich Jung nicht im Geringsten, die Unzulänglichkeit des zuvor erläuterten Konzepts der Individuation zu erwähnen und damit seine Leser sozusagen zu der geistigen Arbeit einzuladen, den Fehler gemeinsam mit ihm zu korrigieren. Was das sehr umstrittene Konzept des *Archetypus* anbelangt, so nimmt dieser Mangel an ehrlicher Korrektur der Definitionen und der vorhergehenden Defizite bei Jung makroskopische und oft ausgesprochen peinliche Proportionen an.

### *3.1.4. Problematik der theoretischen Beziehung zu Freud*

In Bezug auf Freud und die Psychoanalyse nimmt Jung im Laufe der Zeit unterschiedliche und durchaus widersprüchliche Positionen ein. Manchmal scheint er eine Psychologie[3] ausarbeiten zu wollen, die sozusagen die Psychoanalyse mit *einschließt*. Nach dieser Position, die wir der Bequemlichkeit halber „inklusiv" nennen werden, hat die Psychoanalyse die Bedeutung einer in sich schlüssigen psychologischen Teillehre, die konsequent einen beachtlichen Teil des psychischen Lebens erforscht. Als solche wird ihr Wert anerkannt, auch wenn sie als unzureichend für die umfassende Erforschung der Psyche erklärt wird.

Die von Jung stets vorgenommene Unterscheidung zwischen persönlichem Unbewussten als Ergebnis des Verdrängungsmechanismus (daher ontogenetisch) einerseits und kollektivem, phylogenetischem und daher in einem gewissen Sinne angeborenem Unbewussten andererseits impliziert bereits die Annahme des psychoanalytischen Modells als Teilaspekt des umfangreicheren, von der analytischen Psychologie vorgeschlagenen Modells und die Konzeption der letzteren als „inklusiv" in Bezug auf die erstere. Als Jung die Instanz oder Funktion des *Schattens* einführt (der dann zum gefährlichen Begriff des *Archetypus* wurde),

3 Im Allgemeinen bezeichnet Jung die eigene theoretische Perspektive als *analytische Psychologie*, bleibt dabei jedoch nicht einmal von einem rein lexikalischen Standpunkt aus gesehen konsequent. So ersetzt er einige Jahre lang, wahrscheinlich unter dem Einfluss von Toni Wolff, den Begriff *analytische Psychologie* durch den Begriff *komplexe Psychologie*, um dann wieder zur zuerst gewählten Bezeichnung zurückzukehren. Manchmal scheint er den Ausdruck *komplexe Psychologie* jedoch anzuwenden, um damit einen Bezug auf die zukünftige Psychologie herzustellen, die alle möglichen unterschiedlichen Psychologien in sich aufnehmen können soll und die erst noch geschaffen werden muss. Wegen seiner sprachlichen Ungenauigkeit ist es allerdings nicht möglich, eine sichere Aussage darüber zu treffen, ob es sich bei der Gleichsetzung seiner Psychologie mit einer komplexen Psychologie um eine bewusste Entscheidung handelt, die ein indirektes Eingeständnis seines eigenen Gefangenseins in *einer* möglichen Perspektive bedeuten würde. Wenn diese Annahme richtig wäre, dann wäre die komplexe Psychologie – um mit Kant zu sprechen – als eine Art ideales Regulativ anzusehen, nach dem die psychologische Forschung zu streben hätte, ohne dabei diese Aufgabe jemals erfüllen zu können.

sagt er, dass dieser dem persönlichen Unbewussten entspricht, zumindest solange er unbewusst bleibt[4]. Damit bestätigt er die Vorstellung der Inklusion der von der Psychoanalyse erforschten psychischen Welt in eine umfangreichere psychische Welt, wie sie tendenziell von der analytischen Psychologie erforscht wird.

In diesem Sinn ist auch, zumindest in einigen Abschnitten der Ausarbeitung von Jungs Lehre, die Haltung einer „Delegierung" an Freud kennzeichnend. Unter diesem Ausdruck wird hier die Tatsache verstanden, dass die Psychoanalyse – laut Jung – in Bezug auf die Dynamik der Triebe, der Verdrängung und wahrscheinlich aller Abwehrmechanismen, sowie der gesamten Phänomenologie der Lapsus, ihre Forschungsrolle zwar schlüssig aber noch unvollständig ausgeführt habe. Deshalb erscheine es angebracht, ihr eine begrenzte Aufgabe anzuvertrauen, die dennoch unentbehrlich für eine Psychologie des Unbewussten in der Entwicklungsphase sei.

Bei anderen Gelegenheiten scheint Jung allerdings der analytischen Psychologie eine eindeutige „Oppositionsrolle" der Psychoanalyse gegenüber zuzusprechen, die sich schlecht als „inklusiv" bezeichnen lässt. Da, wo die Psychoanalyse ihre naturalistische Methodologie bis zum Äußersten treibt und den Menschen unter dem Profil eines Tieres betrachtet, das dazu gezwungen ist, sich von einer willkürlichen Triebbefriedigung abzuwenden und aus diesem Grund Kultur produziert, betrachtet die analytische Psychologie im Gegensatz dazu, unabhängig von den für den Positivismus typischen naturalistischen Vorurteilen, den Menschen fast aus der Perspektive einer post-positivistischen philosophischen Anthropologie – der Phänomenologie, könnte man sogar sagen, wenn auch mit allen erforderlichen *Unterscheidungen*.

Unter diesem Gesichtspunkt scheint zwischen der Psychoanalyse und der analytischen Psychologie eine antagonistische Beziehung zu bestehen, so dass der Begriff „inklusiv" hinfällig würde, oder doch zumindest nur unter größten Schwierigkeiten anwendbar. Es gibt jedoch andere Stellen in Jungs Werk, wo sich derselbe Begriff, wenn auch nie in wissenschaftlicher Deutlichkeit, zu einem neuen Kriterium formt, das wir „komplementär" nennen wollen. Wenn „Inklusion" zu bedeuten schien, dass die analytische Psychologie, indem sie einen unvergleichbar größeren Forschungsbereich erschließt als die Psychoanalyse, sich keinesfalls vornimmt, in dieser Hinsicht Grenzen zu ziehen, so scheint die Formulierung der „Komplementarität", die sich durch die geometrische Metapher der Komplementärwinkel veranschaulichen ließe, dem Forschungsbereich der analytischen Psychologie hingegen sehr wohl eine Grenze zu setzen, da sie ihn bestimmt, indem sie ihn der Psychoanalyse gegenüber als „komplementär" begreift. Die *Archetypen* der analytischen Psychologie beschreiben zum Beispiel einen komplementären Bereich zu dem durch die *Instinkte* und *Triebe* definierten der psychoanalytischen Forschung. In dieser Hinsicht sind die Instinkte und Trie-

[4] Hierzu siehe Trevi/Romano 1975.

be auf der einen Seite und die Archetypen auf der anderen komplementär und ihre Gesamtheit beschreibt das Unbewusste sozusagen unfassend.

Diese Kriterien von Komplementarität, Inklusion und Opposition, die der analytischen Psychologie dazu dienen, sich von der Psychoanalyse abzusetzen, entsprechen keinen zeitlich definierbaren Abschnitten innerhalb der Entwicklung der Lehre Jungs. Stattdessen überschneiden sie sich, oder, besser gesagt, sie verflechten sich auf verschiedene Weise im Laufe der Zeit ineinander, und keines dieser Kriterien setzt sich jemals gegen eines der beiden anderen durch[5].

### *3.1.5. Widersprüche*

Jungs Werk ist oft widersprüchlich. Manchmal entspricht diese Widersprüchlichkeit Schwierigkeiten, die dem psychischen Leben inhärent sind, andere Male besteht sie jedoch in der Überlagerung von miteinander unvereinbaren Anschauungen, die den Leser verblüffen und ratlos zurück lassen. Andererseits werden diese Widersprüche nie zu einem wirklichen dialektischen Prozess weiterentwickelt. Es entsteht der Eindruck, dass es weder möglich ist, Jungs Lehre von einem rationalen Standpunkt aus zuzustimmen, noch sie durch eine radikale Kritik abzulehnen. Sie präsentiert sich eher als Ausdruck einer persönlichen Erfahrung als der Versuch, eine konsensfähige Theorie aufzustellen. Zuweilen wird die kritische Haltung des Lesers gelähmt durch den Zweifel, ob das gesamte Werk Jungs – oder doch wenigstens ein großer Teil von ihm – nicht eher Zeugnis eines individuellen Entwicklungsprozesses sei, eine Art von „Bekenntnissen", als eine Reihe von nachvollziehbaren Hypothesen. Auf einer ethischen oder streng existenzialen Ebene können individuelle Erfahrungen ein wertvolles Beispiel sein, aber sie können eben weder verifiziert noch falsifiziert werden[6].

### *3.1.6. Unklarheiten*

Abgesehen von den offensichtlichen Widersprüchen sind die Texte Jungs voller Unklarheiten, die nur sehr schwer aufgeklärt werden können, ohne dabei ihre Substanz zu verlieren. Einige Schlüsselbegriffe seiner Theorie bleiben, wie wir gesehen haben, auch nach wiederholten Veränderungen und Korrekturen unklar, da letztere fast nie eindeutig als definitiv anerkannt und bezeichnet werden. Diese Unklarheiten beziehen sich durchaus auf zentrale Begriffe, wie zum Beispiel den der *Individuation*, des *Selbst*, des *Symbols*, der *Coniunctio* (Vereinigung der Gegensätze) und noch viele andere, die vielleicht den originellsten Teil seiner Lehre repräsentieren.

[5] Für eine weitergehende Vertiefung des Themas verweisen wir auf Trevi 1993c.

[6] Siehe hierzu Trevi 1993c, 33 ff.

Mehrmals wiederholt Jung einen Satz, der immer auf denjenigen zurückfällt, der ihn ausspricht: „Auch hier bin ich wieder nicht richtig verstanden worden" (und gab Freud damit die Vorlage, ihn für eben diese Haltung anzugreifen). Die Arbeit des Begriffs sollte jedoch nicht mit der Unverständlichkeit des Ausdrucks verwechselt werden: Die Erste kann man früher oder später bewältigen, die Zweite ist jedoch dazu bestimmt, auf immer so zu bleiben. Eine gewisse Dunkelheit des Ausdrucks kann im Übrigen hin und wieder durchaus notwendig und wertvoll sein, z.B. in der Poesie (und manchmal auch in der Philosophie), da sie Raum lässt für Differenzierungen und Ambivalenzen, die den Leser in neue Dimensionen der Verständnistiefe führen. Aber Jung versteht sich weder als Poet noch als Philosoph, sondern gibt vor, sich als Wissenschaftler zu präsentieren, der seinem Leser nachvollziehbare Hypothesen und verifizierbare Modelle anbietet.[7] In diesem Kontext läuft jede Klage über die fehlende Verständnisfähigkeit der anderen darauf hinaus, sich gegen denjenigen zu wenden, der sie vorgebracht hat.

### *3.1.7. Das Fehlen einer zuverlässigen Ausgabe der Jungschen Werke*

Das wichtigste Instrument, das ein Forscher braucht, um die Lehre eines Autors kritisch überprüfen zu können, ist natürlich eine vollständige und zuverlässige Ausgabe seiner Werke. Wenn zudem der betreffende Autor ein so umfangreiches Werk hinterlassen und einige seiner Arbeiten mehrmals neu geschrieben hat (einige von Jungs Essays haben bis zu vier verschiedene Fassungen), müsste die vollständige Ausgabe auch eine *kritische Ausgabe* sein. Nichts von alledem steht dem Leser Jungs zur Verfügung: Die so genannten *Gesammelten Werke* sind weder vollständig, und erst recht nicht kritisch zusammengestellt. Leider entstand das editorische Projekt der Sammlung von Jungs Werken, als Jung noch lebte, und dieser setzte eine nicht chronologische sondern thematische Anordnung durch, die zusätzlich recht ambivalent war. Dazu kommt, dass der Leser, selbst wenn er von einem Band zum anderen „spränge" und dabei geduldig eine chronologische Ordnung rekonstruierte, er den Entwicklungsverlauf der Jungschen Lehre nicht einwandfrei nachvollziehen könnte, da in der Ausgabe von zwanzig Bän–den, von der man mit gutem Recht Vollständigkeit erwarten könnte, einige Essays fehlen – darunter auch die erste Fassung eines ganzen Buches. Hinzu kommt, dass von jeder Schrift nur jeweils eine endgültige Version erscheint,

7 Für Jung gehören alle Gegenstände seiner psychologischen Theorie „in die Grenzen der Experimentierbarkeit" (Vgl. Jung 1985a). Jung erklärt mehrmals, dass er „als Empiriker" spricht (Vgl. Jung, 1976a, 91) oder dass er „in erster Linie Empiriker" sei (vgl. Jung 1981a, 829). Jung bemüht sich explizit, denjenigen zu widersprechen, die ihn als einen Philosophen bezeichnen, wenn er erklärt: „Ich bin kein Philosoph, sondern bloß ein Empiriker." (Vgl. Jung 1981b, 783).

während viele Arbeiten Jungs im Laufe der Jahre in unterschiedlichen Fassungen publiziert wurden, von denen manche nur sehr schwer auffindbar sind. Zu guter Letzt mangelt es an einer befriedigenden redaktionellen Bearbeitung, sowohl hinsichtlich der für einen Vergleich der Begriffsentwicklung erforderlichen Verwiese von einem Werk zum anderen, als auch hinsichtlich der Quellenforschung.[8] Das Durcheinander der *Gesammelten Werke* geht weit über das reine Fehlen einer chronologischen Ordnung hinaus.

Die oben aufgeführten sieben Schwierigkeiten bei der Rezeption der Lehre Jungs in ihrer offiziellen schriftlichen Niederlegung stellen sicher nicht die einzigen Gründe dar für die fehlende Entwicklung einer Jungschen Schule und nicht einmal für das Fehlen einer Periode „nach Jung„„ die mit der Entwicklung „nach Freud" vergleichbar wäre. Weitere Gründe, die sich unter dem weiten Phänomen der *Rezeption* eines Texts subsumieren, lassen sich ausfindig machen. Unter Rezeption versteht man die historisch bedeutsame und konkret aktive Reaktion des gewöhnlichen oder fachkundigen Lesers einer kulturellen Epoche in Bezug auf den Text. Es genügt, daran zu erinnern, dass Jung es liebte, sich seinem Publikum eher als ein „rhapsodischer" Gelegenheitsessayist zu präsentieren, und nicht als der geduldige Erbauer einer genau definierten Theorie. Die Rezeption eines essayistischen Werks unterscheidet sich allerdings sehr von der einer klaren, wissenschaftlichen Darstellung: Was auf der einen Seite an empathischer Zustimmung des Lesers gewonnen wird, geht auf der anderen an kritischer und konstruktiver Reaktion verloren.

Obwohl wir das Problem an dieser Stelle pflichtbewusst offen lassen müssen, soll die kurze Aufzählung, trotz ihrer Einseitigkeit, zumindest einen Eindruck von der Natur und dem Umfang des Problems vermitteln.

Es ist daher möglich, dass das gänzliche oder doch zumindest teilweise Fehlen einer als „nach Jung" zu bezeichnenden Bewegung, die in ihrer Bedeutung mit der Entwicklung „nach Freud" vergleichbar wäre, wenigstens zum Teil durch die mehr oder weniger bewusste Systemlosigkeit der Jungschen Theorie und die mit

[8] Ein Beispiel stehe hier für viele. Das folgende Zitat, dessen Quelle von Jung mit Nietzsche angegeben wird, wird von den englischen Herausgebern Emerson zugeschrieben: „Nie erhebt der Mensch sich weiter in die Höhe als dann, wenn er noch nicht weiß, wohin sein Schicksal ihn führen wird." (Vgl. Jung 1972b). Die deutschen (vgl. C.G. Jung, *Gesammelte Werke*, Band 17, 207) und die italienischen Herausgeber beschränken sich darauf, die Ansicht ihrer britischen Kollegen zu wiederholen, ohne sich zu deren Inhalt kritisch zu äußern. Ein Minimum an wissenschaftlichem Skrupel hätte genügt, den Grund für das Versehen herauszufinden: Der Satz ist tatsächlich von Emerson, aber er erscheint in den *Unzeitgemäßen Gedanken* von Nietzsche ohne Nennung des wahren Autors. „Wer war es, der den Satz aussprach: Ein Mann erhebt sich niemals höher, als wenn er nicht weiss, wohin sein Weg ihn noch führen kann". (Vgl. Nietzsche 1972a, 336, man beachte die Fußnote des Herausgebers Mazzino Montinari).

ihren zentralen Begriffen verbundenen oben angeführten Dunkelstellen und Ambivalenzen verursacht ist. Konsequente rhizoide und dendritische Entwicklungen sind nur dann möglich, wenn die Theorie, die als Basis dient, ausreichend klar ist. Als Freud im Jahre 1920 den Todestrieb in seine Theorie einführte, bedingte er damit klare Entscheidungen: Ein Teil seiner Anhänger (unter ihnen Jones, Fenichel und andere) konnten ihm „jenseits des Lustprinzips" nicht folgen. Nichts desgleichen konnte während der Entwicklung der Lehre Jungs geschehen; sie war zu systemlos, zu rhapsodisch, zu dunkel – auch wenn sie manchmal poetischen Glanz annimmt.

Ein Vergleich sei hier vorgeschlagen: die Texte von Jung haben eine ähnliche Bedeutung wie die Texte Nietzsches für die Philosophie. Bei beiden findet man, wie man gewöhnlich sagt, „alles und das Gegenteil von allem". Nietzsche hatte und hat sicher viele Anhänger, aber es existieren keine nach ihm benannten Schulen; es existiert nur eine weit verbreitete philosophische Einstellung, die sich an Nietzsche orientiert und die man nur teilweise mit dem *Nihilismus* gleichsetzen kann. So ist es wahrscheinlich auch Jung ergangen. Er bietet nie präzise Kernprobleme, die strenge Optionen erlauben würden. Infolgedessen ist es schwer, klar voneinander abgegrenzte Jungsche Schulen zu ermitteln. Jungs Systemlosigkeit, seine semantischen Unklarheiten und seine heraklitische Dunkelheit des Ausdrucks stellen gleichzeitig sowohl seine Grenzen als auch seine Größe dar.

### *3.2. Der Versuch einer Systematik der jungianischen Schulen, durchgeführt von Andrew Samuels*

Es gibt nicht viele Versuche der Beschreibung oder Klassifizierung postjungianischer Schulen. Vor dem zweifellos mit viel Geduld und Liebe zum Detail ausgeführten Versuch von Andrew Samuels aus dem Jahre 1989, auf den wir hier zurückgreifen werden, gibt es erwähnenswerte Ansätze einer Klassifizierung von Gerhard Adler aus dem Jahre 1967, von Goldenberg (1975) und von Fordham (1978). In dem Buch von Andrew Samuels *Jung und seine Nachfolger* (1989) finden sich ausreichend Hinweise auf die vorgenannten Autoren. Selbstverständlich gibt jeder von ihnen seinen eigenen subjektiven Standpunkt wieder und es wäre naiv zu glauben, sich dieser Subjektivität entziehen zu können. An dieser Stelle wollen wir jedoch nur auf die Arbeit von Samuels eingehen, die zwar nicht immer klar ist und unterschiedliche Grade an Genauigkeit und Tiefgründigkeit erreicht, sich aber jedenfalls reich an nachvollziehbaren oder zumindest anregenden Betrachtungen präsentiert.

In den Jung folgenden Denkrichtungen unterscheidet Samuels drei „Schulen" auf einer überwiegend theoretischen Ebene und zwei „Methoden" (die er etwas unklar als „Parteien" bezeichnet) auf einer vorwiegend praktischen oder, besser gesagt, klinisch-therapeutischen Ebene.

Die drei Schulen werden von ihm wie folgt bezeichnet:

1) *die klassische Schule*, die hauptsächlich durch das C.G. Jung Institut Zürich oder, besser gesagt, durch seine einflussreichsten Lehrer (von Franz etc.) und zum Teil durch Gerhard Adler und seinen Kreis vertreten wird; 2) *die frühkindliche/entwicklungspsychologische Schule*, die ihre Bezeichnung ihrem vorherrschenden Interesse für die von Jung vernachlässigten genetischen Aspekte der analytischen Psychologie verdankt und sowohl von Neumann als auch vor allem von Fordham und allgemein durch die englischen Anhänger Jungs repräsentiert wird und 3) *die archetypische Schule*, deren Vertreter insbesondere James Hillman und die Gruppe um die Zeitschrift „Spring" sind.

Die beiden Methoden (bzw. „Parteien") sind: 1) die *interaktionale Dialektik* (ID), so benannt nach einem nicht besonders glücklichen Ausdruck von Fordham; und 2) das *klassisch-symbolisch-synthetische System* (CSS) , nach einem relativ neuen Ausdruck McCurdys aus dem Jahre 1982.

Die *klassische Schule* beabsichtigt, die Lehre Jungs lebendig zu halten, und zwar in ihrer Gesamtheit, in ihrer ungelösten Diskontinuität und Widersprüchlichkeit und vielleicht auch in ihren Lücken – so, wie er sie uns in den *Gesammelten Werken* und in den selten veröffentlichten Mitschriften seiner Seminare[9] hinterlassen hat. Die klassische Schule ist selbstverständlich nicht sehr interessiert am entwicklungspsychologischen Problem (im ontogenetischen Sinne, versteht sich) und bleibt Jungs archetypischem Ansatz und der impliziten Metapher in seinen alchimistischen Studien treu. Gegenüber den großen Schwierigkeiten, die die Lehre Jungs präsentiert, nimmt die klassische Schule eine zwischen Fideismus (oder Fundamentalismus) und bewusst aufklärender Vereinfachung schwankende Haltung ein, die zum Beispiel für die Bücher von Marie-Louise von Franz charakteristisch ist.

Die *frühkindliche/entwicklungspsychologische Schule* zeichnet sich durch das Streben nach einem strengen Empirismus aus, das für die angelsächsische philosophische Tradition typisch ist. Dazu kommt das Interesse für den entwicklungspsychologischen Grundsatz, dass der frühkindlichen psychischen Erfahrung besondere Bedeutung beizumessen sei. Ihr wichtigster Vertreter ist Michael Fordham, der in seinem Werk versucht hat, ein Entwicklungsmodell der Psyche analog zu den klassischen Modellen Freuds und Melanie Kleins und zur Schule der

[9] Es muss daran erinnert werden, dass die Mitschriften der von Jung für den engsten Kreis seiner Schüler gehaltenen Seminare lange Zeit nur eine sehr eingeschränkte und nicht autorisierte Verbreitung fanden, da Jung selbst ihre Veröffentlichung ausdrücklich verboten hatte. Dies lässt sich – außer mit stilistischen Bedenken – z.T. dadurch erklären, dass ihm möglicherweise bewusst war, dass im Zusammenhang dieser Seminare ein anderer, intimerer Jung zum Vorschein kam als der offizielle der *Gesammelten Werke*. Diese Annahme wird besonders durch die Seminare über den *Zarathustra* Nietzsches gestützt, die in den dreißiger Jahren gehalten aber erst 1988 veröffentlicht wurden (vgl. hierzu Innamorati 1991b).

Objektbeziehungen im Allgemeinen zu entwerfen. Die letzten Arbeiten von Erich Neumann (der seinerseits zu Beginn seines intellektuellen Werdegangs als ein Anhänger der klassischen Schule betrachtet werden könnte[10]), in denen er versucht hat, das Freudsche Entwicklungsmodell mit dem Jungschen Ansatz in Einklang zu bringen, können der entwicklungspsychologischen Schule zugeschrieben werden: Man denke nur an *Das Kind.* Zumindest im englischen Raum ist für die entwicklungspsychologische Schule weiterhin kennzeichnend der Kontakt zur Kleinianischen Schule und die starke Betonung des epigenetischen Prinzips, wonach die erwachsene Psyche immer als das Resultat der vorher gelebten, aufeinander folgenden Entwicklungsstadien angesehen wird.

Die *archetypische Schule*, die vor allem durch Hillman und seinen Kreis repräsentiert ist, kann zumindest zum Teil als eine Reaktion auf den Empirismus der entwicklungspsychologischen Schule angesehen werden. Sie beharrt auf der Bedeutung und zentralen Position des tiefen imaginativen Lebens des Menschen. Die Psyche ist vor allem Vorstellungskraft und das dazugehörige Bild hat eindeutig archetypische Wurzeln. Der Mensch unserer Zeit ist von der Vorherrschaft der Gedanken über die seelischen Werte bedroht, die Vorherrschaft des „Geistes" über die „Seele", nach der klassischen Unterscheidung von Klages, die auf den Anfang des zwanzigsten Jahrhunderts zurückgeht[11]. Die archetypische Psychologie scheint sich eher als eine ethisch-soziale Haltung zu definieren denn als eine genaue Analyse der Psyche. Auf der anderen Seite hat jede Analyse dieser Art für die archetypische Psychologie einen zweifellos „archetypischen" Ursprung und arbeitet immer mit einer tiefen imaginativen oder, besser gesagt, unbewussten Konstante[12].

10 Die *Geschichte des Ursprungs des Gewissens* hatte als *Imprimatur* ein von Jung persönlich geschriebenes Vorwort.

11 Vgl. Klages 1981. Die Unterscheidung zwischen Geist und Seele hat allerdings ihren Ursprung in der Antike und findet gleichzeitig mit der Verbreitung des archaischen Christentums ihren Weg. In gnostischen Kreisen, also bei Irenäus und Clemens Alexandrinus, werden die Begriffe *pneuma* und *psyche* für unterschiedliche Bereiche angewendet, das Gleiche gilt für den Begriff *soma*. Auch der Heilige Paulus begrüßt die Thessaloniker in seinem ersten an sie gerichteten Brief indem er ihnen wünscht, dass Gott ihnen in „Leib, Seele und Geist" beistehe. Das Spekulationswirrwarr wurde durch Augustinus geglättet, indem er die Notwendigkeit betonte, Seele und Geist als Synonyme zu betrachten, aber es kam in der Geschichte des Christentums nie wirklich zur Ruhe; bis hin zur Anthropologie Kierkegaards, welcher den Menschen in seinem *Begriff der Angst* sowie in seiner *Krankheit zum Tode* als eine „Synthese aus Seele und Leib, konstituiert und aufrecht erhalten vom Geist" definiert.

12 In Klammern und als historische Kuriosität sei hier angemerkt, dass die Psychologie der Archetypen ausgerechnet in Italien eine offizielle und wichtige Bestätigung fand. Italien ist vielleicht das einzige Land, das in einem umfangreichen enzyklopädischen Werk (*L'Enciclopedia del Novecento*, die als wichtigste Ergänzung der *Enciclopedia Italiana* angesehen wird) eine bedeutsame thematische Abhandlung zur „Psychologie

Die beiden von Samuels so genannten „Parteien“ , d.h. die ID (interaktionale Dialektik) und CSS (klassisch-symbolisch-synthetisch), entsprechen, wie schon gesagt, eher zwei praktischen Methoden als abstrakten theoretischen Positionen[13]. Es versteht sich allerdings von selbst, dass es keine praktische Position ohne eine theoretische Basisentscheidung gibt, vor allem, wenn es sich um in der Psychotherapie angewandte Psychologie handelt: Seit Beginn der Psychotherapie analytischer Richtung wurde der enge Zusammenhang zwischen theoretischer Hypothese und deren Anwendung in der psychotherapeutischen Praxis immer als selbstverständlich vorausgesetzt und kann wohl kaum bestritten werden. Es handelt sich jedoch um einen komplexen Zusammenhang, weshalb man sich zumindest auf das wechselseitige Kausalitätsprinzip berufen muss. Wenn die von Samuels vorgeschlagene Unterscheidung irgendeinen historiographischen Wert hätte, müsste man die theoretische Grundlage ausfindig machen können, die sozusagen jede dieser Positionen nährt. Würde man diesen Versuch in die konsequente Tat umsetzen, müsste man jedoch feststellen, dass es sich nicht um zwei unterschiedliche Theorien, sondern vielmehr um zwei gegensätzliche methodologische Optionen handelt. Auf der einen Seite ein mehr oder weniger strenger Empirismus, der jedes Mal einen Bezug auf die konkrete Erfahrung fordert und auf der anderen eine Art deduktiver Dogmatismus, welcher die Realität an ein prädefiniertes Schema anpasst, das zwar zweifellos sehr verführerisch daherkommt, aber leider nicht verifizierbar ist. Hierbei handelt es sich um zwei gegensätzliche und nicht miteinander in Zusammenhang stehende Aspekte, die sich bei einer geduldigen Durchsicht der jungianischen Schriften über die Psychotherapie ausfindig machen lassen (und zwar im sechzehnten Band der *Werke*).

Wie dem auch sei – es liegt nahe, sich zu fragen, was Samuels unter dem Kürzel ID (interaktionale Dialektik) versteht, oder, besser, was Fordham, der als Erster diesen Ausdruck prägte, darunter verstand. Es ist recht wahrscheinlich, dass er auf den Gebrauch zurückgeht, den Jung von dem Wort *Dialektik* in einer bedeutenden Abhandlung über die Psychotherapie macht[14]. In diesem Essay scheint Jung das Wesen der Psychotherapie in einer gleichberechtigten und wirkungsvollen Interaktion zwischen Patient und Analytiker bestimmen zu wollen.

Beiläufig muss bemerkt werden, dass die Verwendung des Substantivs „Dialektik“ und des Adjektivs „dialektisch“ bei Jung zu einer grundlegenden Vieldeu-

der Archetypen“ veröffentlicht, die von dem Aufsatz zum Thema „Psychoanalyse“ deutlich abgesetzt ist und die Unterschrift Hillmans trägt.

13 Wir erlauben uns hier die Anmerkung, dass von einem klinisch-praktischen Gesichtspunkt aus mindestens eine weitere Meinungsverschiedenheit die jungianischen Schulen vertikal spaltet. Es gibt nämlich Analytiker, die den technischen Anweisungen Jungs folgen und sich dem Analysierenden zum Gespräch gegenübersetzen; andere wiederum sind zu der klassischen Technik Freuds zurückgekehrt und lassen den Patienten sich auf eine Couch legen.

14 Jung 1971d, 6.

tigkeit in seiner Lehre geführt hat, da diese Begriffe eine jahrhundertelange Geschichte mit sich tragen, in deren Verlauf ihre Bedeutung in verschiedenen und manchmal gegensätzlichen Richtungen definiert wurde. Man denke nur daran, dass die Dialektik im Hegelschen und Marxschen Sinn ein der Realität inhärenter Prozess ist, der nur zu einem einzigen Endergebnis führen kann: Der Entfaltung der Wahrheit und des absoluten Geistes. Im Gegensatz dazu bleibt bei Kierkegaard die Dialektik innerhalb der Subjektivität des Individuums. Sie ist durch Sprünge und Brüche gekennzeichnet, hat weder „absoluten" Anfang noch „absolutes" Ende, sie bietet keine Möglichkeit, eine Teilwahrheit zu überwinden, um zu einer dem Absoluten näheren Wahrheit zu gelangen, sondern zwingt das Subjekt, sich zwischen gegensätzlichen und immer partiellen Wahrheiten zu entscheiden.[15]

Um mögliche Missverständnisse zu vermeiden, wäre es vielleicht angebrachter und effektiver gewesen, einen Ausdruck wie „dialogische Interaktion" (oder „dialogische Interaktivität") zu verwenden. Unter dem Substantiv würde dabei die gegenseitige Veränderung verstanden, die durch die Beziehung Psychotherapeut-Patient in der Psychotherapie hervorgerufen wird, und unter dem Adjektiv die *offene* Form, frei von jedem vorgefassten Schema, ständig eingestellt auf neue, unvorhersehbare Entwicklungen der transformierenden Interaktion. Der Dialog kennt keine vorgefassten Schemata, innerhalb derer er sich entwickelt: Seine einzige Grenze besteht im gegenseitigen Verstehen, denn hierin liegt das Wesen des Dialogs selbst.

Auch die Kürzel CSS (klassisch-symbolisch-synthetisch) scheint uns nicht besonders glücklich, da jedes der drei Adjektive, zusammen mit dem Substantiv *Methode,* semantischen Unbestimmtheiten großen Raum lässt. Was ist *klassisch* in der Jungschen Psychotherapie? Und hat das *Symbol* – konsequent verstanden – nicht schon an sich synthetischen Charakter? Ist es nicht, nach der Lehre von Jung selbst, schon an und für sich eine Synthese der Gegensätze?

Mit diesen notwendigerweise offen gelassenen Fragen möchten wir unsere Überlegungen zu der Arbeit Samuels abschließen. Es bedarf jedoch noch einer letzten Anmerkung: *Jung und seine Nachfolger* ist ein „provisorisches" Buch. Es ist kein leicht lesbares Buch, obwohl es mit Absicht in einer verständlichen und übersichtlichen Sprache geschrieben wurde. Es ist voll von scharfsinnigen, nie zusammenhanglosen Beobachtungen, die sich immer auf konkrete Erfahrungen beziehen. Viele von ihnen werden allerdings nicht angemessen zu Ende geführt. Dem Buch fehlt es an kritischer Sorgfalt und Bündigkeit. Seine Gliederung scheint auf nacheinander folgenden und nicht ausreichend aufeinander abgestimmten Einfügungen zu basieren. Die angeführten klinischen Beispiele, die in

[15] Hinsichtlich einer Gegenüberstellung der Dialektik Hegels und Kierkegaards verwiesen wir auf Innamorati 1991a.

einer überwiegend historischen Abhandlung überdies nicht angebracht sind, sind enttäuschend.

Zu den Mängeln des Originals kommt in der italienischen Ausgabe hinzu, dass sie aus unerklärlichen Gründen auf die im Text verwiesene Bibliografie verzichtet (nur die Autoren und das Erscheinungsjahr der Schriften werden angegeben). An Stelle der Bibliographie beinhaltet das Buch dagegen ein Interview mit einem bekannten italienischen analytischen Psychologen.

Trotz alledem bleibt das Buch von Samuels ein unumgänglicher Bezugspunkt für all diejenigen, die sich mit der Nachfolge Jungs wissenschaftlich beschäftigen wollen und hat immerhin den Vorzug, eine erste effektive Klassifikation innerhalb des neueren Jungianismus ausgearbeitet zu haben.

## 4. Die Möglichkeit einer veränderten Haltung gegenüber Jung

> Denker ohne Widersprüche sind wie Liebhaber ohne Leidenschaft: schlechte Spielgefährten.
>
> S. Kierkegaard, *Abschließende unwissenschaftliche Nachschrift zu den Philosophischen Brocken*

Es stellt sich nun die Frage, ob die Klassifizierung von Samuels tatsächlich alle möglichen Positionen ausschöpft, die in der Nachfolge Jungs eingenommen werden können. Die klassische Schule, die entwicklungspsychologische Schule und die archetypische Schule: Füllen sie wirklich den gesamten Horizont aus, den Jung der Psychologie des 20. Jahrhunderts eröffnet hat? Vielleicht ist es so. Von einem faktischen, konkreten, *positiven* (hier historisch verstandenen) Gesichtspunkt aus ist das von Samuels gezeichnete Profil des Post-Jungianismus sowohl wissenschaftlich als auch erschöpfend. Der Geschichtsschreiber muss sich auf die effektiven Ereignisse beschränken; er kann keine impliziten Möglichkeiten beschreiben, die in der Realität (noch) nicht stattgefunden haben. Wir als Psychologen jedoch brauchen uns nicht an die Grenzen der Geschichtsschreibung zu halten und fühlen uns vielmehr dazu herausgefordert, uns auch an den Möglichkeiten zu versuchen. Nicht so sehr, weil uns ein abstraktes Bedürfnis nach rationalistischer Deduktion der von Jung vorgestellten Prämissen treibt, sondern weil die angewandte Psychologie, mit anderen Worten, die Psychotherapie, es von uns verlangt.

Wir denken, dass sich die Mühe lohnen könnte, einmal nachzuhaken und uns zu fragen, welche praktischen Werkzeuge uns Jung hinterlassen hat, die wir in der konkreten psychotherapeutischen Arbeit anwenden. Wenn diese Frage berechtigt ist, dann wollen wir von der einfachen Behauptung ausgehen, dass *zumindest einige der analytischen Psychologen in ihrer psychotherapeutischen Praxis, obwohl sie sich offiziell auf Jung berufen, keinerlei Gebrauch von seinem unsystematischen Lehrgebäude machen, das er ihnen hinterlassen hat.* Beziehungsweise: Wenn sie davon Gebrauch machen, ist es sozusagen ein metaphorischer Gebrauch; d.h. sie benutzen Metaphern, die sich mehr oder weniger an Jungs Lehre orientieren. Viel häufiger benutzt man dagegen die praktischen Hinweise Jungs, und zwar nicht nur, weil sie in der praktischen Psychotherapie tatsächlich außergewöhnlich nützlich sein können, sondern auch, weil es von einem historischen Gesichtspunkt aus viel mehr Sinn macht, mit ihrer Hilfe den Fragestellungen zu begegnen, die die moderne Psychotherapie bedrängen bzw. stimulieren.

Wenn wir also der Praxis folgen, finden wir schnell heraus, dass die erstaunliche Lebendigkeit Jungs nicht auf einem zweifelhaften Modellentwurf der psychischen Dynamik beruht – welche ohne weiteres historischen Bedingungen unterliegt und daher überarbeitungsbedürftig ist – sondern vielmehr auf seiner konstant problemorientierten Haltung, die den wahren Gehalt sowohl seiner theoretischen Lehre als auch seiner psychotherapeutischen Praxis ausmacht. Für diese Problemorientierung, die offen, vorurteilslos, immer wachsam gegenüber der Gefahr dogmatischer Verknöcherung – wenn wir so wollen, mit spöttischer Distanz gegenüber jedem psychologischen „Glaubensbekenntnis" ist, finden wir in den Schriften Jungs zahllose Beispiele: Angefangen bei dem Versuch, die verschiedenen psychologischen *Schulen* auf die verschiedenen psychologischen *Typen* zurückzuführen[1] bis auf die Kopplung jeder psychologischen Theorie an wahrscheinliche Modelle des psychischen Lebens, die durch nichts weiter garantiert sind als durch ihre praktische Anwendbarkeit und ihre heuristische Wirksamkeit, die jedes Mal neu zu verifizieren bleibt[2].

An dieser Stelle ist es weder möglich noch lohnend, die reiche Ernte, die es im augenscheinlich so dogmatischen Werk Jungs hinsichtlich der oben beschriebenen problemorientierten Weisheit einzufahren gilt, näher zu beschreiben und auszubreiten. Lohnend ist hingegen die Frage, ob es nicht gerade diese problemorientierte Ader ist, die die Essenz der Lehre Jungs ausmacht, die wahre Bedeutung seiner historischen Anwesenheit in der Psychologie unseres Jahrhunderts.

Von unserem Epigonenstandpunkt aus gesehen besteht der große Wert Jungs nicht in seinem komplizierten und manchmal barocken Modell der psychischen Welt (übrigens ein Modell, das, wie nachgerade jedes andere auch, nach den epistemologischen Vorgaben Jungs selbst durchaus relativ und anzweifelbar ist), sondern in seiner radikal kritischen Haltung, die er in die Psychologie als Wissenschaft bzw. als Disziplin, die den Anspruch auf Wissenschaftlichkeit für sich postuliert, einbringt. Eine radikal kritische Haltung, die sich, wie gesagt, in einer offenen Problemorientierung manifestiert, in einem notwendigerweise relativistischen Geschichtsbewusstsein, das aber nicht deswegen schon als skeptizistisch oder gar nihilistisch zu bezeichnen wäre, in einer vorsichtig hermeneutischen Annäherung an das psychische Leben und, nicht zuletzt, in einem kontrollierten Eklektizismus für den, zumindest in der Psychologie, jedes Modell zugleich gültig und relativ ist, was bedeutet, dass es jederzeit durch ein effizienteres ersetzt werden kann, das die in Betracht gezogene Gruppe von Phänomenen besser interpretiert.

Man könnte nun einwenden, dass es noch einen anderen Jung gibt. Es gibt nicht nur diesen problemorientierten, relativistischen aber nicht skeptizistischen Jung, den Verkünder der nicht wegzuleugnenden Präsenz der „Psychologie" des forschenden Subjekts in jeder möglichen psychologischen Theorie, sondern auch einen dogmatischen Jung, den Prediger der „objektiven Psyche", deren Struktur

1 Vgl. Jung 1971a.
2 Jung 1974.

erfassbar ist, daher auch den Prediger einer „Psychologia perennis", die ein für allemal gegeben oder, besser, „offenbart" wurde, die daher unveräußerlich ist, den Einflüssen von Zeit und Raum gänzlich entzogen. Nichtsdestotrotz bleibt es legitim, sich zu fragen, ob es nicht an der Zeit sei, *diesem* Jung „den Prozess zu machen" als einem dogmatischen und unkritischen Überbleibsel, das in einem sehr viel vielversprechenderen kritik- und problemorientierten Kontext überleben konnte. Oder, besser gesagt, gerade um uns vor demselben Irrtum Jungs zu bewahren, ist es legitim, sich zu fragen, ob es nicht an der Zeit sei, all das, was historisch unter dem Begriff „analytische Psychologie" zusammengefasst wird, auf ein wahrscheinliches Modell zurückzuführen, ohne jeglichen universalen, noch weniger überhistorischen Anspruch, das nur demjenigen von Nutzen ist, der eine psychische Prädisposition gleich jener hat, die dieses Modell einst ausarbeitete – und niemandem sonst.

Wenn also diese Fragen legitim sind, dann können wir feststellen, dass „Jungianer sein" heute nicht bedeuten kann, dem Diktat Jungs bedingungslos und treu zu folgen, indem man vielleicht versucht, die eine oder andere Diskontinuität in seinem Werk mit einer rechtfertigenden Neustrukturierung zu kompensieren, wie es die klassische Schule tut. Genausowenig macht es Sinn, in das schwankende und lückenhafte Gebäude der Jungschen Theorie die entwicklungstheoretische Problematik der menschlichen Psyche einzufügen, wie es die entwicklungspsychologische Schule versucht. Noch ist es überzeugend, wenn man, wie die archetypische Schule, einen Gedanken Jungs bis zum Äußersten strapazierend, in der Mythologie die außerhalb jeder Geschichtlichkeit stehende Schablone entdeckt haben will, die auf alle menschlichen Situationen anwendbar ist. „Jungianer sein" bedeutet heute – ohne jedes Vorurteil gegenüber anderen Positionen – den kritischen und problemorientierten Ansatz, den Jung seit langem in die Tiefenpsychologie eingeführt hat, wieder aufzunehmen und diesen Ansatz zum Leitfaden einer offenen und vorurteilslosen Forschung nach möglichen, ergiebigen, flexiblen, leicht ersetzbaren und einem Prinzip praktischer Anwendbarkeit verpflichteten Modellen zu machen. In unserem Fall wäre letzteres das Prinzip therapeutischer Effizienz.

Man wird einwenden, dass es sich in diesem Fall um eine methodologische Option pragmatischer Prägung handelt. Der Einwand ist zweifellos berechtigt, aber es gilt zunächst festzustellen, dass ein unbelasteter Pragmatismus „jamesianischer" Richtung das gesamte Werk Jungs durchzieht, das den großen Einfluss des amerikanischen Denkers übrigens keineswegs leugnet. Des Weiteren lässt sich beobachten, dass man heute, angesichts des anmaßenden und besonders im letzten Jahrhundert immer neu wiederholten Anspruchs der absoluten „Wahrheit" der Analyse sowie ihrer Unabhängigkeit von jeder therapeutischen Zielsetzung, berechtigterweise an jenem Absolutheitsanspruch in Sachen Wahrheit zweifelt und sich stattdessen einem Prinzip des relativistischen Prospektivismus zuwendet. Mehr oder weniger explizit beschwört man ein Prinzip pragmatischer Effizienz als Gegenmittel gegen die unendliche Pluralität von Vorschlägen für therapeutische Interventionen in der Praxis.

Es gibt keinen Zweifel daran, dass diese legitime, kritisch-epistemologisch-hermeneutische Haltung eine Entscheidung hinsichtlich des theoretischen Erbes von Jung treffen muss. Folgerichtig muss daher innerhalb der analytischen Psychologie jeder Bezug auf den dogmatischen Restbestand Jungs unterbleiben; ein derartiger Bezug ist dann nur noch auf die historisch definierte Figur Jungs zu rechtfertigen.

Es ist nicht einfach, die leitenden Prinzipien dieser „vierten" Möglichkeit der Weiterentwicklung des Jungianismus zu strukturieren. Wir werden uns jedenfalls bemühen, eine mögliche Zusammenfassung derartiger Grundsätze beizubringen.

### *4.1 Behauptung des geschichtlichen Charakters jeder Psychologie*

Jede psychologische Theorie ist, genau wie jede andere wissenschaftliche Hypothese, jedenfalls im Bereich der so genannten Geisteswissenschaften, bedingt von Geschichte und Kultur. Keine psychologische Theorie kann von sich behaupten, außerhalb der Geschichte zu bestehen. In demselben Moment, in dem sie an die Öffentlichkeit tritt, muss jede Psychologie ihrem historischen Gehalt Rechnung tragen und sich daher selbst als begrenzt und relativ erkennen.

In diesem Zusammenhang ist es vielleicht nützlich, sich daran zu erinnern, dass die Psychologie eine zusammengesetzte Zweifrontendisziplin ist. Einerseits muss sie den Ergebnissen der Neurowissenschaften Rechnung tragen, die sich immer weiter differenzieren und sich derzeit in überaus rascher Entwicklung befinden. Andererseits ist sie immer auch das Ergebnis einer anthropologischen Option, einer Weltanschauung, einer ganz besonderen Perspektive auf das Wesen des Menschen und seiner Beziehung zu der Wirklichkeit, in die er eingebettet ist. So gesehen, profitiert die Psychologie von einer doppelten Geschichtlichkeit: Einmal von der Evolution der Naturwissenschaften und zum anderen von der Evolution der Geisteswissenschaften. Die Neurologie, auf deren Erkenntnisse Freud zu Beginn des letzten Jahrhunderts (oder, besser, am Ende des vorletzten Jahrhunderts) seine Hypothesen stützte, ist nicht mehr dieselbe Neurologie, die wir heute kennen[3]. Ein großer Teil der theoretischen Grundlagen, die Freud 1899 für seine *Traumdeutungen* entwickelte, ist hinfällig geworden. Kein ernstzuneh-

[3] Trotz der offensichtlichen Vernachlässigung dieser Inhalte in Freuds *Projekt einer Psychologie* von 1895 sind der Bedeutung der neurologischen Hypothesen Freuds zahlreiche Aufsätze gewidmet worden. Vgl. z.B. Sulloway 1979 oder Pribram/Gill 1976. Einige Forscher haben sogar die Ansicht vertreten, dass eine auf die wissenschaftlichen Anstrengungen Freuds begründete Neurologie jede weitere Entwicklung der Psychoanalyse vollständig entwerten würde: vgl. z.B. Hobson/McCarley 1977a und Hobson/McCarley 1977b. Vgl. auch M. Innamorati 2000, 129 ff.

mender Forscher könnte sich heute noch auf den Text, so wie Freud ihn geschrieben hat, berufen. Allerdings hat sich auch die kulturelle Perspektive geändert, von der her Freud seine Theorie schrieb, mit ihren positivistischen Wurzeln und der Hypothese Mensch-Natur als Ausgangspunkt. Dagegen hat die kraftvolle Botschaft Freuds hinsichtlich der triebbedingten Natur des Menschen nichts von ihrer Bedeutung verloren. Allerdings wird diese unleugbare Triebsteuerung heute in einem komplexen Netz gegenseitiger Abhängigkeiten von nicht miteinander verbundenen psychischen Faktoren und nichtlinearen kausalen Verknüpfungen verstanden, das zur Zeit Freuds unvorstellbar gewesen wäre. Unsere Betrachtungen müssen dem ständigen Wandel Rechnung tragen, dem unsere grundsätzlichen anthropologischen Hypothesen unterliegen, d.h. einer besonderen geschichtlichen Bedingtheit der Psychologie als Wissenschaft – einer Geschichtlichkeit, die allen Geisteswissenschaften zu Eigen ist.

### *4.2 Die Einbeziehung des forschenden Subjekts in den Gegenstand seiner Forschung in der Psychologie*

Ein nicht mehr wegzudenkender Beitrag Jungs zur Psychologie im Allgemeinen und der Tiefenpsychologie im Besonderen ist die von ihm formulierte Voraussetzung, dass jede psychologische Lehre nicht nur von Geschichte und Kultur im zeitlich definierten Sinn bedingt ist, sondern darüber hinaus auch von der im *psychologischen* Sinn definierten persönlichen Gleichung des Subjekts, das diese Lehre erstellt. Dieser Grundsatz ist von Jung mehrfach bekräftigt worden[4] und führt in der Psychologie zu einer gesunden Dosis an Relativismus – wir könnten es auch als ein gesundes epistemologisches Misstrauen bezeichnen – gegenüber jeder psychologischen Theorie, die mit Absolutheitsanspruch daherkommt.

Dieser Relativismus ist weder spitzfindig noch skeptizistisch. Allenfalls könnte man ihn als hermeneutisch bezeichnen, da er nicht zur Negation der Psychologie führt, sondern nur zu dem Bekenntnis zu einer jeder Psychologie immanenten Begrenztheit. Daher muss jede Psychologie in ihrer Eigenschaft als kohärente Lehre, die sich aus Hypothesen über die psychische Natur des Menschen zusammensetzt, in demselben Moment, indem sie sich vorstellt, auch ihre durch die Perspektive ihres Begründers bedingte Begrenztheit anerkennen.

Psychologie ist nichts weiter als die Formulierung einer möglichen Interpretation des Phänomens Mensch. Das führt nicht zu der Negierung jeder Form von Psychologie, aber zu der Negierung der impliziten Arroganz jeder Psychologie, die sich selbst nicht als relativ erkennt und daher nicht in der Lage ist, sich selbst Grenzen zu setzen. Es muss angemerkt werden, dass ein Relativismus der oben

4 Vgl. Jung 1985b S. 243: „weil ich zutiefst von der bedeutenden Wirkung der so genannten persönlichen Gleichung auf die Ergebnisse der psychologischen Beobachtung überzeugt bin".

genannten Art auf zwei Ebenen gelagert ist – zumindest bei Jung: Einmal die typologische Ebene, d.h., dass jedem psychologischen Typus eine mögliche Psychologie entspricht[5], und zum anderen die individualistische Ebene, d.h., dass jede besondere eingegrenzte individuelle Erfahrung einen möglichen Horizont psychologischer Wahrheit erschließt[6].

Wir sind es Jung schuldig, hier anzumerken, dass er auch das Heilmittel für diesen pluralistischen Relativismus bereits gefunden hatte. Es besteht in dem offenen und grenzenlosen Dialog zwischen allen möglichen Positionen – zumindest, wenn wir die folgende Aussage Jungs ernst nehmen und sie korrekt interpretieren: „Aus diesen typischen Darstellungen erst ergeben sich die Materialien, deren Kooperation eine höhere Synthese ermöglicht."[7] Wir wollen diesen Satz in eine Sprache umformen, die uns näher steht. Dann hieße er: „Nur aus dem Verständnis der wahrscheinlichen Perspektiven ergeben sich die Elemente, aus deren Dialog die Möglichkeit einer höheren Synthese entsteht."

### *4.3 Perspektivismus*

Die direkte Konsequenz der unumgänglichen Einbeziehung des forschenden Subjekts in den von ihm zu erforschenden Gegenstand in jede sich als strenge und einheitliche Theorie der Psychologie betrachtende Lehre ist eine ganz besondere mentale Einstellung, die wir hier als *Perspektivismus* bezeichnen wollen. Dieser schon von Nietzsche gern verwendete Begriff[8] wurde in der Philosophiegeschichte des 20. Jahrhunderts von Ortega y Gasset[9] und von Mannheim[10] wieder aufgegriffen und scheint uns heute dafür geeignet, die oben illustrierte, von

5 Wie bereits angedeutet, ist dies die These der *Psychologischen Typen*.

6 Das entspricht einer Radikalisierung der Dichotomie zwischen nomothetischen und idiografischen Wissenschaften, die die psychologische Lehre seit Jaspers durchzieht.

7 Jung 1971a, 537.

8 So liest man zum Beispiel in einem Fragment von 1888: „Die Physiker glauben an eine ‚wahre Welt' auf ihre Art [...] Aber damit verirren sie sich: das Atom, das sie ansetzen, ist erschlossen nach der Logik jenes Bewusstseins – Perspektivismus, – ist somit auch selbst eine subjektive Funktion. Dieses Weltbild, das sie entwerfen [..], ist durchaus mit unseren Sinnen ... Und zuletzt haben sie in der Constellation etwas ausgelassen, ohne es zu wissen: eben den nothwendigen Perspektivismus, vermöge dessen jedes Kraftcentrum – und nicht nur der Mensch – von sich auch die ganze übrige Welt construirt d.h. an seiner Kraft misst, betastet, gestaltet ... Sie haben vergessen, diese Perspektive-setzende Kraft in das ‚wahre Sein' einzurechnen ... In der Schulsprache geredet: das Subjekt-Sein. Sie meinen, dies sei ‚entwickelt', hinzugekommen [...] *Der Perspektivismus ist nur eine komplexe Form der Spezifizität*". (F. Nietzsche 1972b, 165; die Auslassungs- und Kursivstellen befinden sich so im Originaltext).

9 Siehe z. B. Ortega y Gasset 2000.

10 Vgl. Mannheim 1929.

Jung vorgeschlagene mentale Haltung in der Psychologie zu beschreiben. Jede Psychologie ist eine mögliche Perspektive, die zwar einen notwendigerweise begrenzten Horizont eröffnet, jedoch nichtsdestotrotz in der Lage ist, das Phänomen Mensch in seiner „relativen Gesamtheit" zu interpretieren, wobei wir das implizite Paradox bzw. Oxymoron nicht scheuen.

Jede mögliche Perspektive erkennt, indem sie sich selbst als Perspektive wahrnimmt, die Möglichkeit der Existenz weiterer Perspektiven an, behält aber trotzdem ihre eigenen Besonderheiten bei. Ihrer Natur nach ist die Perspektive begrenzt; dennoch erschöpft sie ihren Gegenstand. Sie liefert sozusagen eine vollständige Beschreibung des psychischen Lebens und zwar in dem Sinne, dass sie jeden Aspekt dieses Lebens konsequent ihrer Perspektive gemäß interpretiert. Da es sich jedoch um eine mögliche Perspektive handelt, wird jeder weitere Aspekt des psychischen Lebens *nur* auf sie bezogen, nicht auf andere. Wenn wir wollen, erschöpft jede Perspektive ihre perspektivische Aufgabe, aber die perspektivische Haltung stößt am Ende auf eine andere Haltung, die wir hier *polyedrisch* nennen wollen. Wir greifen dabei auf einen Begriff zurück, der von den Logikern unserer Zeit geprägt wurde[11]. Er bedeutet, dass die Perspektive, die ja an sich schon erschöpfend ist (und daher tendenziell auch *ausschließend*) unwiegerlich auf weitere Interpretationsmodelle stoßen wird, die von anderen Perspektiven herrühren, und dass sie daher ganz von allein den Weg zu ihrer eigenen Problematisierung finden wird, zu dem, was wir ein gesundes Misstrauen sich selbst gegenüber nennen können. Tatsächlich ist dieses Misstrauen gleichbedeutend mit der Erkenntnis der eigenen Grenzen.

### *4.4 Erkenntnistheoretische Aufmerksamkeit oder Sensibilität*

Eine Konstante der kritikorientierten Position innerhalb der analytischen Psychologie scheint die immer wache Aufmerksamkeit gegenüber den erkenntnistheoretischen Instrumenten zu sein, die von dem Psychologen bei der Errichtung seiner jeweiligen möglichen Perspektive benutzt werden. Dies nicht so sehr, um einen methodologischen Anspruch heraufzubeschwören – der heute ohnehin von der wissenschaftlichen Erkenntnistheorie angezweifelt wird[12] – als vielmehr deswegen, weil der Psychologe durch den bewussten Gebrauch der erkenntnistheoretischen Instrumente im Verlauf seiner Forschungen sowohl ein kritisches Verständnis als auch ein Bewusstsein von der Verifizierbarkeit der Grenzen seiner Arbeit entwickelt.

Ein überzeugendes und erhellendes Beispiel für diese epistemologische Aufmerksamkeit ist das wachsende Bewusstsein innerhalb der dynamischen Psycho-

[11] Siehe N. Rescher 2000.

[12] Siehe z. B. die Aufsätze von Feyerabend, Davidson, Rorty, Laudan et alii in Egidi (Hrsg.) 1988.

logie im Allgemeinen und in der Tiefenpsychologie im Besonderen[13] von dem nurmehr metaphorischen Charakter vieler Modelle, die ursprünglich als unantastbare, auf objektiven Erfahrungen beruhende Wahrheiten vorgestellt wurden[14]. Die Metapher, das analogisch-metaphorische Modell und weitere ähnliche Konstrukte scheinen für die Psychologie (und auch alle anderen Wissenschaften) immer bedeutsamer zu werden. Sie begründen einen Erkenntnistyp, den wir *konditional* nennen könnten, weil er auf Äußerungen der folgenden Art beruht: „Wenn diese Analogie gültig ist (und zwar als Analogie) dann ist die folgende Annahme zulässig."

Leider wird die Metapher „verwörtlicht", d.h. der implizite Vergleich der Metapher wird mit einer Identität verwechselt. Genau diesem Irrtum fällt Jung mit brutaler Häufigkeit anheim, obwohl er doch der Erste war, der den rein metaphorischen Charakter der psychologischen Begriffe und Modelle erkannt hatte.[15]

## *4.5 Holismus/Merismus: eine komplexe Polarität*

Eine kritikorientierte Bestandsaufnahme innerhalb der analytischen Psychologie hat die historisch-globale Bedeutung der Präsenz von Jung in der Psychologie des letzten Jahrhunderts einer genauen Prüfung zu unterziehen. Man lasse sich vom Schein nicht trügen: Jung ist keineswegs der Psychologe des kollektiven Unbewussten, obwohl er 1913 ein konfuses Buch veröffentlichte, voller Ungenauigkeiten und von leicht erkennbarer Naivität, in dem diese Hypothese zum ersten Mal verkündet und dargelegt wurde. Die Episode ist in eine sehr viel weiter reichende Gedankenbewegung einzuordnen, was Jung selbst vielleicht nicht einmal bewusst war. Jenseits der Hypothesen vom kollektiven Unbewussten und von den Archetypen, die übrigens nicht verifizierbar und viel zu abhängig von unzuverlässigen Erfahrungsdaten waren, steht eine mentale Haltung bzw. Bereitschaft, die sich gegen den Freudschen Reduktionismus wehrt – und zwar im Namen einer holistischen und komplexen Betrachtungsweise des psychischen Lebens.

Der linearen Kausalität Freuds (die sich in der kausalen Folge Trieb – Abwehr – Verdrängung – Kultur darstellen lässt) stellt Jung eine komplexe Kausalität gegenüber, nach der unzählige, vielleicht unendlich viele Faktoren das menschliche Verhalten, die Gefühle, die Vorstellungskraft ausmachen. Diese Auffassungsweise schließt die Triebbestimmung nicht aus, sondern schließt sie in einen weiteren und differenzierteren Komplex von Entscheidungen mit ein. Man kann nicht konsequent vom Menschen reden, wenn man von einer naturalistischen Vereinfachung ausgeht: Wenn man sich ernsthaft über die Natur des Menschen unterhal-

13 Siehe Jervis 1989.
14 Siehe Spence 1987.
15 Vgl. Jung 1985c, 79-108.

ten will, muss man von der Komplexität seiner „Natur" ausgehen. Man muss sich daher für eine holistische Haltung entscheiden (von *olos*, ganz), die sich gegen eine meristische Haltung (von *meros*, Teil) absetzt, wie sie von der Psychologie vertreten wird, die sich auf einen naturalistischen Ansatz bzw. auf eine reduktivistische Epistemologie beruft.

Während der Konflikt zwischen Freud und Jung sich immer mehr zuspitzte, machte die neue Lehre von Max Weber auf einem anderen Gebiet der Geisteswissenschaften von sich reden. Auch für Weber gibt es viele verschiedene Faktoren, die das menschliche Handeln beeinflussen, und nur eine globale Betrachtungsweise dieser Faktoren kann ein wahrhaftiges Abbild des Handelns erstellen. Weber leugnet die Bedeutung der soziologischen Untersuchungen von Marx nicht, die von der linearen Kausalität Wirtschaft – soziale Strukturen ausgehen, aber er betrachtet sie als eine von möglichen und legitimen vereinfachenden Abstraktionen, auf die der Soziologe notwendigerweise zurückgreifen muss, wenn er seine Untersuchungen und Interpretationen gewissenhaft durchführen will. Jede Abstraktion erläutert einen wichtigen kausalen Zusammenhang (und leistet den Gesellschaftswissenschaften damit einen unschätzbaren Dienst), aber keine kann für sich allein genommen die Komplexität des menschlichen sozialen Handelns erschöpfend erklären.

Auch hier finden wir wieder das Gegensatzpaar Holismus/Merismus. Es handelt sich dabei um eine methodologische Unterscheidung und nicht um eine einfache Entscheidung für oder gegen einen der vielen kausalen Zusammenhänge. Das *Ganze* beinhaltet den *Teil*, es negiert ihn keineswegs. Übrigens bezeichnet der Holismus ein ganz unerreichbares Ziel: Es ist schlechterdings unmöglich, konkret eine vollständige Beschreibung aller Bedingungen für menschliches Handeln oder Denken zu liefern. Nichtsdestoweniger hat der Holismus eine korrigierende Funktion gegenüber jeder partiellen Hypothese, indem er sie relativiert und in eine größere und an Entscheidungsbedingungen reichere Struktur einschließt.

Jung jedoch, dessen methodologische Offenheit und weitreichende anthropologische Interessen evident sind, fällt sofort in eine naturalistische Simplifizierung zurück: Nicht nur die Triebe bestimmen das menschliche Handeln, Fühlen, Vorstellungsvermögen und Denken. – darüber hinaus gilt es, weitere Elemente zu berücksichtigen, die den gleichen Universalcharakter wie die Triebe haben, die wir a priori als „Strukturen" bezeichnen können und die Jung mit den Archetypen gleichsetzt. Einer linearen kausalen Verbindung Trieb – Verdrängung – Kultur setzt Jung eine leicht differenziertere und komplexere Auffassung entgegen: Außer den Trieben existieren noch die Archetypen. Dem vereinfachenden aber effizienten Schema Freuds (das Unbewusste als Produkt der primären und sekundären Verdrängung – Vorbewusstsein – Bewusstsein) wird ein etwas komplizierteres aber gleichermaßen von linearer Kausalität inspiriertes Schema entgegengesetzt: kollektives und phylogenetisches Unbewusstes – persönliches und ontogenetisches Unbewusstes – (Vorbewusstsein, aus Gründen der Vereinfachung von Jung hier vernachlässigt) – Bewusstsein.

Es bleibt die Frage offen, ob diese Kristallisierung der Lehre Jungs nicht auf eine Art Abwehrmechanismus dem Schwindel der Komplexität gegenüber zu verstehen sei. Die langsame und mühsame Entstehungsgeschichte der Natur der Archetypen bei Jung (anfangend bei den vererbten Vorstellungen, die unwiderruflich und naiv im Jahr 1913 verkündet wurden und in der Schrift „Das Ich und das Unbewusste" von 1928, wenngleich in zurückhaltenderer Form, bekräftigt wurden bis hin zu Strukturen von ethologischem Charakter, die phylogenetisch programmiert sind[16]) bestätigt den sofortigen Rückfall Jungs in ein naturalistisches Schema linearer Kausalität, das sich nur etwas komplizierter darstellt als das von Freud entwickelte Modell. Über die Triebe hinaus (die er, nicht ganz korrekt, als Instinkte bezeichnet[17]), wird Jung am Ende zugeben müssen, existieren die a priori phylogenetisch festgelegten Strukturen: Beide zusammen bilden die Grundlage für die naturalistischen Determinierungen des menschlichen Handelns, Fühlens, Vorstellens und Denkens. Er reproduziert somit in etwas komplizierterer Form das Schema Struktur – Überbau, das mehr oder weniger bewusst bereits von Freud vorgeschlagen war.

Die Tiefenpsychologie entwickelt sich damit von einer „Analyse" der verborgenen Triebbestimmungen über diese hinaus zu einer „Analyse" auch der phylogenetisch festgelegten Strukturen, die ihrerseits gleichermaßen verborgen und nur mittels vieldeutiger und ungewisser Indizien erfassbar sind. Wir erinnern uns daran, dass in den Jahren 1911/12 sowohl Freud als auch Jung in eifriger Konkurrenz[18] beabsichtigten, einige konstante oder invariable Vorgaben herauszuarbeiten, die in Mythen und archaischen Ritualen der Menschheit enthalten sind, von denen wir mehr oder weniger indirekte Kenntnisse besitzen. Ihre fieberhafte Arbeit endet in der Veröffentlichung von zwei gleicherweise trügerischen Büchern: Freud schreibt *Totem und Tabu*, Jung *Wandlungen und Symbole der Libido.* Beide Bücher entbehren jeder plausiblen und nachvollziehbaren historischen, ethnologischen und anthropologischen Grundlage. Beide Bücher zwingen Mythen und Rituale in ein vorgefasstes interpretatives Schema und benutzen dabei anthropologische Konzeptionen, mit denen die Geschichte schon damals abgeschlossen hatte und die heute vollkommen indiskutabel sind.

Wenn Jung sich von Freuds naturalistischem bzw. biologistischem Ansatz unterscheidet, dann sicher nicht durch die Formulierung seiner Hypothesen von den

16 Vgl. Jung 1985b, 183-261.

17 Vgl. ebd.

18 Man beachte die Korrespondenz jener Jahre zwischen Freud und Jung. Vgl. Freud/Jung 1974. In seinem Brief vom 20. August 1911 befürchtet Freud als Erster die Überraschung, die dem Kollegen bevorstünde, wenn er ihn mit Themen beschäftigt sähe, wie sie in *Totem und Tabu* zum Ausdruck gebracht wurden.

archetypischen Strukturen. Wenn die Archetypen in *Über das Problem der psychologischen Typen* noch unklar definiert werden, und in *Theoretische Überlegungen zum Wesen des Psychischen*[19] zu ethologischen, phylogenetisch festgelegten Strukturen geworden sind, so ist nicht ersichtlich, unter welchem Aspekt Jung sich qualitativ von Freud absetzt, wenn man von dieser kleinen Differenzierung absieht. Man sieht nicht, wo der Freudsche Biologismus von Jung tatsächlich überwunden worden wäre. Wenn überhaupt, ist es die Erweiterung des Begriffs der *Libido*, die von Jung als polymorphe Energie bezeichnet wird und die nicht notwendig oder jedenfalls nicht nur triebbestimmt ist, in der sich etwas Neues am Horizont der Tiefenpsychologie erkennen ließe. Diese polymorphe Libido, die in der Lage ist, alle Aspekte des menschlichen Lebens in sich aufzunehmen, ähnelt ganz erstaunlich dem *élan vital* von Bergson, dessen Faszination und Einfluss Jung ganz gewiss erreicht haben. Diese Libido lässt sich auffassen als eine, wenngleich noch leise, Verkündigung einer neuen Psychologie der Komplexität, in der die unendliche Verflechtung der Determinierungen jeden reduktivistischen Versuch der Interpretation des psychischen Lebens aufgrund einer angenommenen linearen Kausalität zunichte macht.

### *4.6 Kritik der objektiven Psyche und der Psychologia perennis*

Im Jahre 1913 schreibt und veröffentlicht Jung einen kurzen Vortrag auf dem psychoanalytischen Kongress in München mit dem Titel *Über das Problem der psychologischen Typen.* Die kleine Schrift enthält mehr revolutionären Sprengstoff als die *Wandlungen und Symbole der Libido*, die im Vorjahr veröffentlicht worden waren. Hier ist die Auffassung des psychischen Lebens, wenngleich noch grob formuliert, bereits ganz klar perspektivistisch: Jede Psychologie (hier verstanden als in sich kohärentes hypothetisches Gebäude) bewegt sich in einer legitimen aber selbstbegrenzenden Perspektive, in einer jeweils zwar plausiblen aber immer problematisierbaren Interpretation. Für das Verständnis und die Therapie des psychischen Unbehagens ist Freuds Perspektive genauso bedeutungsvoll wie die von Adler. Die Vielfalt der Interpretationen hängt wahrscheinlich mit der Vielfalt der psychologischen Typen zusammen.

Von dieser Haltung, die wir sowohl unter erkenntnistheoretischen als auch relativistischen und problemorientierten Aspekten als offen bezeichnen können, nimmt eine Entwicklungslinie ihren Lauf, die 1921 zu den *Psychologischen Typen* führen wird und, später, zu den beiden kleinen grundlegenden Schriften *Die Psychologie des Unbewussten* (1917/1943) und *Das Ich und das Unbewusste* (1928).

Als Jung 1913 seinen Vortrag abschließt mit einer Andeutung auf die künftige Aufgabe der Psychologie, die sowohl Freud als auch Adler – und damit implizit

[19] Vgl. Jung 1985b.

jeder in sich stimmigen Interpretation des psychischen Lebens – gerecht zu werden habe, ahnte er wohl kaum die ganze Tragweite der von ihm erstmalig eröffneten Fragestellung. Diese „zukünftige Psychologie" könnte sich als eine Psychologie darstellen, die mögliche psychologische Perspektiven in Bezug auf eine typologische Thematik beschreibt. Mit diesem Ausdruck intendieren wir selbstverständlich nicht eine bestimmte Typologie, die ihrerseits jeweils von dem psychologischen Typ geprägt wäre, der sie entwarf, sondern sozusagen ein „typologisches Prinzip" oder die kontinuierliche Rückbesinnung auf die Relativität der „Typen" in der Psychologie. Kurz gesagt, wir streben eine kritische Psychologie an oder, besser, eine kritikorientierte Psychologie, die sich damit begnügt zu beschreiben, wie jede konsequente und ausreichend entwickelte Hypothese auf dem Gebiet der Psychologie auf einen psychologischen Typ zurückführbar ist und welche Perspektiven darin enthalten sind.

Dies ist z.T. der in den *Psychologischen Typen* eingeschlagene Weg, zumindest hinsichtlich der acht beschriebenen Grundtypen (die dann in Wirklichkeit 16 werden bzw. 24[20]). In den *Typen* wird dennoch explizit darauf hingewiesen, dass dieselben Typen, ganz gleich, wie hoch ihre Anzahl auch sein mag, auf die gleiche Anzahl künftiger Psychologien schließen lassen, die untereinander stark differenzieren. Das bedeutet, dass sie verschiedene Perspektiven repräsentieren, die gleichzeitig relativ und legitim sind[21]. In den *Typen* wird aber auch gesagt bzw. angedeutet, dass die beschriebene Typologie weder normativ noch absolut ist; sie ist nur eine aller möglichen Typologien, auch sie abhängig von der Typologie ihres Schöpfers[22].

Wenn Jung diesen Weg weiter verfolgt hätte, dann hätte er sich der Psychologie zu Beginn des 20. Jahrhunderts nicht so sehr als Begründer einer besonderen Richtung präsentiert (die derjenigen Freuds oder Adlers beizuordnen ist), sondern als relativistischer Erkenntnistheoretiker jeder möglichen Psychologie und, aus demselben Grund, sozusagen als Hüter der Freiheit der Psychologie insofern sie die Fähigkeit repräsentiert, mögliche Theorien zu erarbeiten.

Es gab jedoch noch zwei weitere Wege, die sich nach der erstaunlichen Intuition von 1913 anboten. Den ersten können wir in etwa so beschreiben: Wenn die Unterschiede zwischen den psychologischen Typen es erlauben, ebenso viele Psychologien auszuarbeiten, von denen keine haltlos wäre, da sie sich alle auf die Evidenz der Erfahrung berufen könnten, dann besteht die einzig wahre Herausforderung für einen Psychologen, dessen Gesichtsfeld nicht von den Scheuklappen des *eigenen* psychologischen Typs begrenzt ist, darin, eine allumfassende Psychologie zu entwickeln, die in ihrer bis in Detail artikulierten Theorie in der Lage ist, alle Positionen und alle Standpunkte aufzunehmen, die in der Ge-

20 Hierzu siehe Trevi 1993a, 80.
21 Vgl. Jung 1971a, 532.
22 Vgl. Jung 1971a, 532 f.

schichte bis dahin erreicht wurden. Damit nicht genug, müsste sie auch in der Lage sein, alle künftigen Positionen und Standpunkte, die dann in konsequente Hypothesen und daher legitime psychologische Theorien sowohl hinsichtlich des Gedankengebäudes als auch der damit verbundenen Vorstellungen gefasst würden (natürlich immer auf empirischer Grundlage) in sich aufzunehmen.

Dieses Programm einer allumfassenden Psychologie ist natürlich offen und undefiniert. Manchmal scheint es, als hätten Jungs kühnste Ambitionen der Entwicklung eines solchen Programms gegolten, zumindest, wenn wir eine Äußerung von 1929 ernst nehmen wollen, die die analytische Psychologie, oder besser die komplexe Psychologie, als eine inklusive Psychologie definiert und zwar sowohl der Freudschen Psychoanalyse als auch der individuellen Psychologie Adlers, sogar bis hin zu (noch) undefinierten „anderen Bestrebungen"[23]. Diese Äußerung wurde von Jung niemals weder widerrufen noch korrigiert, das in ihr implizite Programm kommt in seinem Werk immer wieder zum Vorschein, wenn auch indirekt, wenigstens bis gegen Ende der dreißiger Jahre. Wenn wir es so betrachten wollen, dann stellt die analytische Psychologie, oder die komplexe Psychologie, grundsätzlich das Streben nach einer allumfassenden Psychologie dar, wo alle möglichen Positionen nach und nach ihren ihnen zugehörigen Platz zugewiesen bekommen – wobei die genauen Modalitäten noch auszuarbeiten wären. Es handelt sich um ein ebenso ambitioniertes wie grenzenloses Programm. Wenn wir wollen, können wir es als hegelianisch bezeichnen, allerdings fehlen die für Hegel typischen Verbiegungen eines Historizismus, der am Ende zwar alles umfasst, dies jedoch nur um den Preis einer jede Position schwächenden alles rechtfertigenden Dialektik.

Die zweite Möglichkeit (eigentlich die dritte, wenn wir unserer eigenen Auflistung folgen) könnte folgendermaßen zusammengefasst werden: Der Psychologe, so kritisch er auch seinen eigenen Determinierungen gegenüberstehen mag, kann sich ihnen dennoch nicht entziehen. Sie sind gleichzeitig historischer, kultureller und typologischer Natur, ganz abzusehen von den ununterdrückbaren individuellen Zügen. Nachdem er sich den schwindelerregenden Möglichkeiten genähert hat, die sich durch die Anerkennung der Relativität der Standpunkte und der Perspektiven eröffnen, muss der Psychologe seine Grenzen einsehen und versuchen, mit größtmöglicher Aufrichtigkeit sein eigenes, stimmiges hypothetisches System zu errichten. Dabei ist er sich ständig dessen bewusst, dass es in Hinblick auf die Komplexität und Unbegrenztheit der menschlichen Psyche, seinen Forschungsgegenstand, weder erschöpfend ist noch sein kann.

Einige Äußerungen Jungs, wie zum Beispiel die relative Bedeutung seiner eigenen Psychologie – der im 1928 erschienenen *Das Ich und das Unbewusste* mehrfach betonte „Gesichtspunkt" – scheinen die Hypothese zu bestärken, dass genau dies seine Haltung ist. Sie hat zumindest die Aufrichtigkeit eines gesunden

[23] Jung 1971b, 57.

hermeneutischen Relativismus. Der Psychologe darf sich nie der Illusion hingeben, die Theorie *der* Psychologie zu entwerfen: Er kann schlechterdings nur *eine* mögliche Psychologie formulieren. Nachdem er den kritischen Weg eingeschlagen hat, der sich ihm durch die Evidenz der Typologien eröffnete, hat er seine Unschuld verloren. Er weiß, dass er, da er seinen Bestimmungen nicht entrinnen kann, nur seine besondere Sicht ausdrücken kann im Bewusstsein ihrer Relativität und notwendigen Begrenztheit – wie gesagt, eine mögliche Perspektive.

Dennoch gibt es einen großen Unterschied zwischen einem Psychologen, der den dem Bewusstsein des typologischen, ja, sogar individuellen Relativismus verpflichteten Kritizismus noch nicht überwunden hat und einem Psychologen, der sich mit Hilfe desselben Kritizismus von jeder Illusion eines Absolutheitsanspruchs befreit hat. Dieser ist sich nicht nur seiner Begrenztheit und der Relativität seiner persönlichen Sicht bewusst, sondern er erkennt gleichzeitig auch den – wenngleich immer relativen – Wert anderer möglicher Sichtweisen. Hier erschließt sich ein extrem problematischer Gedankenhorizont, den wir aus rein verbaler Kommunikationsbequemlichkeit heraus den „Horizont der dialogischen Wahrheit" nennen wollen. Die dialogische Wahrheit ist, im Unterschied zur monologischen Wahrheit, eine in konstantem Werden begriffene Wahrheit, die sich eben in der Anerkennung anderer möglicher Perspektiven und dem dadurch entstehenden Dialog konstituiert.

1913 eröffneten sich demnach für Jung drei verschiedene Möglichkeiten, die wir hier um der besseren Übersichtlichkeit willen noch einmal kurz zusammenfassen wollen:

a) Er konnte sein Werk als kritischer Erkenntnistheoretiker jeder möglichen Psychologie fortführen und dabei deren Grenzen sowohl in individueller als auch in typologischer Hinsicht aufzeigen, dazu würde dann auch – wie wir meinen – die Begrenztheit der Typologie selbst als spezifisches Gebiet der Psychologie gehören.

b) Er konnte die übermenschliche Anstrengung unternehmen, ein allumfassendes Gebäude einer globalen Psychologie zu errichten, die in sich jede mögliche, sowohl historisch definierte als auch noch auszuarbeitende Darstellung hätte aufnehmen können. Wir wissen, dass ein derartiges allumfassendes Lehrgebäude gleichwohl notwendigerweise „offen" hätte sein müssen.

c) Er konnte konsequent und mit größtmöglicher Vollständigkeit eine Psychologie beschreiben, die sich selbst als notwendigerweise partiell erkennt und die Möglichkeit anderer partieller Psychologien einräumt, zu denen sie dialogische Beziehungen aufbaut. Im schlechtesten vorstellbaren Fall hätten die vorgenannten Dialoge eine anregende und heuristische Funktion für die Entwicklung der Psychologie gehabt.

Wir können feststellen, dass sich alle drei Positionen, zumindest in indirekter Form, im Werk Jungs nach 1913 auffinden lassen und dass sie sich ständig überschneiden. Es stimmt, dass der Jung, der, wie wir gesehen haben, danach strebt, eine komplexe Psychologie als allumfassende Psychologie zu entwerfen, nicht derselbe Jung ist, der, Fall für Fall, die Bedeutung anderer Psychologien anhand ihrer möglichen Effizienz in Bezug auf die Besonderheiten des Patienten oder dessen psychischen Leiden anerkennt[24]. Dennoch, es handelt sich immer um legitime Positionen, die beide im 1913 manifestierten Problemsbewusstsein verankert sind. Jung jedoch hält sich nicht an seine eigene methodologische Vorsicht, die ihn in der Geschichte der modernen Psychologie von allen anderen Positionen unterscheidet. Er möchte eine absolute Wahrheit erreichen, er möchte über die „relativ dünne Staubschicht auf der alten Seele der Menschheit" hinaus gehen, wie er wenig später wörtlich sagen wird[25], er möchte zur „objektiven Psyche" vorstoßen, die den weder wahrnehmbaren noch verifizierbaren Archetypen ausgeliefert ist. Eben deswegen strebt er nach einer „Psicologia perennis", einer Psychologie, die ein für allemal ausgesprochen werden kann, eine Psychologie *ne varietur*, die sich außerhalb der Geschichte in einer für jede andere Psychologie unerreichbaren Distanz erhebt.

Man kann allerdings nicht einerseits die Relativität jeder Psychologie behaupten und sich dann andererseits derselben Relativität entziehen, indem man sich vorgaukelt, eine unveränderliche und nicht geschichtlich bedingte Schicht der Psyche erreicht zu haben. Sicher, wir können den Weg Jungs nachvollziehen, der von einem erkenntnistheoretischen Standpunkt aus dem Weg Freuds sehr ähnlich ist. Unterhalb der geschichtlichen, individuellen und typologischen Veränderbarkeit der Psyche, die verantwortlich ist für die Unterschiede unter den Menschen, befindet sich die unveränderbare Schicht der Psyche, das Unbewusste. Für Freud ist es das „Es", Jung nennt es das „kollektive Unbewusste". In beiden Fällen handelt es sich um etwas Starres, Unveränderliches, das sowohl der geschichtlichen als auch der persönlichen Zeit entzogen bleibt, etwas Überhistorisches und Ewiges.

Weder Freud noch Jung drängt sich der Verdacht auf, dass die Inhalte und Formen jener überhistorischen Schicht in Wirklichkeit von einem geschichtlich veränderbaren Bewusstsein in seiner unüberwindbaren Relativität und Unbeständigkeit entworfen wurden. Die Illusion einer unveränderlichen Identität aller Menschen fasziniert und betört sie beide. Natürlich ist die Suche nach „unveränderlichen Konstanten" in jeder Kulturwissenschaft legitim; wahrscheinlich gäbe es überhaupt keine Wissenschaft ohne die Formulierung derartiger Invarianten. Aber genauso wahr ist, dass die zeitgenössischen Kulturwissenschaften ihre Invarianten eher in ihren Forschungsmethoden suchen als im Forschungsgegenstand. Außerdem hat eine gute Portion Relativismus sich auch in die Formulierung dieser Invarianten selbst eingeschlichen. Wir neigen dazu, diese so genannten Invarianten als Arbeitshypothesen zu bezeichnen, die zwar ausgesprochen

24 Vgl. Jung 1971d.
25 Vgl. Jung 1971c, 50.

nützlich sind, deswegen aber noch nicht der Subjektivität und historischen Relativität entzogen.

Es scheint daher, dass Jung, wenngleich ohne sich dessen bewusst zu sein, zwischen zwei widersprüchlichen Perspektiven hin – und hergerissen ist: Einer relativistischen und einer dogmatischen Perspektive: Hier die Perspektive, dass jede Psychologie begrenzt und relativ ist, dort die Perspektive, dass eine ewige, weder der Subjektivität ihres Schöpfers noch der Geschichte unterworfene Psychologie erreicht werden kann und muss. Nicht jeder Widerspruch lässt sich in ein heuristisches Paradox auflösen, und hier besonders entsteht der Eindruck, dass es sich um einen unlösbaren Widerspruch handelt, der uns, um ein Minimum an Konsequenz zu wahren, dazu zwingt, eine Entscheidung zu treffen.

Welcher von beiden ist der „wahre" Jung? Der Problem- und Perspektivorientierte, der, wenn er von der „eigenen" Psychologie spricht, sich darauf beschränkt, sie als einen „Gesichtspunkt"[26] darzustellen? Der die partielle Gültigkeit jeder anderen Psychologie anerkennt? Oder ist es der Jung der „objektiven Psyche", der von den unveränderlichen Archetypen bestimmten Psyche, die sich sowohl dem sie erforschenden Subjekt als auch der Geschichte entzieht? Der erste Jung hatte mit seiner relativistischen und problemorientierten Intuition zu Beginn des letzten Jahrhunderts genau die Situation der heutigen Psychologie als der Psychotherapie zugewandt erfasst, wo dutzende verschiedener Schulen nebeneinander existieren[27], die jede mit einer möglichen Perspektive experimentieren. Der zweite Jung dagegen bezwingt Mythen und Fantasien, meistens ohnehin neueren und neuesten Ursprungs, und gibt vor, eine ewige Wahrheit zu verkünden, der gegenüber jede partielle Wahrheit zum Verschwinden oder doch zumindest zum Schweigen verdammt ist.

Unsere Frage wird unbeantwortet bleiben müssen – schon deswegen, weil wir sie nicht in philologischer Absicht gestellt haben. Unserer Meinung nach ist die richtige Haltung – *si parva licet* – Jung gegenüber in den mutigen Worten ausgedrückt, die Fichte gegenüber Kant fand: Mich interessiert nicht so sehr, schrieb Fichte, was Kant wirklich sagen wollte, sondern das, was er hätte sagen müssen, wenn er seinen Gedanken eine innere Konsequenz hätte verleihen wollen. Es kommt daher darauf an, sich zu fragen, welche immer noch gültigen Gedanken bei Jung zu finden sind und was hingegen für immer archiviert werden sollte.

26 Vgl. Jung 1971 f., 148.

27 Vgl. Jung 1971a. Die letzte, nicht einmal besonders zeitnahe „Bestandsaufnahme", von der wir Kenntnis haben, zählt mindestens 400 verschiedene Formen der Psychotherapie. Hierzu vgl. Kazdin 1986.

# 5. Versuch einer aktuellen Neubewertung des Jungianismus

Zum Glück bin ich Jung, kein Jungianer!

*Jung zugeschriebener Ausspruch*

Auch wenn wir heute Überlegungen hinsichtlich einer Neubewertung des Jungschen Erbes anstellen wollen, müssen wir uns immer bewusst bleiben, dass es uns unmöglich sein wird, über einen unausweichlich subjektiven Standpunkt hinauszugehen. Das einzige Gegenmittel, das uns zur Verfügung steht, hat nur eine partielle Wirksamkeit: Es besteht in dem Bewusstsein von der Unabänderlichkeit der Existenz dieser Grenze selbst.

Unserer Meinung nach kann es nicht der Sinn der Suche nach dem Erbe Jungs sein, seinem persönlichen Weg oder, wenn wir wollen, seinem persönlichen Mythos zu folgen[1]. Jener Weg und jener Mythos hatten ihre Bedeutung für jenen bestimmten Menschen, eingebettet in jene bestimmte historische Situation und in jene bestimmte Kultur. Jenem Weg zu folgen bzw. jenen Mythos zu imitieren hieße, Jung dort zu verraten, wo er am meisten er selbst war: Seine Sensibilität für den einzigartigen und unwiederholbaren Charakter jeder Erfahrung. Wir müssen daher das fundamentale Paradox seiner Lehre in Kauf nehmen, wir müssen akzeptieren, dass wir, wenn wir Jung wirklich folgen wollen, nicht denselben Weg wie er einschlagen dürfen, sondern einen anderen Weg finden müssen; einen Weg, der sich immer weiter öffnet hin zu den persönlichen Erfahrungen jedes einzelnen Menschen. Wenn wir das Prinzip der Individuation wirklich ernst nehmen wollen, dann müssen wir jede voreilige Zustimmung zugunsten einer bestimmten Interpretation des psychischen Lebens zurückweisen oder doch zumindest blockieren.

Das bedeutet natürlich nicht, dass wir alle Modelle, die die Tiefenpsychologie seit etwa einem Jahrhundert entwickelt hat, blind ablehnen. Es bedeutet vielmehr, von diesen Modellen einen kritischen Gebrauch zu machen, indem wir sie als zwar wahrscheinliche, aber immer relative und nie erschöpfende Modelle für das psychische Leben betrachten. Das, was heute unbestreitbare Realität ist – das kritische Bewusstsein davon, dass jedes mögliche Modell immer nur eine partielle Gültigkeit besitzt – ist in Jungs besten Gedanken seit Beginn des letzten Jahrhunderts bereits präsent, auch wenn dieses heuristische Prinzip dann nach und nach eintrübte und in Vergessenheit geriet hinter der Entwicklung einer Psychologie, die schließlich dogmatische Züge annahm.

[1] Wie viele Bücher und Artikel sind nicht über den Mythos Jung geschrieben worden – angefangen bei Marie Louise von Franz (vgl. von Franz 1972)!

Von diesem Jung so teuren Gesichtspunkt aus gesehen, bedeutet die Anhängerschaft an Jung heute die kontrollierte und kritische Akzeptanz der vier problematischsten formalen Prinzipien, die in seiner Lehre enthalten sind:

a) Das Prinzip der Individuation, nach dem jede mögliche Erfahrung und jedes wahrscheinliche Modell in einer konkreten Existenz wurzeln und nur in ihr effektive Gültigkeit erlangen.

b) Das Prinzip des Perspektivismus, nach dem die Gültigkeit jeder konsequenten Perspektive bejaht wird; diese Gültigkeit besteht jedoch nur, wenn sie ihre eigene Begrenztheit anerkennt.

c) Das Prinzip des Holismus, nach dem jeder partielle Ansatz als unzulänglich erkannt wird in dem Versuch, das psychische Leben in der nie wirklich objektivierbaren Komplexität seiner Bestimmungen zu erfassen.

d) Das Prinzip des Dialogs, nach dem jeder auf die Totalität des psychischen Lebens zielende Ansatz sich im Moment seines Entstehens selbst anderen Ansätzen gegenüber „öffnet"; d.h., dass er sich gleichzeitig bestätigt und negiert.

Diese vier Prinzipien, deren Auflistung keineswegs die mögliche Betrachtung weiterer Prinzipien ausschließen möchte, umreißen sozusagen den formalen Aspekt der analytischen Psychologie, ihre „methodologische" Form. Selbstverständlich negiert diese Form nicht die Betrachtung ihrer partiellen „Inhalte", sondern sie beschränkt sich darauf, zu verhindern, dass diese Inhalte zu dogmatischen und unkritischen Beschreibungen des psychischen Lebens degradieren.

Von einem inhaltlichen Gesichtspunkt aus ließe sich die analytische Psychologie (sicher wäre es besser, den Jungschen Ausdruck „komplexe Psychologie" zu benutzen) wie folgt zusammenfassen – wir erinnern noch einmal an die unvermeidliche Subjektivität und Relativität jedes, also auch des folgenden Vorschlags:

1) Eine Psychologie der Individuation, d.h. eine Psychologie, die, indem sie die triebbedingten Elemente keineswegs aus dem psychischen Leben ausschließt, ihre hauptsächliche Aufmerksamkeit der Organisation jener natürlichen und undefinierbaren Komponenten zuwendet, jener unzähligen, bewussten und unbewussten, kulturbedingten Komponenten in einer komplexen Entwicklungsstruktur, die sie immer wieder auf den Einzelnen bezieht, auf das in keine abstrakte, kollektive und unpersönliche Theorie jemals gänzlich einzuordnende Individuum. Es ist nicht verwunderlich, dass wir hier, auf der inhaltlichen Ebene, wiederfinden, was schon auf der Ebene der formalen Prinzipien vorgeschlagen wurde: Die formale Option für ein Prinzip der Individuation oder, mit anderen Worten, für eine Psychologie des Einzelnen, ist die eine Sache, eine andere Sache ist die konkrete Organisation der unbestimmten und vielleicht unendlichen Vielfalt aller Elemente in einer komplexen Struktur, die von einer individuellen Konnotation gekennzeichnet ist.

2) Eine Psychologie der dialogischen Interaktion, d.h. ein wählbares Instrument zur Konstituierung des Individuums, oder, anders gesagt, eine Psychologie,

die sich bemüht, den Menschen in seiner grundsätzlichen – besser vielleicht: kategorialen – Öffnung dem Anderen gegenüber zu verstehen, in seiner kontinuierlichen Konstituierung auf der Grundlage der Interaktion mit dem Anderen. Diesem Aspekt der analytischen Psychologie, der in Wahrheit in theoretischer Hinsicht von Jung wenig entwickelt wurde, schenkte er dagegen im Bereich der praktischen Anwendung, d.h. in seiner Psychotherapie, große Aufmerksamkeit2.

3) Eine Psychologie der Gegensätze und ihrer möglichen dynamischen Vereinigung, d.h. eine Psychologie, die, indem sie das Prinzip des in Teilsektoren anderer psychologischer Sichtweisen bereits entdeckten endogenen psychischen Konflikts verallgemeinert, ihn sich als generelles heuristisches Prinzip der Dynamik des psychischen Lebens zu Eigen macht. Mit anderen Worten, das psychische Leben lässt sich in angemessener Weise als ein unbestimmtes und unerschöpfliches Spiel der Gegensätze auffassen, die nach ihrer Vereinigung in einer „spannungsreichen Synthese" verlangen. Mit diesem Ausdruck meinen wir eine Synthese, in der der Gegensatz keineswegs ausgelöscht wird, sondern sich aus einem lähmenden Schmerz in eine kreativ aufzufassende gleichzeitig mögliche Gegenwart der Gegensätze verwandelt.

4) Eine Psychologie des Symbols bzw. der symbolischen Funktion, d.h. eine Psychologie, die im Symbol, das hier konsequent als Funktion und nicht als einfaches Zeichen, Emblem oder Metapher aufgefasst wird, den konkreten Schöpfer der oben beschriebenen spannungsreichen Synthese erkennt. In diesem Sinn wird die Funktion des Symbols zu einem wählbaren Instrument zur Überprüfung des psychischen Lebens und der in ihm enthaltenen Veränderungen, die sich im Verlauf des biologischen Lebens ergeben.

5) Eine Psychologie, die die Existenz in Phasen unterteilt, d.h. eine Psychologie, die sich der verschiedenen Probleme bewusst ist, die für das Individuum im Laufe seiner Existenz sowohl anregende als auch schmerzhafte Bedeutung haben können und die deshalb für ihre Lösung nach immer neuen Kriterien verlangen. In diesem Sinn umgeht die komplexe Psychologie den Fehler, das der gesamten dynamischen Psychologie eigene epigenetische Prinzip zum falschen Retter aus jeder Schwierigkeit zu machen, obwohl sie es keineswegs ignoriert. Jeder Lebensabschnitt hat seine eigene, spezifische Problematik, die mit Instrumenten, die für die Lösung typischer Probleme anderer Lebensabschnitte durchaus geeignet sind, nicht unbedingt erklärbar ist. Wenn man diese Annahme ignoriert, fällt man unweigerlich von einer ehrlich phänomenologischen Auffassung des psychischen Lebens in eine unkritische und biologistische Haltung.

6) Eine Psychologie des bildhaften Lebens, d.h. eine Psychologie, die der unendlichen Vielfalt bewusster und unbewusster Vorstellungen und Bilder eine überaus große Bedeutung einräumt. Besser gesagt, sie schenkt der unermüdlichen und unerschöpflichen, bewussten und unbewussten Vorstellungskraft von

2 Vgl. hierzu Jungs Schriften, die im Band 16 seiner *Werke* enthaltenen sind.

Formen, Figuren, Erzählungen, nicht an gewöhnliche logische Muster gebundenen Gedanken usw. ihre höchste Aufmerksamkeit, indem sie ihnen eine funktionale und organische Bedeutung innerhalb der komplexen Interdependenzen und Verknüpfungen aller anderen psychischen Funktionen zuweist. In diesem Sinn gewinnen sowohl die künstlerische als auch die religiöse und sogar die philosophische Schöpfungskraft (letztere zumindest hinsichtlich der Schöpfung möglicher Weltanschauungen), die jedem Individuum zu eigen sind – wenngleich in verschiedener Intensität – eine Bedeutung als von dem komplexen individuellen psychischen System unabhängige Funktionen, weit entfernt von einer Interpretation als Produkte bloßer Abwehrmechanismen. Zu dieser Interpretation des bildhaften Lebens, die nach dem Einsatz von komplexen und offenen Systemmodellen verlangt, gehören noch zwei Anmerkungen: a) die Möglichkeit, dass die vorgenannten Vorstellungen eine lösungsorientierte Funktion für Pathologien besitzen; in diesem Fall haben sie die Valenz von Abwehr, Symptom bzw. Syndrom und b) die immense, bislang allerdings noch unerforschte unbewusste Schöpfungskraft von Vorstellungen und ihre funktionale Verbindung mit jedem anderen Produkt des psychischen Lebens.

7) Eine Psychologie des kreativen Unbewussten, d.h. eine Psychologie, die auf streng empirischer Grundlage ein Unbewusstes definiert, das zwar jenseits des von der ersten und zweiten Verdrängung produzierten steht, aber nicht allein schon deshalb an vorgeformte bildhafte Schemata gebunden ist. Damit meinen wir ein authentisches, kreatives Unbewusstes, das in der Lage ist, Bilder, Erzählformen und dem gesamten psychischen Organismus verbundene Gedanken hervorzubringen, die innovativen Charakter besitzen und zwar sowohl in Hinblick auf die „verständnisvolle“ Erforschung desselben Organismus als auch in Hinblick auf die Lösung von Problemen, die sich aus der immer neuen, sich verändernden Existenzsituation des Einzelnen ergeben. Die überindividuellen Analogien und Ähnlichkeiten dieser Vorstellungsprodukte müssen nicht unbedingt auf nicht verifizierbare universale und überhistorische Schablonen zurückgeführt werden. Sie lassen sich vielmehr auch mit der relativen Konstanz der primären und sekundären (höheren) Bedürfnisse des Menschen und seiner Lebensbedingungen erklären. Unter diesem Gesichtspunkt erstickt und entwürdigt der Begriff des kollektiven Unbewussten, präsent sowohl bei Freud als auch bei Jung, die weit vielversprechendere und effizientere Hypothese vom kreativen Unbewussten.

8) Eine Psychologie der metaphorischen Bedeutung von Modellen und Begriffsschemata, d.h. eine Psychologie, die sich der vorwiegend metaphorischen Natur von Modellen und Schemata bewusst ist, die nach und nach in die psychologische Forschungsarbeit eingeführt wurden und die damit verbundene Gefahr einer zu wörtlichen Auslegung erkennt.

9) Eine Psychologie mit einem funktionalen, freiheitlichen und offenen Modell, d.h. eine Psychologie, die um die Unabänderlichkeit der sachdienlichen An-

wendung eines wahrscheinlichen Modells der psychischen Dynamik weiß, vermeidet den Fehler, die Unerschöpflichkeit derselben psychischen Dynamik in ein Modell zu pressen, das starr und miteinander verknüpften Instanzen und Funktionen gegenüber verschlossen ist. Hingegen macht sie freien Gebrauch von offenen Modellen, die entwicklungsfähig und ersetzbar sind, je nach ihren von der Erfahrung ausgemachten Vorteilen.

10) Als letztes und als selbstverständliche Konsequenz des vorhergehenden Punktes: Eine Psychologie des pragmatischen Einsatzes wahrscheinlicher Modelle, d.h. eine Psychologie, die ihre nach und nach angewendeten Modelle anhand deren tatsächlicher Effizienz einstuft, indem sie sie anpasst, schafft oder zurückweist, je nach den immer unterschiedlichen, von der Erfahrung diktierten Ansprüchen.

Die vorgenannten zehn Punkte beabsichtigen keinesfalls, alle möglichen Inhalte einer komplexen Psychologie, die ihrem ursprünglichen Prinzip treu bleibt, aufzuzeigen. Die historisch definierte analytische Psychologie hat selbst eine Reihe von nützlichen Modellen für das psychische Leben entwickelt: Man denke nur an das Modell der Individuation, im Sinne von Konvergenz und Interrelation von Differenzierung und Integration; an das Modell der Integration des Schattens im Sinne eines unzerstörbaren Überrests menschlicher Negativität bzw. als Ausdruck eines sowohl ethischen als auch sozialen „Unwerts“. Man denke weiterhin an das Modell der Beziehung zwischen Ich und Selbst, wobei das Selbst hier konsequent als Integrationsfunktion der partiellen psychischen Funktionen aufgefasst wird, usw.

Diese Modelle können jedoch nicht von einer relativistischen Betrachtungsweise ablenken, die ihnen einen partiellen Wert einräumt, sie aber nicht als erschöpfend, sondern als relativ und von der Komplexität der Psyche jederzeit ersetzbar ansieht. Letztere kann durch den Einsatz von Modellen immer besser verständlich gemacht werden, lässt sich jedoch nicht in einem einzigen Modell erfassen. Die Psychologie als Wissenschaft (wir fügen hinzu: als mehrdeutige Wissenschaft, zwischen Natur und Kultur balancierend) findet ihre Bestimmung in der Entwicklung von wahrscheinlichen Modellen, die jederzeit weiter entfaltbar, revidierbar, widerrufbar und austauschbar sind.

# Zweiter Teil

# Für eine Psychotherapie Jungscher Inspiration

# 6. Wahrheit und Wirkung in einer jungianischen Perspektive

> Die Wahrheit besitzt man nur in einer Form: dass man sie immer noch suchen muss.
>
> L. Pareyson, *Estetica*

## *6.1 Die Beziehung zwischen Wahrheit und Wirkung*

Wenn man versucht, die Bedeutung der Begriffe Wirkung und Wahrheit aus der Sicht des Psychologen zu definieren, wird man nicht umhin können, eine häufig schweigend unterstellte Annahme der professionellen analytischen Therapeuten in Frage zu stellen: Die Annahme einer engen Verbindung, wenn nicht sogar einer vollständigen Übereinstimmung zwischen den beiden Begriffen.

Mit anderen Worten, man nimmt an, dass die Wahrheit an sich schon wirksam sei und dass, umgekehrt, die Wirkung der Beweis für Wahrheit ist. Wenn die hohen Grundsätze sich in die Niederungen der psychotherapeutischen Praxis begeben, liegt es nahe, davon auszugehen, dass eine auf korrekten Prinzipien begründete therapeutische Technik zu positiven Resultaten in der klinischen Praxis führt und dass, umgekehrt, der Erhalt solcher positiver Ergebnisse den Therapeuten in seiner Überzeugung bestärkt, eine auf korrekten theoretischen Grundlagen erarbeitete Technik anzuwenden. Genauer gesagt kann eine derartige Haltung zu der Überzeugung führen, dass eine angemessene Interpretation der historischen Realität der Tatsachen (d.h. eine wahre Interpretation) zu einem Fortschritt im psychotherapeutischen Prozess führen müsse (d.h. wirksam sei).

Mag sein, dass mancher, der ganz allgemein durchaus bereit ist, die Wahrhaftigkeit höchst abstrakter Feststellungen, darunter auch die oben angeführten, anzuerkennen, den der Praxis näher stehenden Behauptungen gegenüber dennoch etwas vorsichtiger bleibt. Eine derartige mögliche Haltung würde jedoch eher eine gewisse Scham vor dem Bekennen eigener epistemologischer Vereinfachungen darstellen als eine tatsächliche Konsequenz in der Gedankenführung.

Fragen wir uns also: gibt es im Bereich der allgemeinen psychotherapeutischen Praxis eine Entsprechung zwischen Wirkung und Wahrheit? Die Frage wird unter Berücksichtigung sämtlicher möglicher Gesichtspunkte erfolgen müssen, angefangen bei der Frage, ob es überhaupt möglich ist, dass die Wirkung einen Beweis für die Wahrheit darstellen kann – oder eben nicht.

Man kann davon ausgehen, dass der Erste, der sich dieser Frage stellte – und sie positiv beantwortete – Freud selbst gewesen ist. Die letzte Vorlesung der ersten Reihe über die „*Einführung in die Psychoanalyse*“ zu dem Thema „*Die analytische Therapie*“ widmet sich zu einem großen Teil einem Problem, das der Frage nach Wahrheit und Wirkung sehr nahe steht, d.h. der Rolle, die die Anwendung von Suggestion zu therapeutischen Zwecken spielt. Obwohl er nie negiert, dass die Suggestion jedenfalls eine wichtige Funktion bei der Zurückdrängung der neurotischen Symptome inne hat, meint Freud hier zum ersten Mal, die Frage positiv beantworten zu können. Die Psychoanalyse sei grundsätzlich in der Lage zu „heilen", weil sie auf einer „wahren" Theorie über das Funktionieren der Psyche fuße.

Die Argumentationsstruktur beruht auf einer Grundannahme: Nur die Psychoanalyse verspricht eine wirksame und dauerhafte Heilung der Neurosen. Genauer gesagt, eine derartige Heilung ist nur dann möglich, wenn der Analytiker in der Lage ist, seinem Patienten jene interpretatorischen Elemente an die Hand zu geben, die ihn zu einer authentischen Selbsteinsicht befähigen und ihn zum Teilhaber der realen Inhalte seiner eigenen psychischen Geschichte werden lassen. „Die Lösung seiner Konflikte," schreibt Freud, „und die Überwindung seiner Widerstände glückt doch nur, wenn man ihm solche Erwartungsvorstellungen gegeben hat, die mit der Wirklichkeit in ihm übereinstimmen."[1]

Im Jahre 1917 nimmt Freud also an, dass nur der orthodoxe Psychoanalytiker in der Lage ist, den Patienten zu heilen, indem er die klassischen theoretischen Elemente korrekt anwendet und sie einer korrekten Interpretation des psychischen Erlebens unterordnet. Dennoch führte die Geschichte der Psychoanalyse die Therapeuten vor verschiedene Beweise dafür, dass die in der *„Analytischen Theorie"* umrissene Argumentation – so elegant sie auch daherkam – ohne jeden Wert war. Abgesehen davon, dass er zu seinem eigenen Leidwesen eingestehen musste, dass das Vorschlagen interpretatorischer Sequenzen, die seiner Meinung nach korrekt waren, nicht immer zu einer dauerhaften Besserung seiner neurotischen Patienten führte, kam Freud, gemeinsam mit seinen Anhängern, zu dem Schluss, dass auch das Phänomen der spontanen Heilung möglich sei. Gleich die ersten Berichte des psychoanalytischen Instituts in Berlin z.B. erkennen die Unmöglichkeit, die therapeutische Wirksamkeit der psychoanalytischen Behandlung gegenüber einem hohen Aufkommen von spontanen Remissionen neurotischer Symptome statistisch auszuwerten. Hinzu kam der Erfolg psychoanalytischer bzw. psychotherapeutischer Schulen, die sich dem Diktat der orthodoxen Psychoanalyse nicht unbedingt unterwarfen. Von einem streng Freudschen Gesichtspunkt aus hätte das wenigstens zu dem Zugeständnis führen müssen, dass nicht nur die psychoanalytische „Wahrheit" auch „wirksam" sein konnte. Man kann daher abschließend sagen, dass man schon seit Freud, zumindest im Bereich der Psychotherapie, hätte wissen können, dass die Wirkung an sich noch kein Beweis für die Wahrheit ist.

Andererseits kann man sich auch fragen, ob nicht wenigstens die Annahme möglich ist, dass die Wahrheit an sich schon wirksam sei, d.h. ob die korrekte Umsetzung einer „wahren" Theorie nicht schon allein für positive Ergebnisse

[1] Freud 1961, 601.

sorgen müsse. Wenn wir den Text von Freud aus den Jahren 1915 – 1917 noch einmal untersuchen, könnten wir behaupten, dass die damalige Haltung des Begründers der Psychoanalyse sich auf der Linie dieser zweiten Möglichkeit bewegte (auch wenn die Interpretation nicht ganz eindeutig ist).

Die ruhige Sicherheit der ersten Schriften Freuds nimmt allerdings mit der Zeit ständig ab. In seinen letzten Lebensjahren scheint Freud die Tauglichkeit der Psychoanalyse für die Behandlung von Symptomen beinahe anzuzweifeln, während er niemals Zweifel an ihrer „Wahrheit" äußert. Schriften wie die *Endliche und unendliche Analyse*[2] und *Konstruktionen in der Analyse* [3](beide von 1937) sind sehr viel vorsichtiger in Bezug auf den therapeutischen Nutzen der Psychoanalyse als die zitierte Vorlesung von 1915-1917.

Man kann an dieser Stelle ohne weiteres annehmen, dass Wahrheit und Wirkung verschiedene Wege einschlagen können oder, noch extremer, dass sie relativ unabhängig voneinander sind. In diese Richtung gehen bereits die lange vor der Psychoanalyse entstandenen Gedanken von Søren Kierkegaard. In seiner *Abschliessenden, unwissenschaftlichen Nachschrift zu den Philosophischen Brokken* fragt er sich nach dem Wert der Wahrheit, wenn sie vom objektiven Bereich der Spekulation in den subjektiven der Existenz übergeht. Aus seinen Überlegungen entsteht die radikale Überzeugung, dass im subjektiven Bereich die Ausdrucksformen der Wahrheit eine wesentlich gößere·Bedeutung besitzen als ihr Inhalt. Er schreibt: „Wenn subjektiv nach der Wahrheit gefragt wird, so wird subjektiv auf das Verhältnis des Individuums reflektiert; wenn nur das Wie dieses Verhältnisses in Wahrheit ist, so ist das Individuum in Wahrheit, selbst wenn es sich so zur Unwahrheit verhielte."[4]

Hier wird das Wort „Wahrheit" in verschiedenen Bedeutungen benutzt, die nur teilweise kongruent sind. Wenn er von der subjektiven Bedeutung der Wahrheit spricht, schenkt Kierkegaard seinen praktischen Anliegen sehr viel mehr Aufmerksamkeit, er scheint sehr viel interessierter daran zu sein, ob die individuelle Existenz davon positiv oder negativ berührt wird. Wahrscheinlich passiert den Psychotherapeuten, die es überdies nicht gewohnt sind, das Problem der Wahrheit unter einem logischen oder epistemologischen Gesichtspunkt zu betrachten, etwas ganz Ähnliches.

Allgemein ist auf einer unbewussten Ebene die verbreitetste Ansicht über die Wahrheit diejenige, die als *Korrespondenz* bezeichnet wird. Thomas von Aquin schreibt, dass „*Veritas est adaequatio rei et intellectus*". Wenn der Verstand die Dinge so wahrnimmt, wie sie wirklich sind, dann erkennt er das Wahre. Eine der Korrespondenztheorie verpflichtete Erkenntnistheorie geht daher davon aus, dass eine wahre Theorie die wahre Substanz der Dinge erkennen kann. Die Psycho-

2 Freud 1968d, 59-99.
3 Freud 1968c, 43-56.
4 Kierkegaard 1958, 190.

analyse hat sich fast vollständig dieser korrespondenztheoretischen Richtung zugeordnet, wenigstens so lange, bis sie von den Hermeneutikern interpretiert wurde. Als Freud an Ferenczi schrieb: „Wir sind im Besitz der Wahrheit.", wollte er damit ausdrücken, dass die psychoanalytischen Theorien nichts weniger als eine objektive und universale Rekonstruktion der psychischen Funktionen waren.

Allerdings haben die Korrespondenztheorien nach und nach an Glaubwürdigkeit verloren, und zwar sowohl im Bereich der Logik und der Erkenntnistheorie als auch insbesondere in der Tiefenpsychologie, auch wenn die Auswirkungen dieser Entwicklung hier sicher etwas auf sich warten ließen.

Auf einer rein abstrakten und logischen Ebene hat das vergangene Jahrhundert nach–einander drei verschiedene Interpretationen der Wahrheit kennen gelernt: die Utilitaristen, die Kohärentisten und die von Paul Horwich[5] so bezeichneten Deflationisten. Nach dieser letzten Interpretation von Wahrheit kommt der Aussage, dass ein bestimmter Satz wahr sei, nicht viel mehr Bedeutung zu als dem einfachen Wunsch, diese Aussage zu treffen. Allerdings scheint eine auf solchen Grundannahmen basierende Erkenntnistheorie schon in ihrer Ausgangsposition dem Skeptizismus und damit Positionen zugewandt, die schon vom Prinzip her nicht anwendbar sind für jemanden, der im Zusammenhang mit der Psychotherapie theoretische Forschungen anstellen möchte.

Auch die utilitaristische Konzeption ist unserer Meinung nach nicht geeignet als erkenntnistheoretisches Fundament der Tiefenpsychologie. Für den Utilitaristen ist das wahr, „was funktioniert", und in diesem Fall wären Wirkung und Wahrheit identisch. Während allerdings im Bereich der mathematisch strukturierten Wissenschaften das Funktionieren eines theoretischen Modells ganz direkt praktischen Überprüfungen standhalten muss, stößt eine derartige Konzeption im Bereich der Psychotherapie aus den oben erwähnten Gründen auf größte Schwierigkeiten. Ein Vorstoß auf diesem Feld wurde von Donald Spence in seinem Buch *Narrative Truth and Historical Truth*[6] gewagt. Er schlägt vor, das Streben nach Aufklärung der Vergangenheit des Patienten aufzugeben zugunsten einer Arbeit, die sich hauptsächlich darauf richtet, Rekonstruktionen von rhetorischer Qualität herzustellen, die gleichzeitig überzeugend und daher auch wirksam sind. Unter diesem Aspekt wird die narrative Wahrheit jedoch einfach etwas, das „sich für einen bestimmten Patienten in einer bestimmten Sitzung als wirksam erweist". Da es jedoch keinen objektiven Parameter gibt, mit dem das Gefühl von Wirkung in kurzer Zeit praktisch bewertet werden kann (denn genau hierum handelt es sich) um dann feststellen zu können, wie dieses Gefühl in einem allgemeineren Rahmen bewertet werden könnte, verwandelt sich der Begriff der narrativen Wahrheit in eine unnütze Tautologie.

5 Vgl. Horwich 1993.
6 Vgl. Spence 1982.

### 6.2 Eine kohärentistische Perpektive

Nach Meinung der Verfasser dieses Büchleins gibt es nur einen einzigen Weg, auf dem man eine erkenntnistheoretische Grundlage für die Tiefenpsychologie, und dabei insbesondere für die Psychologie Jungscher Inspiration, finden kann. Dabei handelt es sich um die Kohärenztheorie.

Das Problem der Kohärenz lässt sich von vielen verschiedenen Perspektiven her betrachten. Wir schlagen vor, eine erste allgemeine Unterscheidung vorzunehmen zwischen *epistemischer und epistemologischer Kohärenz*. Unter *epistemischer Kohärenz* verstehen wir die Betrachtungsebene, die der epistemologischen Ordnung der Theorie bzw. dem theoretischen Modell innewohnt. Wir können bei der *epistemologischen Kohärenz* zwei Ebenen unterscheiden, dabei orientieren wir uns an den Vorschlägen von Carlo Strenger[7], der von einer *internen* und einer *externen Kohärenz* sprach. Wir stimmen mit Strenger darin überein, dass die erste Voraussetzung einer Theorie in ihrer Nicht-Widersprüchlichkeit besteht sowie in ihrer Fähigkeit, der empirischen Evidenz Rechnung zu tragen. Das bedeutet, dass die Theorie in der Lage sein muss, die Sachverhalte, auf die sie sich bezieht, zu erklären, ohne dadurch falsifiziert zu werden. Diese Voraussetzung wird von Strenger interne Kohärenz genannt. Externe Kohärenz bedeutet für ihn dagegen das Fehlen von Widersprüchen im wissenschaftlichen Kontext: Eine Theorie darf keine Behauptungen enthalten, die anderen als gültig angesehenen Theorien, auch in Nachbardisziplinen, widersprechen. Eine theoretische Annahme der Psychodynamik dürfte daher, zum Beispiel, nicht im Widerspruch stehen zu Grundlagen der modernen Biologie oder Neurologie; es sei denn, der Begründer ebendieser Theorie hätte es sich nicht ausdrücklich zum Ziel gesetzt, eine biologische oder neurologische Grundlage anzugreifen, wobei er sich letztlich dem Urteilsspruch der Wissenschaften unterwerfen muss.

Obwohl die Unterscheidung in interne und externe Kohärenz vor dem Erscheinen des Buchs von Strenger noch nicht explizit formuliert worden war, oder jedenfalls bis dahin nicht in der Tiefenpsychologie angewendet wurde, war das Problem, das diesem Begriff zugrunde liegt, in der Geschichte der Tiefenpsychologie bereits mehrfach aufgegriffen worden und führte zur definitiven Verwerfung einiger Theorien. Das gilt zum Beispiel für einige Freudsche Theorien über die Urhorde und über den Todesinstinkt. Tatsächlich ist die Rekonstruktion von *Totem und Tabu*[8] unter den Angriffen der kulturellen Anthropologie zusammengebrochen. Die in *Jenseits des Lustprinzips*[9] entfalteten Theorien, die übrigens schon bei ihrem Erscheinen keine Begeisterung zu erwecken vermochten und

[7] Vgl. Strenger 1991, 18 ff., 188 ff.
[8] Vgl. Freud 1968a.
[9] Vgl. Freud 1963.

einer Lamarckschen Auffassung der Evolution verpflichtet sind, waren mit der entsprechenden biologischen Lehre unvereinbar.

Da die oben genannten Freudschen Werke recht berühmt waren, wurden sie *außerhalb* der psychoanalytischen Gemeinschaft einer harschen Kritik unterzogen, was keineswegs unüblich war. Davon abgesehen gibt es auch Beispiele für theoretische Revisionen, die auf der Grundlage eines der externen Kohärenz ähnlichen Prinzips direkt von Psychoanalytikern formuliert wurden. In diesem Zusammenhang zitiert Strenger die von ihm als unanfechtbar beurteilte Kritik von Kernberg an dem Begriff der *schizoparanoiden Position* bei Melanie Klein.[10] Wenn es die schizoparanoide Position wirklich gäbe, dann hätten Kleinkinder in ihren ersten drei Lebensmonaten Fantasien von sie verfolgenden Objekten. Das würde die Fähigkeit voraussetzen, dass sie zwischen Selbst und Nicht-Selbst unterscheiden könnten. Wenn man den Ergebnissen der Entwicklungspsychologie folgen will, besitzen Kinder keine derartige Fähigkeit bis zur Vollendung der ersten Hälfte ihres ersten Lebensjahres. Die wirkliche Originalität von Strenger besteht jedoch in seiner Aussage, dass die Forderung nach Kompatibilität mit anderen wissenschaftlichen Theorien nicht nur die explizit und allgemein anerkannten Theorien betrifft, sondern auch die Gesamtheit der impliziten Erwartungen und Überzeugungen der Welt der Wissenschaft. Imre Lakatos, der von Strenger in diesem Zusammenhang zitiert wird, definiert diesen nicht offiziellen, aber bei den Wissenschaftlern fest verankerten „background" als die „Metaphysik der Wissenschaft".

Aber auch der originelle und durchaus tiefgründige Ansatz von Strenger ist nicht über jede Kritik erhaben. Es besteht kein Zweifel daran (das Beispiel stammt von Adolf Grünbaum), dass eine mögliche Theorie, die das menschliche Verhalten auf den Einfluss von Dämonen und Geistern zurückführen würde, dem traditionellen wissenschaftlichen „background" gegenüber durchaus kohärent sein könnte, da sie keiner „offiziellen" wissenschaftlichen Theorie widerspräche. Trotzdem würde sie sicher nicht auf die Zustimmung der anderen Wissenschaftler stoßen, als Theorie wäre sie allgemein nicht im Einklang mit dem, was als Metaphysik der Wissenschaft bezeichnet wird. Umgekehrt hat jede revolutionäre Theorie dem wissenschaftlichen Konsens ihrer Zeit widersprochen. Und wer könnte sich je zum Richter über die Instanzen der Metaphysik der Wissenschaft erheben? Es ist ziemlich wahrscheinlich, dass nicht ein einziger Psychoanalytiker eine Theorie allein deswegen verwerfen würde, weil sie mit der Metaphysik der Wissenschaft unvereinbar wäre. Ganz im Gegenteil, womöglich würde er die letztere als eine der vielen Ausdrucksformen eines Abwehrmechanismus betrachten, den man auch als „Widerstand" bezeichnet.

Es scheint daher, dass die Berufung auf Kohärenz mit der Metaphysik der Wissenschaft im Wesentlichen mit einer Berufung auf den gesunden Menschen-

10 Vgl. Kernberg 1980.

verstand gleichzusetzen ist, zumindest auf den gesunden Menschenverstand der Wissenschaftler. Das scheint uns kein bedeutender Schritt nach vorn. Vom Standpunkt der externen Kohärenz einer Theorie der Tiefenpsychologie aus gäbe es einen wirklichen Fortschritt, wenn die Analytiker – anstatt weiterhin einfach nach der Kompatibilität ihrer Theorien mit dem wissenschaftlichen Kontext zu suchen – ihre schon von George Klein in den siebziger Jahren formulierte Absicht erneuern würden, ihre theoretischen Erkenntnisse in die empirischen Resultate einzuarbeiten, die von Forschern der Nachbardisziplinen, z.B. der Entwicklungspsychologie, erzielt wurden. Auf diese Weise würde das theoretische Netz der Tiefenpsychologie sich immer weiter auch nach außen erstrecken und müsste Veränderungen auch dank des Fortschreitens in Bereichen, wo die Auseinandersetzung eben sehr intensiv ist, in sich aufnehmen.

Die von uns so genannte *coerenza epistemica* dagegen zielt auf die klinische Anwendung der theoretischen Instanzen. Auch in diesem Fall ist es möglich, das Feld in zwei Bereiche einzuteilen, analog der schon ausgeführten Unterscheidung auf dem Gebiet der *coerenza epistemologica.* Wir könnten sie als *interne* und *externe Konsistenz* bezeichnen. Die interne Konsistenz, die typisch für eine Interpretation wäre, aber auch für jede klinische Intervention, bedeutet, dass man soweit wie irgend möglich dem bereits vorhandenen klinischen Material Rechnung trägt und keine Widersprüche produziert. Als externe Konsistenz würden wir die Kompatibilität mit einer Bezugstheorie bezeichnen. Das höchste Niveau externer Konsistenz wäre erreicht, wenn einerseits jede klinische Intervention eine interne Konsistenz in Bezug auf das progressiv im Verlauf einer Therapie zur Verfügung stehende klinische Material besitzt und andererseits externe Konsistenz in Bezug auf eine einzige Theorie besteht.[11] Es gibt keine Regel, die besagt, dass ein Therapeut sich in seiner klinischen Praxis auf eine einzige Theorie beziehen muss. Wenn man sich jedoch einmal entschlossen hat, in seiner Praxis eine bestimmte Theorie anzuwenden, ist es andererseits angebracht, sie auch beizubehalten; es sei denn, dass ganz besondere Umstände nicht einen Kurswechsel erfordern würden. Ein Beispiel hierfür findet sich in dem von Jacqueline Schaeffer vorgestellten Fall, auf den wir im zweiten Kapitel des vorliegenden Buches bereits hingewiesen haben. Derartige Umstellungen sollten selbstverständlich nur die Ausnahme und nie die Regel sein. Soweit es möglich ist, sind sie dem Patienten zu erklären.

### *6.3 Der jungianische Kohärentismus*

Ein interessantes Element zur Beurteilung der Beziehung zwischen Wahrheit und Wirkung in einer kohärentistischen Perspektive ergibt sich aus einem eher unbe-

11 Siehe oben Kapitel 2.

deutenden Text von Carl Gustav Jung mit dem Titel *Yoga und der Westen.*[12] Natürlich ist es überhaupt nicht ungewöhnlich, dass Jung seine Aufmerksamkeit auf Erscheinungsformen der orientalischen Welt richtet. Sein Umgang mit berühmten Persönlichkeiten der Orientalistik des vergangenen Jahrhunderts (Richard Willhelm, Henri Corbin, Mircea Eliade) ist bekannt. Bekannt sind auch der Einfluss dieser Persönlichkeiten auf die Entwicklung der Jungschen Lehre und die zahlreichen Schriften Jungs, die sich mehr oder weniger direkt um ein psychologisches Verständnis des Orients bemühen. Nach dem Bekenntnis in *Erinnerungen, Träume, Reflexionen* war es die Lektüre von *Das Geheimnis der Goldenen Blüte*, ein von Wilhelm übersetzter „chinesischer alchemistischer" Text, der Jung auf die Idee von der Existenz der Archetypen des kollektiven Unbewussten brachte, jener Art der Psyche aller Menschen gemeinsamen Substrats, das außerhalb des engen Kreises der analytischen Psychologen vielleicht die bekannteste Hypothese Jungs darstellt.

Der mit der Theorie der Archetypen vertraute Leser Jungs könnte nun, wenn er sich der Schrift *Yoga und der Westen* zuwendet, tiefgründigere Beobachtungen erwarten als eine einfache Anerkennung dessen, was die Griechen als „Ginnosofia" bezeichneten. Zum Beispiel könnte man erwarten, dass der Überzeugung Ausdruck verliehen würde, das Ausüben von Yoga sei eine Möglichkeit, zu einem tieferen Verständnis der indischen Vorstellungswelt zu gelangen und dadurch in gewisser Weise an der indischen Weisheit teilzuhaben. Während Jung jedoch seinem westlichen Leser sein lebhaftes Interesse an der Philosophie und der Weltanschauung des Yoga mitteilt, rät er ihm andererseits ohne Umschweife davon ab, es selbst zu praktizieren.

Das Yoga, bekräftigt Jung, ist nicht nur die in ihrem Ablauf genau festgelegte Zusammenstellung einer Reihe von Bewegungen und Positionen, die dem Erhalt der physischen Gesundheit dienen. Die Bewegungen und Positionen sind auch von einer Anthropologie und Kosmologie geprägt, deren Verständnis und Billigung für das positive Ausüben der Disziplin unerlässlich ist. Jung argumentiert, dass ein in der westlichen Kultur verwurzelter Mensch sicher nicht in der Lage ist, mit einem Inder den Glauben an Begriffe wie das *Prana* zu teilen. Nur von einem oberflächlichen Standpunkt aus kann dieser Begriff mit dem Wort „Atmen" übersetzt werden, denn dieses Atmen beinhaltet die metaphysische Übereinstimmung des individuellen Atmens mit dem Atmen des Universums. Wenn man aber nicht in der Lage ist, die Philosophie und Spiritualität, die die praktische Ausübung des *Yoga* unwiderruflich durchdringen, zu akzeptieren und zu leben, dann kann es sogar schädlich sein, wenn man die Bewegungen und Positionen wiederholt und nachahmt.

Von dieser Schrift Jungs können wir mindestens zwei Schlussfolgerungen ableiten, die zu tieferer Meditation Anlass geben. Erstens: Wenn Jung in den *Psy-*

12 Vgl. Jung 1983.

*chologischen Typen* dazu einlädt, jede Psychotherapie als grundsätzlich legitim zu betrachten, dann versucht er gleichzeitig, uns von synkretistischen Velleitäten abzuhalten. Wenn wir eine Entscheidung getroffen haben – oder wenn wir mit einer Option beschäftigt sind, die uns erwählt hat (wie z.B. der psychologische Typ, der das Individuum definiert) – dann ist es sinnvoll, ihr bis zur Ausschöpfung aller logischen Konsequenzen zu folgen. Zweitens: Wenn Jung, dessen Lehre selbst voller Widersprüche ist, zur Konsequenz einlädt, dann ist der Gedanke unvermeidbar, dass jeder, der dem Gedankengang Jungs folgen will, alles hinter sich lassen muss, was in den Jungschen Überlegungen die innere Konsequenz seiner Psychologie unterminiert – jener Psychologie, die Jung „komplex" nannte. Dieses Projekt bleibt noch zu vollenden.

## 7. Mögliche Entwicklung des typologischen Kriteriums

> Man fragt sich oft, warum es der Menschheit bisher nicht gelungen sei, eine einzige Nation zu bilden und warum sie sich nicht auf eine einzige Sprache geeinigt hätten, sich nicht denselben Gesetzen unterwürfen und dieselben Gewohnheiten und dieselbe Religion ausübten; ich dagegen, wenn ich die Gegensätze der Geister, Geschmäcker und Gefühle bedenke, bin höchst erstaunt darüber, sieben oder acht Personen unter demselben Dach zu sehen oder hinter derselben Mauer oder in derselben Familie.
>
> J. de La Bruyère, *Die Charaktere*

### *7.1 Die Wurzeln der typologischen Instanz*

Möglicherweise wird von den von Jung vorgeschlagenen *Typen* nicht die sehr gut unterschiedene *Typologie* überleben, die auf der Kombination der vier psychischen Funktionen und der beiden grundlegenden Haltungen beruht, sondern eher ein allgemeines „typologisches Kriterium", d.h. die Annahme einer ursprünglichen Verschiedenheit der Orientierungen menschlicher Individuen, die aber immerhin auf eine begrenzte Anzahl von Klassen bzw. *Typen* zurückführbar sind. Das typologische Kriterium ist der Psychoanalyse ohnehin nicht gänzlich fremd; allerdings wird es meistens in der allgemeinen Diktion des „libidinösen Typs" akzeptiert, d.h. unter der Voraussetzung einer möglichen pathologischen *Fixierung* und einer bestimmten Entwicklungsphase, daher gewissermaßen als Voraussetzung einer Art notwendigen Ereignisses auf dem gefahrvollen Weg der Entwicklung der kindlichen Sexualität. Für die Psychoanalyse gibt es nur einen einzigen *Typ*, der als normal bezeichnet werden könnte, alle anderen entstehen durch bedauerliche „Stillstände" auf einem mühevollen Weg. Auf diese Weise wird eine Polarität reproduziert, die auf dem Gebiet der politisch-philosophischen Phänomenologie Platon gegen Aristoteles setzte. Für den ersten gab es nur eine einzige Verfassung, die Zeichen physiologischer Reife war: Eine Art aristokratischer Kommunismus – alle anderen waren nur als misslungene Versuche zu betrachten, die früher oder später zum Scheitern verurteilt waren. Für den zweiten sind viele politische Verfassungen legitim und beachtenswert, obwohl jede einzelne in ihre entartete Gegenform umschlagen kann: Die Monarchie in die Tyrannei, die Aristokratie in die Oligarchie usw.. In diesem Sinne wäre Jung auf einem streng psychologischen Gebiet, obwohl oft des Platonimus bezichtigt, mit seinem vorsichtigen Empirismus eher ein Aristoteliker als der Positivist Freud.

Wie weiter oben bereits erwähnt, äußerte Jung schon 1913 in seinem Beitrag auf dem psychoanalytischen Kongress von München, in dem er auf das Problem alternativer Deutungen der psychischen Realität einging, zum ersten Mal die revolutionäre Hypothese, dass Erklärungen wie die von Freud und Adler, selbst wenn sie gegensätzlich wären und einander widersprächen, doch zu gleichermaßen legitimen Ergebnissen führen könnten. Die entsprechende Begründung lautete, dass jede Theorie das Ergebnis der persönlichen Gleichung ihres Erfinders darstelle und daher auf alle anderen Individuen, die dem gleichen „psychologischen Typ" angehörten, anwendbar sei. „Die schwierige Aufgabe der Zukunft," schloss Jung, „wird es sein, eine Psychologie zu schaffen, welche beiden Typen gleichmässig gerecht wird."[1] Im Verlauf der folgenden Jahre sah Jung, der inzwischen Zeuge der Entstehung der unterschiedlichsten Auffassungen hinsichtlich der Natur der komplexen psychischen Prozesse geworden war[2], immer deutlicher die Notwendigkeit einer stärker artikulierten Typologie als der einfachen Dichotomie zwischen Introversion und Extraversion, wie er sie in seinem Beitrag von 1913 vorgeschlagen hatte. So wurden 1921 die *Psychologischen Typen* veröffentlicht, in denen die bereits vorgestellte relativistische Instanz neu betont und vertieft wurde. Jung unterstrich jetzt nicht mehr nur die Möglichkeit, sondern darüber hinaus die Notwendigkeit, dass jeder *Typ* als Matrix seiner eigenen, alternativen psychologischen Theorie konstituiert werden müsse. Dabei dürfe nicht erwartet werden, dass eine dieser Psychologien ihre eigene Wahrhaftigkeit den anderen gegenüber jemals durchsetzen könne, sondern vielmehr, dass immer neue Theorien entstünden, und zwar nicht so sehr um die alten zu ersetzen, sondern um ihnen vielmehr gleichberechtigt beigeordnet zu werden. Die Beschreibung der psychologischen Typen stellte einen unverzichtbaren Schritt auf dem Weg zur Entwicklung einer zukünftigen Metatheorie dar, die in der Lage sein sollte, die Anwendungsgebiete der verschiedenen bereits existierenden Teiltheorien festzulegen: „Aus diesen typischen Darstellungen erst ergeben sich die Materialien, deren Kooperation eine höhere Synthese ermöglicht."[3]

Die Idee einer Psychologie *super partes*, die der Legitimität und Begrenztheit jeder Teiltheorie Rechnung trägt[4], blieb dennoch ein regulatives Ideal, das weder von Jung noch von den Jungianern jemals negiert, aber eben auch niemals systematisiert wurde. Das Problem der *differenzierten klinischen Anwendung* in Hinblick auf die verschiedenen Typologien der Patienten wird in den *Typen* nur im Kontext der analytischen Psychologie behandelt und nur in Bezug auf die *Funktionen*. Hierbei ist vorgesehen, dass der Verlauf der streng jungianischen Analyse das Entstehen der am wenigsten „differenzierten" Funktion privilegieren muss,

1 Vgl. Jung 1971a, 551.
2 Vgl. ebd., 532.
3 Ebd., 537.
4 Hierzu vgl. Jung 1971b.

damit ist die am tiefsten ins Unbewusste verbannte gemeint, die dann ins Bewusstsein zu integrieren ist. Diese Instanz ist zwar an sich legitim und war auch niemals so gedacht, dass die von den zeitgenössischen und zukünftigen psychodynamischen Theorien angebotenen klinischen Möglichkeiten auszuschließen seien – allerdings erscheint sie heute als sehr partiell und zudem der Vorstellung des Individuationsprozesses intim verbunden. Dadurch wird es möglich, sie einer finalistischen therapeutischen Philosophie zuzuordrien, die nicht notwendigerweise für alle klinischen Bedürfnisse brauchbar ist, sondern das Ergebnis einer präzisen Option zugunsten der analytischen Psychologie darstellt. Das immer differenziertere Spektrum von praktisch-theoretischen Vorschlägen der dynamischen Psychologie wird von ihr nicht abgedeckt. Es ist daher sinnvoll, sich zu fragen, ob es nicht möglich ist, Arbeitshypothesen zu finden, mit deren Hilfe sich nicht mehr nur eine einfache Liste erstellen lässt, sondern eine mehr oder weniger systematische Typologie der analytischen Psychotherapien, die aktuell von der theoretischen Welt der Öffentlichkeit vorgeschlagen werden. Dabei handelt es sich um eine Typologie, die die Möglichkeit eröffnen sollte, bestimmten klinischen Kategorien genauso bestimmte interpretatorische und therapeutische Techniken zuzuweisen.

Übrigens findet sich dieselbe Frage implizit bereits in Jungs Text: Bei konsequenter Weiterentwicklung seines theoretischen Konstrukts impliziert die Vielfalt der beschriebenen psychologischen Typen, wie sie in den *Typen* dargestellt sind, bereits eine entsprechende Anzahl theoretischer Bezugsmodelle für die gleiche Anzahl psychotherapeutischer Praktiken. Jung hat sich zwar auf die Beziehung Psychoanalyse – Extroversion/ individuelle Psychologie – Introversion beschränkt, aber dieser Ausgangspunkt schließt keineswegs die Möglichkeit einer kompletten Entwicklung der Korrelationen zwischen psychologischen Typen und psychotherapeutischen Modellen aus. Die Anhänger Jungs haben diesen Weg nie eingeschlagen, vielleicht angesichts des in der ersten Hälfte des letzten Jahrhunderts noch unvorhersehbaren schwindelerregenden Anstiegs der verschiedenen Psychotherapien. Vielleicht hatten sie aber auch bald erkannt, dass nicht so sehr die besondere Typologie, wie Jung sie vorschlug, universalen Charakter hatte (und daher auch nicht in der Lage war, dem unvorhersehbaren Verlauf Rechnung zu tragen), sondern das typologische Kriterium, d.h. die kritische Betrachtung der unerforschlichen aber unantastbaren Vielfalt der ursprünglichen Veranlagungen der Individuen, insbesondere der Psychotherapeuten und der Psychologen. Davon abgesehen, gewinnt man bei einer aufmerksamen Lektüre der Jungschen Schriften über Psychotherapie (die im Band 16 der Gesammelten Werke zu finden sind) die Überzeugung, dass jeder klinische Fall nicht nur nach einer besonderen Theorie verlangt, sondern auch den Psychiater und den Psychologen zu einer rigorosen Deontologie hinsichtlich ihrer Entscheidung für das beste bzw. wirksamste therapeutische Modell verpflichtet.

## *7.2 Einige methodologische Voraussetzungen*

Eine erste Klassifizierung möglicher psychotherapeutischer Modelle verlangt zunächst einmal nach einer Unterscheidung, die schon in dem Begriff „analytische Psychotherapie" selbst angelegt ist. Als Alternativen existieren die Modelle der verhaltens- bzw. erkenntnisorientierten Psychotherapie einerseits und andererseits das Modell der Psychiatrie in seiner Version *hard*, damit meinen wir eine hauptsächlich auf der Verabreichung von Medikamenten basierende Therapie. Die Anwendung der verschiedenen Therapien scheint uns begründbar auf der Basis hinreichend klarer und präziser strategischer Entscheidungen. Zur klassischen Psychiatrie gehört eine Form schweren Leidens, die von offensichtlichen Symptomen begleitet wird (wie zum Beispiel bei Schizophrenie oder jenen depressiven Formen, die die heutige psychiatrische Nosografie als „schwere depressive Störung" klassifiziert). Wir sehen absolut keinen Grund, absurde anachronistische Kämpfe hinsichtlich der immer und überall überflüssigen Verabreichung von Psychopharmaka durchzuführen, deren Verurteilung ungeachtet des spezifischen Falls bzw. seiner Schwere auszusprechen und, vor allem, ohne die jewieligen Fähigkeiten zur Problemindividuation aufgrund der jeweils verfolgten Lehre zu berücksichtigen. Wir könnten höchstens, sozusagen *per accidens*, darauf hinweisen, dass der oft unkontrollierte Gebrauch von bestimmten pharmazeutischen Produkten – einmal ganz abgesehen von den möglichen Nebenwirkungen – nie dazu beiträgt, die psychischen Ursachen für die Probleme zu beseitigen, auch wenn die organischen Symptome gelindert werden können. Es gibt eben kein „Molekül", dass die auf einen Trauerfall oder auf das Ende einer intensiven affektiven Beziehung folgende Depression auslöschen könnte. Eine solche Depression ist nämlich letztendlich immer auf eine ganz bestimmte Existenzbedingung zurückzuführen – unabhängig davon, ob sie sich im physischen Bereich als Ausstoß bestimmter Neurotransmitter und Transmission bestimmter bioelektrischer Impulse darstellt. Auch wenn es schon möglich wäre, die genau involvierten Neuralnetze, die die organische Wahrnehmung einer Depression ausmachen, präzise festzustellen, würde die existenzielle Ursache der Depression dennoch unverändert weiterbestehen.[5]

Auf jeden Fall schließt beim heutigen Stand unserer Kenntnisse über das Funktionieren des menschlichen Gehirns, der immer noch pionierhaft anmutet,

[5] An dieser Stelle bleiben einige Fragen philosophischer *fiction* offen, ob es – vorausgesetzt, man verfügte über die entsprechenden biotechnologischen Kenntnisse – möglich und wünschenswert sein könnte, die Software des neuralen Netzes sozusagen neu zu programmieren und zwar so, dass man aus der Erinnerung des zu behandelnden Patienten jede Erinnerung an Personen tilgt, zu denen er keine Beziehung mehr aufrecht erhält. Wahrscheinlich würde allerdings ohnehin niemand dem Vorschlag zustimmen, den Schmerz um den Preis des Verlustes der Erinnerung auszulöschen.

ein psychiatrischer Eingriff, der die organischen Ursachen für ein Symptom bekämpft, eine psychotherapeutische Behandlung keinesfalls aus. Und hier sind wir wieder bei dem Problem der Wahl der richtigen psychotherapeutischen Methode. Die Texte, die uns zu diesem Thema heute zur Verfügung stehen, sind in dieser Hinsicht wenig hilfreich, wenn sie für fast alle häufiger verbreiteten psychischen Störungen so etwas wie eine „psychodynamische, analytisch orientierte Psychotherapie“[6] vorschlagen. Im Allgemeinen suggerieren sie ein zweigleisiges Vorgehen mit Pharmaka und *talking cure*, und basieren meistens auf psychiatrischen Nosographien wie DSM-IV und ICD-10.

Was die erkenntnis- oder die neuen verhaltensorientierten Therapien anbelangt, so kann man die Unterscheidung im Allgemeinen aus der Sicht der Bedürfnisse des zu behandelnden Nutzers treffen. Tatsächlich sind die Informationen über mögliche Alternativbehandlungen heute sehr viel leichter zugänglich als in der Vergangenheit, und in einer sehr hohen Anzahl von Fällen orientiert sich der zukünftige Patient *motu proprio* nach einer so genannten Kurzzeittherapie. Das gilt für Fälle, in denen die Problemlage bereits recht gut eingegrenzt ist bzw. der zeitliche oder finanzielle Aufwand eine bestimmte Grenze nicht überschreiten soll.

Aber auch wenn wir das Feld nur auf Therapien psychodynamischer Richtung beschränken, bleibt das Spektrum an Möglichkeiten praktisch unüberschaubar. Wenn Jung unserer Meinung nach einen Weg beschritt, der letztlich zu einer unzureichenden Systematik führte, dann sollten wir uns daran erinnern, dass uns bereits über 80 Jahre von der Erstveröffentlichung der *Typen* trennen und dass Jung den Reichtum dieses Spektrums keineswegs vorhersehen konnte. Ohnehin könnte man einem Vorläufer seiner Zeit kaum vorwerfen, er habe nicht weit genug in die Zukunft geblickt.

Wenn man aber den Gedanken hegte, die Arbeit dort wieder aufzunehmen, wo Jung aufgehört hat, dann müsste man die neuen Erkenntnisse und Hypothesen berücksichtigen, die dem Kliniker inzwischen zur Verfügung stehen und daher, zumindest unserer Meinung nach, einen wenigstens teilweisen Perspektivwechsel vornehmen. Wenn Jung seine Theorie einer Psychologie *super partes* auf dem Postulat durchgesetzt hatte, dass ohnehin jeder in erster Linie der Theoretiker seiner eigenen Psyche sei, dann könnte man eine Modifizierung oder, besser, eine Erweiterung dieses Prinzips vorschlagen.

Wir möchten hier vor allem die Annahme in Betracht ziehen, dass es eben nicht nur die Psyche des einzelnen Analytikers ist, die ihre eigene Theorie isoliert von jedem Kontakt nach Außen entwirft, sondern dass dieser Theorieent-

6 Im Allgemeinen schlagen die psychiatrischen Handbücher wenig mehr als die von den Neo-Behavioristen entwickelten therapeutischen Alternativen vor, die sich auf die „Dekonditionierung“ bei Phobien beschränken bzw. auf Gruppentherapien bei Persönlichkeitsstörungen, die zu Sozialisationsproblemen führen.

wurf immer in der Auseinandersetzung mit anderen Psychen erfolgt. Die erste prägende Beziehung besteht zwischen dem zukünftigen Analytiker und seinem Lehrer, dann folgen die Beziehungen zu den eigenen Patienten, obwohl auch die „Beziehung" zu den eigenen Forschungen nicht in den Hintergrund gestellt werden soll. Man kann sicher nicht leugnen, dass das Interesse für eine bestimmte Tradition oder Tendenz nicht auch von relativ zufälligen Faktoren bestimmt wird, wie zum Beispiel die Lektüre eines bestimmten Autors zu einem bestimmten Zeitpunkt des eigenen Werdegangs.

Man müsste auch die Möglichkeit in Betracht ziehen, dass ein Theoretiker den eigenen Typ nicht nur theoretisiert, wie Jung schreibt, sondern auch von ihm konditioniert wird. Das würde bedeuten, dass jeder psychologische Typ aus seiner eigenen Perspektive verschiedene psychologische Typologien produzieren könnte.

Zusammenfassend können wir annehmen, dass die Psyche des zu Analysierenden in Bezug auf die Psyche des Analytikers nicht so sehr typologisch identisch, sondern vielmehr komplementär sein sollte, wenn die analytische Beziehung in einem ersten Moment signifikativ (und dann erst wirksam) sein soll. Dies bedeutet keine Verbiegung der analytischen Psychologie und kommt dem gesunden Menschenverstand offensichtlich entgegen. Bei genauer Betrachtung entdecken wir übrigens, dass Jung selbst in seinem bereits mehrfach zitierten Beitrag „*Über das Problem der psychologischen Typen*" vorschlug, die Individualpsychologie als Ausgeburt eines introvertierten Theoretikers anzusehen und die Psychoanalyse als Frucht Freudscher Extrovertiertheit. Dennoch kam er, obwohl das vielleicht konsequent gewesen wäre, nie auf die Idee, alle introvertierten Patienten zu Adler und die extrovertierten zu Freud schicken zu wollen.

## *7.3 Mögliche Prinzipien einer psychologisch-klinischen Typologie*

Wenn die theoretische Konzeption einer Psychologie *super partes* eine Aufgabe war, vor der sogar jemand wie Jung zurückschreckte, dann können wir guten Gewissens eingestehen, keine fertige Lösung zur Hand zu haben. Wir möchten nur auf einige Elemente hinweisen, die unserer Meinung nach zur Errichtung der cartesianischen Achse nötig sind, auf der eine psychologisch-klinische Typologie der verschiedenen therapeutischen Möglichkeiten in Bezug auf die verschiedenen Bedürfnisse der jeweiligen potentiellen Patienten aufzubauen wäre.

Wenn es das Ziel unseres Vorgehens ist, sowohl die psychologischen Typen als auch die jeweils indizierte therapeutische Technik hinreichend zu klassifizieren, dann ergibt sich als erster problematischer Punkt die Frage, ob es wirklich sinnvoll ist, die von Jung begonnene Arbeit einer Definition fortzusetzen und unseren Ausgangspunkt bei seinen *Typen* zu nehmen. Obwohl die Arbeit Jungs sicher einige von einem heuristischen Aspekt her nützliche Hypothesen geliefert hat, kann nicht verschwiegen werde, dass die Definition der Funktionen eher vage und jedenfalls anzweifelbar bleibt. Der Begriff der Empfindung, zum Beispiel, scheint unter gewissen Gesichtspunkten an die physiologische Wahrnehmung gebunden, unter anderen an eine Art „Realitätssinn", der von dem allgemeinen Gebrauch dieses Begriffs ziemlich weit entfernt scheint. Des Weiteren weicht Jung dem Problem der Entwicklung der Funktionen von der frühen Kindheit bis zum Erwachsensein fast völlig aus[7], daher gelingt ihm keine erschöpfende Definition der Funktionen in Bezug auf die jeweiligen Entwicklungsphasen. Davon abgesehen, ist der „entwicklungspsychologische Gesichtspunkt" der am meisten vernachlässigte Bereich innerhalb der analytischen Psychologie.

Aber auch wenn die psychologischen Typen sich nichtsdestotrotz sowohl in ihren Funktionen als auch in ihren Haltungen als von Jung in den *Typen* bereits perfekt definiert offenbaren würden, bräuchten wir dennoch ein weiteres definitorisches Kriterium, und zwar, um im obigen Bild zu bleiben, die Achse der klinischen Typen. Es ist nicht schwer einzusehen, dass ein neurotisches Subjekt, dessen Typ hauptsächlich die Funktion Denken aufweist, ganz andere therapeutische Bedürfnisse äußern wird als ein psychotisches Subjekt, das zum gleichen Typ gehört. Diese Prinzip findet sich schon in der ganz verschiedenen Haltung des Therapeuten einem Neurotiker oder Psychotiker gegenüber. Aber auch innerhalb der verschiedenen möglichen Manifestationen neurotischer Störungen müsste es eigentlich vollkommen klar sein, dass es ebenso verschiedener Anwendungen einem denkenorientierten und gleichzeitig an einer Phobie leidenden Typ gegenüber bedarf oder dass ein denkenorientierter Typ mit Phobie einer anderen Therapie bedarf als ein empfindungsorientierter Typ mit Phobie.

Eine erweiterte Typologie, die den psychologischen Typ, wie er von Jung konzipiert wurde, und den klinischen Typ gleichermaßen einschließt, müsste auf jeden Fall ständig nach Bestätigungen suchen und revisionsbereit sein. Es wäre möglich, dass bestimmten psychologischen Typen keine klinischen Typen entsprächen; zum Beispiel ist es schwierig, sich einen fühlorientierten Typ vorzustellen, der an einer obsessiven Neurose erkrankt.

Noch schwieriger präsentiert sich das Problem der Einordnung der verschiedenen dynamischen Psychologien nach einem logischen Prinzip, d.h. die Darstellung ihrer jeweiligen Vorzüge in Bezug auf definierte Bedürfnisse. Hinzu kommt, dass der Ruf Jungs außerhalb des intimen Kreises seiner Anhänger und Epigonen nahezu ungehört verhallt ist[8]: Kein Theoretiker hat auf dem Gebiet der Tiefenpsychologie daran gedacht, Hypothesen oder Modelle vorzustellen, die in

7 Uns scheint, dass in jungianischen Kreisen Versuche, die menschlichen Funktionen von einem entwicklungspsychologischen Gesichtspunkt aus zu definieren, beinahe ganz fehlen, einmal abgesehen von dem zwar interessanten aber nicht abgeschlossenen Ansatz von C. Gullotta (vgl Gullotta 1991).

8 Vielleicht sollte man hinzufügen, dass Jung selbst sich nicht besonders an seine eigenen Hinweise gehalten hat.

einen weiteren Kontext, nämlich den der typologischen Schemata, hätten eingeordnet werden können.

Die psychodynamischen Theorien unterscheiden sich generell auf zwei Ebenen, einer klinisch-therapeutischen und einer, die wir approximativ als metapsychologisch bezeichnen könnten.

Diese Ebene besteht aus metatheoretischen Postulaten der klinischen Ebene (nach Freud ist dies die Metapsychologie). Etwas bescheidener könnte man sie auch als persönliche, manchmal implizite Überzeugungen der Kliniker hinsichtlich der Genese, der Entwicklung oder der Unterscheidung der psychischen Probleme auffassen. Obwohl es stimmt, dass eine bedeutende Strömung der Tiefenpsychologie (vor allem nordamerikanischen Ursprungs) versucht hat, die Metapsychologie aus der Psychonalyse zu entfernen[9], ist es doch unvorstellbar, dass es eine klinische Therapie ohne Theorie geben sollte. So sehr man auch versuchen mag, die Theorie nicht mehr in topischen, ökonomischen oder energetischen Begriffen auszudrücken – wenn man im Bereich der Tiefenpsychologie bleiben will, muss man zumindest das Postulat eines unbewussten Ursprungs für einen bedeutenden Teil des psychischen Lebens bejahen und das Prinzip des psychischen Determinismus akzeptieren, obwohl es weniger mechanisch und schwächer ist als in der Freudschen Konzeption. Man muss zugeben, dass jeder psychische Akt eine Bedeutung hat und dass diese Bedeutung sich dem Bewusstsein nicht immer unmittelbar erschließt. Obwohl der Begriff „das Unbewusste" heute eher wie ein Adjektiv als ein Substantiv gebraucht wird, bleiben ein unbewusster Gedanke oder ein unbewusstes Gefühl[10] dennoch Phänomene, die nicht beobachtbar sind, und als solche sind sie Teil einer Metapsychologie.

Von diesem Standpunkt aus lässt sich behaupten, dass eines der unlösbarsten und in der Geschichte der Tiefenpsychologie meistdiskutierten Probleme vom Begriff der Beobachtbarkeit her in der Frage danach besteht, ob man als grundlegende Motivation des psychischen Geschehens den Trieb oder die Objektbeziehung privilegiert.[11] Die Frage hat sicherlich höchst theoretischen Charakter, es geht nicht nur um eine einfache Verschiebung der Aufmerksamkeit von einem Punkt auf einen anderen innerhalb dessselben Prozesses. Im Grunde gehören die

[9] Diese Tendenz beruft sich hauptsächlich auf Autoren wie Roy Schafer, B. B. Rubinstein, R.R. Holt, M.M. Hill und G.S. Klein. Sie wird in einer ausgezeichneten Anthologie vorgestellt, die von P. Fabozzi und F. Ortu herausgegeben wurde; vgl. Fabozzi/Ortu 1996. Es ist bemerkenswert, dass es sich bei fast allen um Schüler Rapaports handelt; vielleicht der einzige Psychoanalytiker, der die metapsychologischen Theoretisierungen in ein wissenschaftliches Modell fassen wollte, und zwar ernsthaft).

[10] Die Begriffe werden hier in ihrer umgangssprachlichen Bedeutung gebraucht, nicht wie in ihrer Definition bei Jung.

[11] Eine weitere Möglichkeit, dieses Problem anzugehen, finden wir im *Séminaire IV* bei Jacques Lacan, wo die Frage nach der Objektbeziehung in die Frage nach der Unmöglichkeit einer wahren Objektbeziehung umformuliert wird.

Begriffe ‚Trieb', ‚Ziel' und ‚Objekt' alle in eine im engeren Sinne Freudsche Terminologie. In Wirklichkeit bedeutet die Entscheidung, ob der Trieb oder die Objektbeziehung privilegiert wird, eine unterschiedliche Auffassung vom Ursprung der Psychopathologie, sowohl im intrapsychischen als auch im beziehungsorientierten Sinn. Obwohl eine Gleichsetzung der interpersonellen Psychoanalyse und der Englischen Schule nach Melanie Klein und Fairbairn nicht selbstverständlich zu sein scheint, werden die Ideen Sullivans von weiten Kreisen als prototypisch für ein strukturelles Modell der Objektbeziehungen angesehen.[12] Auch wenn man sich auf die intrapsychische Ebene beschränkt, hat Arnold Modell der in unserem Kontext extrem interessanten Überzeugung Ausdruck verliehen, dass es verschiedene Typologien von Patienten gibt, für die, von einem praktischen Gesichtspunkt aus gesehen, die klinische Anwendung der Objektbeziehungstheorie wirksamer sein kann.[13]

Die metapsychologische Ebene verweist auf grundlegende Optionen hinsichtlich der verschiedenen möglichen Überzeugungen, und zwar in der Reihenfolge der möglichen Ursachen für das psychische Leiden. Diese Optionen könnte man auch als philosophisch bezeichnen. Die Grundlage jeder weiteren Dialektik besteht aus der ältesten Frage der Psychologie: Bestimmt das Schicksal (in der modernen Interpretation der Genetik) oder die Umwelt bei der Herausbildung des Individuums die größere Rolle? Die Tiefenpsychologien bewegen sich hinsicht-

12 Vgl. Greenberg/Mitchell 1993.

13 Es ist sinnvoll, hier noch einmal die Überlegungen von Modell ausführlich wiederzugeben, denn sie stellen ein seltenes Beispiel für die Theoretisierung klinischer Typologien und differenzialer Klinik im Zusammenhang mit der International Psychoanalytic Association dar: „Ich möchte hier die Bedeutung des psychosexuellen Konflikts und des Ödipuskomplexes keineswegs bagatellisieren, da deren Implikationen zu einer beinahe unendlichen Vielzahl von neurotischen Inhalten führen; dennoch gibt es eine bestimmte Gruppe von Patienten, die wir als Narzissten bezeichnet haben, für die die Probleme der Autonomie des Selbst und die Konflikte, die mit der Unterscheidung zwischen dem Selbst und dem Gegenstand einhergehen, den größten Teil der Behandlung werden ausmachen müssen. Für andere Patienten wiederum werden derartige Probleme zu Beginn der Behandlung äußerst wichtig sein, wo sie noch Vertrauen zu ihrem Therapeuten haben, aber danach treten sie in den Hintergrund und werden zu einem zweitrangigen Thema. Und dann gibt es noch eine dritte Gruppe von Patienten, deren Probleme mit ihren Objektbeziehungen niemals ausgesprochen psychopathologische Züge annehmen. Für sie kann die Objektbeziehungstheorie zwar von begrifflicher, aber nicht von technischer Bedeutung sein. Ich glaube nicht, dass ich eine Therapie oder Psychoanalyse an einem dieser Subjekte anders als meine Kollegen durchführen könnte, die eine eher klassische Sichtweise einnehmen; und dennoch würde ich hinsichtlich der Wirksamkeit der Behandlung einen anderen Standpunkt vertreten als sie. Hinsichtlich der narzisstischen Gruppe wäre ich dagegen überzeugt, dass das von der Objektbeziehungstheorie inspirierte psychische Modell eine reale Wirkung auf das, was wir machen, haben kann." (Modell 1994).

lich dieser Fragstellung alle auf einem *Kontinuum*, an dessen einem Extrem man Lacan und eine Radikalisierung des Freudianismus ansiedeln könnte, welche ohne jede Diskussion die natürliche Prädisposition für eine bestimmte Psychopathologie befürworten. Auf der anderen Seite fänden wir die britische Schule, die in Bowlby (und vor ihm in Winnicott) ihren Vorreiter hat. Sie privilegieren den Einfluss der Umwelt so stark, dass sie die Probleme der kindlichen Psyche gar nicht erst außerhalb der Dyade Mutter-Kind konzipieren.

Parallel zu dieser Dialektik Schicksal/ Umwelt – bzw. Natur/ Kultur – drängt sich die Frage nach dem Maß an Verantwortung auf, das dem Individuum in Bezug auf die Lösung seiner Probleme zugesprochen werden kann. Dabei fällt auf, dass schon die verschiedenen Begriffe, mit denen der Patient bezeichnet wird, einen Hinweis auf unterschiedliche theoretische Ansätze geben: Analysierter, zu Analysierender oder Analysierender – wobei der letzte Begriff von Lacan geprägt wurde. Je nachdem, wie die Verantwortlichkeiten des Subjekts betont werden – vor allem auch hinsichtlich der Bezugspersonen, auf die es trifft – wird man auch unterschiedliche klinische Entscheidungen treffen hinsichtlich der in der Therapie anzuwendenden Behandlungsmethoden und auch hinsichtlich der Art, wie der Analytiker seine Beziehung definiert.[14] Auch hier können wir die verschiedenen Optionen auf ein Kontinuum projezieren, an dessen einem Ende wir den kalten Hinweis auf die konstante Arbeit an sich selbst finden (der im wörtlichen Sinne „mitleidlose" Analytiker bei Lacan) und an dessen anderem Ende sich die bis ins Extrem gehende Empathie der aktiven Analyse von Ferenczi bewegt, der übrigens in bestimmten Fällen auch von der Nützlichkeit physischer Zärtlichkeiten überzeugt war.

Genauso unterschiedlich sind die Auffassungen der Psychotherapeuten psychoanalytischer Orientierung hinsichtlich des Umgangs mit der Einbeziehung des Analytikers in die Dialektik der Übertragung und Gegenübertragung. Es ist bekannt, dass eine nichts weniger als marginale Fraktion der psychoanalytischen Bewegung die Gegenübertragung als grundsätzlich der klinischen Praxis fremd ansieht. Wer das Problem anders sieht, wird von ihnen als Ketzer bezeichnet. Andere, unter ihnen auch Jung selbst, halten die Interpretation der Gegenübertra-

[14] J. Gill ist davon überzeugt, dass die Spaltung in diejenigen, die davon ausgehen, dass der Psychoanalytiker innerhalb des Settings eine aktive Rolle spielen sollte und in diejenigen, die das Gegenteil fordern, einen der grundlegendsten Konflikte innerhalb der psychoanalytischen Bewegung darstellt. Einen weiteren sieht er in dem Dualismus zwischen „interpersonellem" und „triebhaftem Paradigma". Er berichtet, dass er zunächst davon ausgegangen sei, dass die Befürworter der aktiven Rolle jeweils dem „interpersonellen Paradigma" zuneigten, während die Idee des „triebhaften Paradigmas" eher auf die Annahme einer weniger aktiven Rolle schließen ließe. Seine Schlussfolgerungen orientieren sich am Ende jedoch eher auf eine Unabhängigkeit der Positionen voneinander in den jeweils verschiedenen Bereichen. (Gill 1983, 200).

gung für ein Schlüsselelement der Psychotherapie. In einigen wenigen Fällen sei es sogar angebracht, sie dem Patienten mitzuteilen.

Von grundsätzlicher Wichtigkeit ist auch die Frage, ob es wichtiger ist, den Akzent bei der Behandlung auf die Selbsterkenntnis von der Seite des Patienten zu legen oder ob Empathie und Unterstützung seitens des Therapeuten wichtiger sind. Diese Frage führt uns zu der Dichotomie zwischen Verstehen und Erklären zurück, die den Gegensatz zwischen Geistes- und Naturwissenschaften kennzeichnet. In diesem Sinne wäre es nur logisch, wenn man Freud, der die Psychoanalyse den Naturwissenschaften zuordnete, als Verteidiger der „Erklärer" bezeichnete, da er mit Begeisterung die Bedeutung der Ursachenerkenntnis vertrat. Dagegen könnte man Kohut als Vertreter der Fraktion des „Verstehens" bezeichnen. Wie wir in dem der Nachfolge Freuds gewidmeten Kapitel gesehen haben, ist die zentrale Rolle der erklärenden Interpretation[15], die für jede freudianische oder neofreudianische Schule ein obligatorischer Meilenstein zu sein schien, von Kohut in Frage gestellt worden. In gewisser Hinsicht handelt es sich um ein historisch schon diskutiertes Problem, das den jahrzehntelangen dualistischen Kampf zwischen Psychoanalyse und Psychotherapie wieder anfacht. In letzter Zeit wurde es von Glen Gabbard einer gründlichen Untersuchung unterzogen. Er diskutiert die Bedeutung der Begriffe „unterstützend" (d.h. die psychologische Unterstützung für den Patienten) und „ausdrückend" (d.h. die Erforschung des eigenen Unbewussten seitens des Patienten) im Kontext der therapeutischen Arbeit.[16]

Ungeachtet der gemeinsamen Überzeugung, dass der Schleier der Maja, der uns von unserem Unbewussten trennt, zerrissen werden muss, gibt es dennoch verschiedene Meinungen hinsichtlich der „quantitativen" und temporären vom Therapeuten gelieferten Interpretationen. Es gibt mehr oder weniger orthodoxe Analytiker, die dazu beitragen, die populäre Legende vom schweigsamen und unerschütterlichen Freudianer zu nähren und andere, die dem Patienten mit ständigen und teilweise brutalen Interpretationen hart zusetzen. Wir brauchen nur an die beeindruckende Bombardierung mit Fragen zu denken, mit denen der kleine Richard von Melanie Klein offensichtlich eingedeckt wurde – soweit wir das anhand der veröffentlichten Zusammenfassung[17] rekonstruieren können.

[15] Wir möchten hier daran erinnern, dass auch das Problem der Wahrheit und ihrer Bedeutung in den Interpretationen, die von der Tiefenpsychologie allgemein und vom einzelnen Analytiker im Besonderen geliefert werden, neu diskutiert worden ist. Man darf sicherlich nicht ausschließen, dass es auch Auswirkungen auf die Klinik hat, ob Kliniker davon überzeugt sind, dass es möglich ist, eine effektive und reale Kenntnis der individuellen Vergangenheit (die historische Wahrheit, um mit Spence zu sprechen) zu erlangen, oder ob sie glauben, dass die Wahrheit immer „provisorisch", narrativ bleibt, und nur therapeutischen Zwecken dient. Vergleiche hierzu Spence 1982.

[16] Vgl. Gabbard 1994.

[17] Siehe M. Klein 1961.

Von einem jungianischen Gesichtspunkt aus jedoch besteht die wichtigste Dichotomie aus der Antithese „Kausalitäts-/Finalitätsprinzip“. Jung selbst benannte dieses Problem als ursächlich für die Abtrennung der analytischen Psychologie und auch der Individuellen Psychologie bei Adler von der klassischen Freudschen Psychoanalyse. Auf dieser Polarität beruht die charakteristischste Entscheidung im Bereich der klinischen Philosophie: Die Entscheidung zwischen der Erklärung der Wurzeln/ Ursachen einerseits und die Entwicklung der Persönlichkeit/Finalität andererseits.

Wie man sieht, ist das Gesamtbild recht differenziert. Die hier vorgebrachten Überlegungen haben einen hinweisenden und provisorischen Charakter in Bezug auf die Probleme, die eine komplexe Psychologie lösen sollte. Dabei sollten wir nicht vergessen, dass die vollständige und systematische Ausarbeitung einer derartigen Theorie von Jung selbst als über seine Kräfte gehend eingeschätzt wurde. Wir möchten allerdings noch einmal betonen, dass es uns nicht so sehr um die systematische Darstellung geht als vielmehr um das Verständnis dafür, welche Optionen für bestimmte Patientenkategorien wirksamer sind als andere und warum. Dise Aufgabe wird, solange die verschiedenen psychodynamischen Schulen nicht wirklich zu Forschungszwecken zusammenarbeiten, nur schwer zu erfüllen sein. Bis heute fehlt jene Kooperation zwischen den Typen (und vielleicht auch zwischen psychotherapeutischen Modellen), die Jung schon 1913 herbeiwünschte.

# 8. Diskussion und Grundsätze einer an Jung inspirierten Therapie

> Der Glaube kann die Menschen entzweien, die Pflicht zur Verständigung einigt sie.
>
> G. Calogero, *Philosophie des Dialogs*

Übrig bleibt noch die Aufgabe, einige therapeutische Grundsätze kurz auszuführen, die heute, in ihrer Gesamtheit, ein zwar noch weitgehend undefiniertes und unbegrenztes Bezugsfeld für das konkrete Wirken eines Therapeuten bilden können, der sich wenigstens teilweise in den Erfahrungen der analytischen Psychologie und in Jung wieder erkennt. Dabei bedarf es keines besonderen Hinweises darauf, dass jeder Anspruch auf Vollständigkeit kategorisch auszuschließen ist: Wir werden uns auf die Darstellung einiger Punkte beschränken, von denen uns schien, dass sie zwar fundamental, aber keineswegs das Thema ausschöpfend sind. Aus demselben Grund wird im Titel dieses Kapitels der Begriff *Diskussion* dem Wort *Grundsätze* vorangestellt, damit das Problembewusstsein des Autors in Bezug auf die von ihm vorgeschlagenen Prioritäten deutlich wird und jeder dogmatische Ansatz von vornherein ausgeschlossen werden kann.

Diese Aufgabe ist noch stärker als die vorhergehende von einer unumgehbaren Subjektivität, d.h. notwendig relativistisch. Es geht hier nicht nur um die – wie wir schon am Modell der epistemologischen analytischen Psychologie gesehen haben – inhärente Relativität des „Gesichtspunkts", sondern auch um die Relativität der subjektiven Erfahrung. Hier geht es um die während langer Arbeitsjahre aufeinander folgenden Entscheidungen, bedingt durch die persönlichen Schlussfolgerungen der Akteure, durch die Qualität des zugrunde gelegten Materials sowie der ständigen Veränderungen des dem therapeutischen Prozesses eigenen Erfahrungen.

Folglich wird jeder Versuch des Herausarbeitens von Prinzipien oder Regeln eine Leserschaft nur enttäuschen können, der der therapeutische Prozess weder fremd noch gleichgültig ist, sondern die sich, im Gegenteil, in der permanenten Auseinandersetzung mit diesem Prozess befindet und selbst auf der Suche nach Prinzipien und Regeln ist.

Die in diesem und dem nächsten Kapitel folgende Auflistung von Bezugspunkten versteht sich daher auf jeden Fall als „offen", in dem Sinn, dass sich in den unvermeidlichen Lücken weitere Prinzipien und weitere Probleme, bedingt durch die subjektiven Erfahrungen des jeweiligen Zuhörers, ansiedeln können.

## *8.1 Analyse und Psychotherapie*

Als erstes wenden wir uns einem sowohl theoretischen als auch praktischen Problem zu, das immer, ob bewusst oder unbewusst, an der Basis jeder Psychotherapie liegt, die sich auf irgendeine Form der Tiefenpsychologie beruft. Dieses Problem lässt sich kurz und bündig mit der Frage: „Macht es überhaupt noch Sinn, von *Analyse* zu sprechen?" zusammenfassen. „Analyse" ist ein Begriff antiken Ursprungs und unterschiedlichster Bedeutungen. Freud war der Erste, der ihn auf eine bestimmte Therapie anwandte, die sich auf die Grundannahme stützte, dass die von der bewussten Erfahrung gelieferten Daten „analysiert" werden müssten, um Licht auf die Grundkomponenten der Triebnatur werfen zu können. Die Analogie zur Vorgehensweise eines Chemikers war von Freud ganz offensichtlich beabsichtigt.[1] So wie der Chemiker sich nicht mit der Erscheinungsform seines Gegenstandes zufrieden gibt, sondern ihn quantitativ und qualitativ analysiert, um seine genaue Zusammensetzung herauszufinden, so macht auch der Psychologe (der Psycho*analytiker*) nicht Halt vor der psychischen Erscheinung, sondern er bemüht sich, die Grundkomponenten der Triebnatur und die gegen diese gewendeten Abwehrmechanismen herauszuarbeiten, die gemeinsam die unbewusste Aktivität des Ichs ausmachen.

Für Freud ist Psychotherapie im wissenschaftlichen und kausalen Sinne, so wie er als ihr Begründer sie definiert hatte, im ganz wörtlichen Sinn eine Analyse: Die Unterscheidung der verschiedenen Komponenten und die Verdeutlichung ihres ursprünglichen Charakters. Da Jung auch nach seiner Abwendung von Freud im Jahre 1913 den Begriff und die Bedeutung der Analyse für die von ihm noch näher zu bestimmende Tiefenpsychologie und der von dieser ausgehenden psychotherapeutischen Praxis übernahm, kann wohl zu Recht angenommen werden, dass er auch die ihr innewohnende Metapher bzw. Analogie beibehielt. Über die Bestimmung der verschiedenen triebbedingten Komponenten und deren Bedeutung (Symptom, Syndrom, Traum, Charakter, allgemeine Persönlichkeit, Alltagsleben usw.) hinaus bedeutet Analyse für Jung jedoch auch die Auseinandersetzung mit bestimmten unveränderbaren Vorstellungen (später auch mit Verhaltensweisen), die sich in jener psychischen Äusserung verbergen und die er Archetypen nennen wird. Abgesehen von den triebbedingten Faktoren, die sich hinter dem *Erscheinungsbild*, das sich dem Analytiker zunächst darbietet, verbergen, scheint Jung zu sagen, (zumindest in der klassischen Formulierung der so genannten *Zwei Schriften über die analytische Psychologie: Psychologie des Unbewussten* und *Das Ich und das Unbewusste*) müssen einige universale und formale Konstanten näher beleuchtet werden, die sowohl die Triebe selbst als auch die kulturellen Äußerungsformen jenes Scheins bestimmen.

[1] Vgl. Freud 1966, 184.

Die Unterscheidung zwischen persönlichem (im ontogenetischen Sinn, als Produkt von Verdrängung) und kollektivem Unbewussten (im phylogenetischen Sinn, d.h. unabhängig von der zeitlichen Dimension) scheint zwar etwas grob und durchaus angreifbar zu sein, sie ist aber die legitime Konsequenz aus den Differenzierungen, die Jung in die ursprüngliche Freudsche Definition von Analyse einführt. Differenzierungen, die bei näherem Hinsehen eine eher bescheidene Verkomplizierung darstellen, denn während die Freudsche Analyse die Triebe ins Zentrum der Aufmerksamkeit rückt, berücksichtigt die Analyse Jungs sowohl diese als auch die unveränderlichen Archetypen. Allerdings ist die „verschleiernde" Kraft in beiden Fällen von grundsätzlich verschiedener Natur: Im ersten Fall handelt es sich um eine defensive Verdrängung, im zweiten dagegen um eine Art durch die phylogenetische Differenzierung entstandenes Vergessen. Die relativ einfache Natur der Analyse als therapeutischer Prozess, der für jede auf der Tiefenpsychologie basierende Methode gilt, bleibt jedoch in beiden Fällen erhalten.

Diese scheinbar so offensichtliche Einfachheit der Analyse wurde jedoch schnell immer komplizierter; einerseits durch die Entwicklung der Freudschen Metapsychologie, andererseits durch die Weiterentwicklung der analytischen Psychologie. Vor allem wird die implizite objektivierende Voraussetzung des ursprünglichen Begriffs der Analyse, nach welcher die vom Patienten erhaltenen psychischen Daten als *Objekt* für die interpretative Begutachtung durch den Analytiker dienen, (in genau der gleichen Weise, wie eine chemische Zusammensetzung der chemischen Analyse als bloßes Objekt gegenübersteht) von der Triebanalyse selbst schon bald angezweifelt. Es handelt sich eben nicht um eine angenommene „chemische Zusammensetzung", die einem angenommenen gleichgültigen und kalt-distanzierten Subjekt gegenübersteht (*ob-jectum*), sondern im Gegenteil um eine *Beziehung* zwischen zwei interagierenden Subjekten, die offen für das gegenseitige Verständnis auf beiden Seiten ist.

Wenn diese Beziehung zunächst etwas naiv als einseitig gedacht wurde (die so genannte *Übertragung* lässt in der analytischen Beziehung durch eine Anhäufung von Projektionen die für die Störungen verantwortlichen Kindheitserfahrungen wiederaufleben), so wurde um die Mitte des vorigen Jahrhunderts unmissverständlich deutlich, dass es sich um eine bilaterale Beziehung handeln musste (die dann in dem Begriffspaar *Übertragung – Gegenübertragung* ihren Ausdruck fand, wo der primitive „Analytiker" mit seinen unbewussten und archaischen Erlebnissen immer und unvermeidbar mitspielte). An diesem Punkt verliert die ursprüngliche, der Chemie entlehnte Metapher jede evokative und effiziente Bedeutung, da sie von einem neutralen Analytiker ausging, der sich vor einer äußerst komplizierten, aber jedenfalls objektiven Verbindung befindet, der eine eigene Distanz innewohnt. Die Analyse hat aufgehört, einen angenommenen Gegenstand in seine Einzelteile zu zerlegen und ist zur Verständnisübung einer Beziehung geworden, in die der Analytiker notwendigerweise einbezogen ist.

Wir müssen daher zulassen, dass ein Paradoxon entsteht: Wenn er die Beziehung *analysiert*, muss der Analytiker immer auch sich selbst analysieren. Auf diese Weise wird die Analyse zu einem komplizierten und niemals endenden Austausch intersubjektiver Botschaften, bei dem, wenn es ehrlich zugeht, Analytiker und Analysand in der Lage sein müssten, ihre Rollen zu tauschen. Das Objekt wird zum Subjekt; seine Subjektivität, die wir auch als die Würde des Subjekts bezeichnen können, findet ihren Ursprung in der Beziehung selbst – und das Subjekt wird zum Objekt: Sowohl für den anderen als auch für sich selbst. Die chemische Metapher macht keinen Sinn mehr.

Wir dürfen nicht übersehen, dass Jung schon 1945 (*Die Psychologie der Übertragung*) eine zwar noch unklare aber dennoch bereits äußerst tiefgründige Intuition hinsichtlich des oben beschriebenen Paradoxons hatte, obwohl er von der Annahme der Objektivität einer eben „objektiven Psyche", die im Übrigen von nicht erfassbaren Variablen charakterisiert ist, konditioniert war. Er bezog sich daher auf eine andere, wesentlich komplexere Metapher, die er von einem zeitlich relativ nahestehenden Symbolbegriff der späten Renaissance ableitete: Das Konzept der Alchemie in seiner modernen Ausprägung. Abgesehen von der Einleitung ist die *Psychologie der Übertragung* ein Text, in dem es einzig und allein darum geht, eine umständliche, verschlungene, im ästhetischen Sinn barocke Metapher auszubreiten, um die gegenseitige Abhängigkeit in der Beziehung Analytiker – Analysand zu verdeutlichen[2]. In jener Zeit handelt es sich sicher um einen wichtigen Beitrag, der allerdings heute nicht mehr ausreicht, um einen irgendwie gearteten Führer durch das dem Begriff der Analyse implizite Paradoxon der Beziehung Analytiker – Patient darzustellen.

Unabhängig davon gebührt Jung das Verdienst, seiner Zeit voraus gewesen zu sein und die Aufmerksamkeit konsequent auf die Wechselbeziehung Analytiker – Analysand gelenkt zu haben. Daraus ergibt sich jedoch eine Frage: Macht es eigentlich immer noch Sinn, die Analyse mit all ihren chemischen Implikationen der Psychotherapie entgegenzustellen? Wenn wir den heuristischen Sinn beibehalten, dann impliziert die Metapher der Analyse eine unilaterale Beziehung zwischen einem *analysierenden* Subjekt und einem *analysierten* Objekt. Wenn wir inzwischen davon ausgehen können, dass jenes angenommene Subjekt gleichzei-

2 Wie bekannt, stellte Jung als Erster fest, dass die Alchimie nicht nur den allerersten Anfang der Chemie darstellt, sondern darüber hinaus einen spirituellen Weg beschreibt, dessen Ziel in einer Transformation des Alchemisten selbst zur Individuation besteht, welcher sich der Arbeit mit den Elementen nur als Mittel bediente. In der *Psychologie der Übertragung* bedient er sich der Illustrationen eines der berühmtesten alchemistischen Bücher, des *Rosarium philosophorum*, und kommentiert dessen Inhalt, den er als dunkle Intuition und Vorläufer der Theorie einer Übertragungsbeziehung bezeichnet, welche mit Hilfe einer visionären Geschichte der Vereinigung von chemischen Elementen erzählt wird, die in den oben genannten anthropomorphen Illustrationen dargestellt wird.

tig zum Objekt des anderen und seiner selbst wird und wenn jenes angenommene Objekt genauso gleichzeitig in Bezug auf das andere und auf sich selbst zum Subjekt wird: Welchen Sinn hat es dann noch, von Analyse zu sprechen und welchen Nutzen bringt es uns noch?

Vielleicht wäre es sinnvoller, sich auf den alten Begriff der Psychotherapie zurückzubesinnen. Dabei sollten wir uns jedoch an seine ursprüngliche Bedeutung erinnern: Eine Therapie mit Hilfe der Psyche. Dieser Begriff wurde von Freud eher mit Spott oder doch mit Geringschätzung behandelt, da für ihn die Heilung psychischer Probleme eben in der Analyse lag, d.h. in dem Bemühen, das Unbewusste bewusst zu machen bzw. das Implizite oder Verborgene explizit. Heute dagegen bietet dieser Begriff sich an, da er einerseits unserer erweiterten Auffassung der Interaktivität innerhalb der so genannten Analyse besser entspricht und weil er andererseits auch der jeder Tiefenpsychologie inhärenten Problematik und der damit verbundenen weltweit wachsenden Vielfalt an Therapien besser Rechnung trägt.

Dabei dürfen wir jedoch das, was dem Begriff (oder der Metapher) der *Psychotherapie* implizit ist, nicht aus den Augen verlieren. Wir haben gesagt, dass dieser Begriff im wörtlichen Sinn „Therapie mit Hilfe der Psyche" bedeutet. Ursprünglich hatte diese Therapie zwei Gegenstände: Das Soma und die Psyche. Diese Auffassung folgt einem schon von Hippokrates und Galen[3] begründeten Prinzip der Verbindung zwischen Psyche und Soma, welches über die Medizin der Renaissance und vor allem auch über Paracelsus bis zur Medizin der Romantik und gewissermaßen bis hin zum positivistischen Monismus weitergeführt wird. Aber lassen wir für den Moment und der Einfachheit halber die Heilung somatischer Leiden beiseite und konzentrieren wir uns, wie es in der Evolution der Sprache auch tatsächlich geschehen ist, auf den Wandel der Bedeutung des Wortes *Psychotherapie* in „Therapie der Psyche mit Hilfe der Psyche". Es bleibt noch ein Problem: Wie sollen wir den Begriff benennen, wenn er im obigen Ausdruck zum zweiten Mal auftaucht? Zunächst scheint es, als handelte es sich um die Psyche des Patienten. Und tatsächlich ist es vor allem diese, die dazu aufgerufen wird, sich selbst zu heilen. Etwas ganz Ähnliches passiert mit dem Begriff „Physiotherapie". Auch dort dient die körperliche Übung in verschiedenen Formen dazu, den Körper selbst zu heilen. Dennoch gibt es einen wesentlichen

[3] Ein Zeugnis für die Kontinuität dieser Tradition besteht z.B. in der Vorstellung, dass der Ursprung der Melancholie in einem Überfluss an schwarzer Galle im Körper zu suchen sei. („Melancholie" bedeutet bekanntlich „schwarze Galle"). Diese Vorstellung, die wir schon bei Hippokrates finden und die von Aristoteles wiederaufgenommen wird, findet sich in zahlreichen antiken Traktaten über die Medizin, darunter auch in der berühmten Abhandlung von Celsus. Sie wird in der *De sanitate* von Marsilio Ficino dargestellt und vertieft und findet sich im 17. Jahrhundert in der *Anathomy of Melancholy* von Burton wieder.

Unterschied. In der Physiotherapie lässt sich bestenfalls ein Soma annehmen, das autonom zur Selbstheilung fähig ist. Auch in der Psychotherapie ist die Psyche in ihrer angenommenen Eigenschaft als *pharmakon*, also als Medizin, in der Lage, sich selbst zu kurieren, wird dabei allerdings in ihrem substantiellen interaktiven Aspekt erfasst, d.h. in ihrem Wesen als Öffnung zur Welt und zum Anderen, also Interaktion, Wechselspiel, gegenseitige Beeinflussung und Einbeziehung. Und hier wird nun deutlich, dass die Psychotherapie (außer in wenigen Fällen, bei denen die Wirkung überdies zweifelhaft ist) sich nicht auf die allgemeine Bedeutung einer Heilung der Psyche mit Hilfe der Psyche reduzieren lässt, sondern dass wir eine erweiterte und komplexere Definition brauchen: Die Heilung der Psyche *mit Hilfe der psychischen Interaktion*. Es handelt sich demnach nicht mehr um eine hypothetische Psyche, die einsam und isoliert die eigenen Heilkräfte auf sich selbst anwendet, sondern um zwei (oder mehr) psychische Organismen die, indem sie miteinander interagieren, sich gegenseitig verändern. Wie wir noch sehen werden, tragen beide Seiten dazu bei, einen offenen Prozess der Subjektwerdung im wahrsten Sinne des Wortes in Gang zu setzen. Man könnte dabei auch von der Entstehung einer „Person" im philosophischen Sinn oder eines „Individuums" im Sinne Jungs sprechen.

Von diesem Gesichtspunkt aus ist die theoretische und operative Basis der „Kategorie" der Psychotherapie eine Interaktivität zwischen psychischen Organismen, die sich in dialogischer Kommunikation ausdrückt. Allerdings wird „Basis" hier nicht in demselben Sinn gebraucht, in dem die Interaktivität dem menschlichen Wesen als solchem zu Eigen ist, denn sonst würde die Psychotherapie sich von normaler menschlicher Interaktion in nichts unterscheiden.[4] Es bedeutet aber auch, die Grundlage der Psychotherapie sowohl in einer universalen

4 Wir möchten hier *per accidens* anmerken, dass die einfache Tatsache der Bezahlung für die Sitzung – als Beziehungselement – hinreichend ist, um die Annahme der Philosophen Apel und Habermas zu widerlegen, dass die analytische Beziehung ein mögliches Beispiel für eine *intersubjektive* Beziehung.zwischen menschlichen Wesen sei; d.h. für eine Beziehung, in welcher der Andere nicht als Objekt, sondern als ein anderes Subjekt angesehen wird. Die Bezahlung stellt unzweifelhaft ein Element der Verdinglichung der menschlichen Beziehung dar. Darüber hinaus ist sie nach Ansicht vieler nicht einfach die Grundlage für das materielle Überleben des Therapeuten, sondern vielmehr ein tragendes Element der Therapie selbst: Manchmal wird sie in fast schon obsessiver Form ritualisiert, z.B. seitens gewisser Anhänger Lacans oder orthodoxer Freudianer, die sich das Geld am Ende jeder einzelnen Sitzung in bar in die Hand drücken lassen, oder in umgekehrter, aber nicht weniger betonter Form seitens gewisser eleganter Jungianer, die sich z.B. am Ende des Monats einen – möglicherweise verschlossenen – Umschlag mit Scheck an unauffälliger Stelle platzieren lassen. Vergessen wir auch nicht, dass eines der wenigen Elemente, bei denen alle Therapeuten der verschiedenen Schulen ohne Vorbehalte übereinstimmen, darin besteht, dass der Patient die Pflicht hat, versäumte Sitzungen zu bezahlen.

Bedingung des menschlichen Zusammenlebens zu suchen, als auch in einigen Techniken, die sich von denselben Bedingungen emanzipiert haben. In diesem Sinn verlässt die Psychotherapie auch in ihren entferntesten Verästelungen niemals ihre Verwurzelung in der spezifischen Bedingung menschlichen Zusammenlebens, d.h. in der Kommunikation, im Zuhören, im Dialog, in der Möglichkeit gegenseitiger Veränderung, in der gegenseitigen Ermunterung, zu authentischen Subjekten heranzuwachsen. Die Psychotherapie ließe sich definieren als eine ausgeklügelte selektive Übung, die nach flexiblen Regeln das, was der Interaktivität menschlicher Kommuniktaion oder, besser gesagt, der Intersubjektivität, ohnehin schon innewohnt, ins Höchste potenziert. Zu dieser Kommunikation gehört natürlich auch die Interpretation bzw. – wenn wir so wollen – die Analyse, hier verstanden als Entschleierung des Verborgenen. Die Kommunikation selbst jedoch lässt sich nicht an einem einzelnen besonderen Aspekt festmachen. Im Gegenteil, die dialogische Kommunikation bringt jede Interpretation des Anderen als Vorschlag mit Respekt ein und räumt so die Arroganz der Analyse aus, die unweigerlich ein dogmatisches Wissen voraussetzt.

Einige Behauptungen Jungs hinsichtlich der grundsätzlichen Ahnungslosigkeit jedes Psychotherapeuten zu Beginn einer Behandlung, seiner unabdingbaren Fehlbarkeit und hinsichtlich der Korrekturen, die der Patient explizit oder implizit in Bezug auf die Interpretation des Diskurses und sogar auf das Verhalten des Therapeuten anbringen kann, über die zumindest partielle Parität zwischen Therapeut und Patient, über die dialektische oder, besser, dialogische Natur des therapeutischen Prozesses, scheinen den interaktiven Charakter der Psychotherapie und ihre Verwurzelung in einer allgemeinen dialogischen Kondition der Intersubjektivität hervorzuheben. Diese ist auch immer eine problemorientierte Öffnung dem Anderen gegenüber; sie ist Fehlbarkeit oder Scheitern, Irrtum und Verbesserung, Hindernis und Überwindung, Versuch, Verzicht und Erfolg.

So bleibt von der falschen Annahme eines technischen oder *wissenschaftlichen* (objektiven) Wissens des Analytikers, der Verhalten, Gefühl, Vorstellung und Denken des Anderen lückenlos zu interpretieren imstande ist, nichts mehr übrig.[5] Ebenso schwindet die Vorstellung von einem Therapeuten, dem psychische Probleme selbst nie begegnen, da er durch die persönliche und die didaktische Analyse ein- für allemal geläutert ist. Und es fällt die Annahme naturalistischen Ursprungs, die die Analyse als eine Entschleierung der letzten Gründe für das Handeln, Fühlen, Vorstellen und Denken des Patienten begreift – seien diese nun triebhaften oder archetypischen Charakters.

[5] Oder, schlimmer noch, vom Analytiker, der alles weiß – aus dem einfachen Grund, weil das Unbewusste nur von sehr wenigen Sachen handelt, die dazu noch ganz elementar sind; ein Konzept, das wir in der koinemischen Theorie von Fornari finden, die sich als eine Übersteigerung des freudianischen Reduktionismus ansehen lässt.

Von diesem vielleicht angreifbaren, aber jedenfalls zumindest teilweise legitimen Standpunkt aus gesehen, ist die so genannte Analyse am Ende immer „objektivierend“, d.h. sie tendiert immer dazu, in ihrem Patienten ein (zu analysierendes) Objekt zu sehen, während die Psychotherapie (hier korrekt aufgefasst als Therapie der Psyche mit Hilfe der dialogischen Interaktion zwischen zwei oder mehr psychischen Organismen) immer dazu tendieren wird, dem Patienten seine Würde als einzigartiges individuelles Subjekt jenseits vorgefasster interpretativer Schemata zu bewahren. Sie wird ihm Bedeutung verleihen und ihm seine Würde wieder zugänglich machen, indem sie ihn aus seiner Rolle als passives Objekt herausholt, in die er durch seine psychischen Störungen geraten ist.

Man könnte natürlich zu Recht einwenden, dass die *Analyse* sich im Verlauf eines Jahrhunderts von einer Analyse des Verhaltens, Fühlens, Vorstellens und Denkens des Patienten zu einer Analyse der Beziehung Analytiker – Patient gewandelt hat. Das in den letzten 10 Jahren immer stärker werdende Insistieren auf der Analyse der Gegenübertragung, zusätzlich zu der Übertragung, scheint eine grundsätzliche Veränderung gegenüber der ursprünglichen Auffassung von Analyse aufzuzeigen. Trotzdem – solange man den Begriff der Analyse aufrechterhält, solange erhält man auch die Vorstellung am Leben, dass der Analytiker die *Schlüssel* für die Analyse besitzt und dass nur er, getreu der dem Reich der Chemie entlehnten Metapher, in der Lage ist, die psychische Sachlage in ihre letzten Einzelteile zu *zerlegen*. Und man bleibt auch bei der Vorstellung, dass ebendiese psychische Sachlage „Objekt“ ist, so wie der Gegenstand des Chemikers, den er in seine einzelnen Komponenten „zerlegt“, notwendigerweise Objekt ist.

Der allgemeine Begriff der Psychotherapie, ein bescheidenerer, man könnte sagen in jedem Fall „schwächerer“ Begriff, scheint dieses Risiko der Objektivierung nicht in sich zu bergen; jedenfalls nicht in dem Sinn einer „Reduzierung auf ein Objekt“. Insofern sie Heilung der Psyche mit Hilfe der psychischen Interaktivität ist, scheint die Psychotherapie sich innerhalb der Suche nach den Grenzen immer neuer und innovativer Strategien der Interaktion zu bewegen oder, anders gesagt, einer dialogischen Kommunikation, die sowohl konkret als auch reziprok vorgeht.

Natürlich greift auch hier der interpretative Ansatz des Psychotherapeuten ein, der sowohl das fremde als auch das eigene Verhalten, das fremde und das eigene Vorstellen, Fühlen und Denken mit einschließt. Aber die Interpretation bleibt immer Teil der Interaktion und schöpft sie nie ganz aus. Davon abgesehen, muss die in dialogischer Kommunikation entstandene Interpretation immer die Form eines vorsichtigen Vorschlags annehmen. Als solcher hat sie immer zwei Grenzen: Die uneingeschränkte Akzeptanz des Anderen als Subjekt und die inhärente Problematik jedes Vorschlags – d.h. dem Anderen wird immer eine angreifbare Hypothese angeboten.

Wenn Jung feststellt, dass der Patient nicht nur dieselbe menschliche Würde besitzt wie der Therapeut, sondern auch die gleichen Rechte, dann meint er damit wahrscheinlich u. a. das Recht auf den interpretativen Vorschlag, das Recht, nach fehlbaren Schemata und Kategorien interpretieren zu dürfen, die dennoch wahrscheinlich sind. Und hier erschiene ein Anspruch des Therapeuten, die Schlüssel der Interpretation, d.h. der Analyse, in seinen Händen zu halten, nicht nur naiv, sondern von der inneren Logik her als verlogen. Im Unterschied zu seinem Patienten hat der Therapeut nur einen einzigen Vorteil: Er verfügt über ein größeres Angebot an wahrscheinlichen Modellen und über eine längere Erfahrung im Dialog. Die Modelle bieten allerdings keinen Anspruch auf Garantie und müssen jedes Mal neu verifiziert oder falsifiziert werden in einer konkreten Praxis, die auf einer unbegrenzten Empirie und dem, was man „dialogische Erfahrung" nennen kann, beruht. Es handelt sich dabei um nichts Anderes als eine wache Aufmerksamkeit, unbegrenzt offen gegenüber allen Neuigkeiten, die den Bedürfnissen, Plänen und Hoffnungen des Anderen entspringen.

So gesehen, scheinen „Analyse" und „Psychotherapie" sich an den entgegen gesetzten Extremen eines Kontinuums zu befinden, das sich zwischen einem Höchstmaß an objektivierender Vorgehensweise (Analyse) und einem Höchstmaß an respektvoller dialogischer Intersubjektivität (Psychotherapie) bewegt. Das bedeutet weder, dass die Analyse einen paritätischen wechselseitigen Dialog ganz ausschließt (d.h. die Vorteile, die sich aus der menschlichen kommunikativen Interaktion ergeben) noch, dass die Psychotherapie ganz ohne Interpretationen auskommt (d.h. den Vorschlag von dynamischen Schemata oder Modellen, die zumindest übergangsweise dem Verhalten, Fühlen, Vorstellen und Denken des Patienten Rechnung tragen können). Trotzdem bleibt die Gegenüberstellung von Analyse und Psychotherapie ein wirksames heuristisches Hilfsmittel, um sowohl dem Therapeuten als auch dem Patienten den qualitativen Unterschied zwischen den beiden Verfahren bewusst zu machen.

Wenn man genau hinsieht, könnte man sagen, dass das implizite semantische Missverständnis in der Freudschen Gegenüberstellung von Analyse und Psychotherapie auch das der Analyse innewohnende Paradoxon enthüllt, da sie sich historisch gesehen als objektivierende Praxis konstituiert und sich daher schon früh mit den nicht objektivierbaren Aspekten der intersubjektiven Beziehung bzw. der dialogischen Kommunikation auseinandersetzen musste. Erinnern wir uns daran, dass das Wort Analyse rein lexikalisch gesehen dem Wort Psychotherapie als eine andere Spezies gegenübersteht; andererseits könnte man auch die erstere so auffassen, als sei sie in der letzteren enthalten, so, wie sich die Spezies zur Gattung verhält.

Die wirklich wertvolle Lehre, die Jung uns mit seinen diskreten psychotherapeutischen Ratschlägen vermittelt, liegt in seiner sokratischen, heuristischen Vorurteilslosigkeit. Er empfiehlt uns, immer von einem *Ich weiß nicht* oder von einem *Ich weiß, dass ich nichts weiß* auszugehen. Damit schließt er zumindest in der Tendenz jedes vorgefasste Wissen aus und macht den Weg frei für das, was ein vorurteilsloser Empirismus nach und nach zutage fördert. Sicher, von der

Hermeneutik haben wir gelernt, dass niemand frei von Vorurteilen ist, von einem Vorverständnis, das mit der Lage des Menschen zusammenhängt, immer innerhalb einer bestimmten Situation zu sein. Auch die sokratische „Leere" des *Nicht Wissens* bleibt ein Mythos oder ein einfacher Wunsch, der gleichzeitig ethischen und epistemologischen Charakter besitzt. Dieses sokratische bzw. jungianische *Nicht Wissen* hat zumindest die Bedeutung, das eigene Wissen, das unumgehbare eigene Vorverständnis in Frage zu stellen und bedeutet gleichzeitig eine Öffnung hin zum Anderen, seiner Unberechenbarkeit gegenüber, die einhergeht mit seiner Konstituierung als Subjekt. In der Mitte zwischen einem dogmatischen „Ich weiß Alles" und einem unmöglichen „Ich weiß Nichts" steht ein weises, problemorientiertes „Es ist unvermeidlich, dass ich etwas weiß, aber ich bin bereit, es in Frage zu stellen, weil ich das, was du zu wissen glaubst, respektiere".

Jung selbst bewegt sich nicht immer mit aller Konsequenz innerhalb der Grenzen dieser sokratischen Vorsicht; z.B. wenn er, wie wir bereits gesehen haben, die Hypothese der Archetypen in eine Hypostase[6] verwandelt, in ein starres Gerüst interpretativer Modelle, die ein- für allemal feststehen, weil sie zu einer angenommenen „Natur" gehören, die vor uns existiert – und zwar in dem Sinne, dass es sie noch vor dem Menschen als denkendes Wesen gibt. Dabei verschwendet er keinen Gedanken an die Möglichkeit, dass auch diese Vorstellung subjektiv und daher relativistisch sein könnte. Auf diese Weise „verrät" Jung seine eigene Prämisse der unbedingten empirischen Offenheit und sperrt die menschliche Erfahrung in einen vorgefertigten objektivierenden Käfig.

So formt Jung – als Theoretiker der Archetypen – das *Ich weiß nicht* in ein *Ich weiß schon alles* um. Schlimmer noch, er denkt, dass wir über ein vorgeformtes Netz von Begriffen verfügen , das jede Erfahrung auffängt, jede konkrete Neuigkeit, die uns von der Erfahrung vermittelt wird, jede „Geschichte", ja, sogar die Geschichte selbst.[7]

Auch hier bleibt die Frage offen, welcher von beiden der „wahre" Jung ist: Derjenige, der die konkrete Erfahrung über jedes Begriffsschema stellt und die Relativität jedes psychologischen Konstrukts aufzeigt, oder derjenige, der ein festgelegtes und überhistorisches Netz von Interpretationen über die menschlichen Ereignisse wirft.

Die Verfasser sehen sich nicht in der Lage, diese Frage schlüssig zu beantworten. Dennoch liegt die Antwort unserer Meinung nach bereits implizit im Zusammenhang unserer Überlegungen. Wir müssen uns damit zufrieden geben, sie of-

[6] Siehe Stichwort *Archetipo* in Pieri 1998.

[7] Das „Vorverständnis", das die hermeneutische Lehre als unumgehbare Voraussetzung für jedes Verständnis, jeden Gedanken und jede Intuition definiert, ist immer historisch und existenziell determiniert und hat nichts mit einem „schon immer vorgedachten Archetypen" zu tun.

fen zu halten, denn nur so können wir darauf hoffen, zu der von Jung vorgeschlagenen Methode einige hinterfragbare Inhalte beizusteuern.

### *8.2 Die dialogische Interaktion*

Der Ausdruck „interaktive Dialektik" (*interactional dialectics*), der von Fordham geprägt wurde, um damit die von ihm begründete und geführte Schule zu bezeichnen, hat zweifelsohne den Vorteil, den Akzent weg von den „objektivierenden" Aspekten der Analyse hin zum kommunikativ-interaktiven Prozess der Psychotherapie zu setzen. Dennoch ist er eher unglücklich gewählt und augenscheinlich voller möglicher Missverständnisse. Wahrscheinlich hat Fordham den Begriff *Dialektik* dem relativ berühmten Text von Jung entnommen, der die Psychotherapie als ein „dialektisches Verfahren" bezeichnet.[8] Dennoch bleibt festzustellen, dass Jung – zumindest in jenem Text – den Begriff „dialektisch" vorsichtigerweise nur als Adjektiv und nie als Substantiv benutzt, was Fordham dagegen unvorsichtigerweise tut. Wie wir gesehen haben, beschwört er damit jahrhundertealte Mehrdeutigkeiten herauf, die aus dem ganz unterschiedlichen Gebrauch dieses Begriffs auf philosophischem Gebiet herrühren (siehe oben, 3.2).

Wenn wir Jung korrekt interpretieren wollen, ist es vielleicht praktischer, die Psychotherapie als einen „dialogischen Prozess" zu bezeichnen; noch besser wäre es, die Psychotherapie auf eine „dialogische Interaktion" zurückzuführen, bei der zwei (oder manchmal auch mehrere) in die Beziehung involvierte Individuen sich gegenseitig durch den Dialog (der nicht notwendig verbal sein muss) beeinflussen.

In einer derartigen gegenseitigen Beeinflussung werden diese Individuen zu authentischen Subjekten, ohne dabei dem Konstituierungsprozess irgendwelche Grenzen ziehen zu müssen.

Ohne sich dessen bewusst zu sein, schließt Jung sich 1935 einer wichtigen Denkrichtung an, die in den ersten Nachkriegsjahren entstanden war und deren bedeutendste Vertreter Ebner, Rosenzweig, Buber, Gogarten und Marcel hießen. Nicht ohne Grund nannte man sie die „Philosophie des Dialogs". Obwohl sie teilweise zu verschiedenen Ergebnissen gelangten, stimmten diese dem großen Publikum bisher noch weitgehend unbekannt gebliebenen Denker in zwei grundsätzlichen Fragen überein: Erstens in der Feststellung, dass das menschliche Individuum nur im Dialog tatsächlich ein Selbst wird – eine Person im philosophischen Sinn – und zweitens in der These, dass das Ich außerhalb der dialogischen Beziehung gar nicht existiert. Nur im Dialog konstituiert und formiert sich das Ich. Das bedeutet, es gibt kein Ich ohne ein Du. Die vorgegebene ontologische Priorität des Ich-Bewusstseins (man denke an die von den Griechen bis zu Des-

[8] Vgl. Jung 1971d.

cartes reichende Tradition, die im romantischen Idealismus weiterlebt) bricht zusammen vor der Evidenz der ontologischen Priorität der Ich-Du – Beziehung.

Für die Anhänger dieser Lehre, der „Philosophie des Dialogs", die auch in Italien in Calogero und Spirito ihre Befürworter findet und einen der Höhepunkte zeitgenössischer Hermeneutik erreicht, wird das monologische Prinzip der klassischen Tradition durch das dialogische Prinzip ersetzt. Wenn diese historischen Bezüge bei unserer Suche nach einem neuen Verständnis von Jung und seinen Nachfolgern von irgendeinem Wert sind, dann hinsichtlich der antizipierenden Bedeutung seiner Schrift von 1935, in der die Psychotherapie als offener Dialog konzipiert wird, als Initiatorin von fruchtbaren Konstituierungsprozessen für authentische Persönlichkeiten; d.h. verantwortlichen, begrenzt freien und wirklichen Subjekten, die ihrer ursprünglichen Identifikation mit dem Objekt (Triebe, Elternfiguren, kulturelle Stereotypen usw.) enthoben sind.

Diese im und durch den Dialog stattfindende Konstituierung zu verantwortlichen Subjekten scheint gleichzeitig auch der Weg der psychologischen Heilung zu sein. Es ist leicht einzusehen, dass dieser Weg nicht vorgezeichnet sein kann, sondern jederzeit neu entdeckt oder erfunden, ja, neu erbaut werden muss und zwar in der dialogischen Beziehung oder, besser, in der dialogischen *Interaktion*.

Von diesem Gesichtspunkt aus ist es offenkundig, dass keine vorgefertigte Wahrheit dem Dialog vorausgehen kann, da dieser gerade wegen seiner Eigenschaft als authentisch und als zur Entstehung von zumindest teilweise freien Persönlichkeiten beitragend im Kern den wahren therapeutischen Faktor der so genannten Psychotherapie ausmacht; einer Therapie der Wörter mit Hilfe der psychischen Interaktion.

Aber wenn die Sache so steht (und der Jungsche Text von 1935 ist da ganz unmissverständlich), dann kann kein interpretatives Muster bestehen (weder ausgehend vom Trieb noch vom Archetypen), das dem Dialog vorausgehen und ihn bestimmen kann. Im Gegenteil: Im Verlauf des Dialogs ist es möglich, dass Triebe und vielleicht sogar Archetypen sich nicht mehr als Gefängnisse darstellen, sondern als Integrationsmöglichkeiten und dass sie sich im Dialog jener Konstituierung von verantwortlichen Subjekten unterordnen, die dem Dialog selbst immanent ist. Wir können sagen, dass die Persönlichkeit im Dialog sowohl die Triebe als auch die Archetypen in sich aufnimmt und sie auslebt, also nicht mehr von ihnen „gelebt wird"; sie innerhalb der Möglichkeiten, die jedem Lebewesen vergönnt sind, einzeln in das Subjekt integriert, welches sich hierdurch nach und nach von den Unannehmlichkeiten neurotischer Störungen und vielleicht auch von den großen psychotischen Konstellationen befreit.

Sicher, da sowohl die Triebe als auch ihre verschiedenen Transformationen aufgrund der Strukturen jener Kultur, in der wir leben, dazu tendieren, sich unter unterschiedlichen Verstellungsformen zu tarnen, besteht ein Teil der dialogischen Interaktion in einer Demaskierung (oder, wenn wir so wollen, in einer „Analyse"). Allerdings hat diese Demaskierung an sich noch keinen therapeutischen

Wert, wenn sie nicht erlebt und aufgefasst wird als Moment eines Prozesses, der Integration, deren Formen immer individuell und nicht miteinander vergleichbar sind und die nur im Dialog erfasst oder sogar erfunden werden können.

Nehmen wir weiterhin an, das unbewusste (oder jedenfalls nicht kritisch reflektierte) Verhaltensmodelle existieren, die typisch sind für das Tier Mensch – so lautet nämlich die letzte Definition Jungs der so genannten Archetypen[9] – so wird man auf eine Erkenntnis darüber hinarbeiten müssen. Diese könnte durchaus den Charakter einer Demaskierung zeigen, aber auch in diesem Fall bildet die Erkenntnis nur ein Moment in einem weiterführenden, nicht durch Bedingungen eingeschränkten Prozess, den wir mit gutem Recht als Integration bezeichnen können. Auf die Gefahr hin, uns zu wiederholen: Integration ist nur möglich über den Dialog. Dieser wiederum ist seiner Natur nach Auseinandersetzung und gegenseitige Bereicherung bzw. „Katalysierung" und daher auch Möglichkeit sowohl das zu sehen, was vorher verborgen war, als auch das anzunehmen, was vorher unannehmbar war.

Allerdings wird das gesamte innovative Potenzial der Jungschen Schrift von 1935 in Frage gestellt, wenn Jung den Prozess der Individuation als einen Archetyp vorschlägt (oder als eine Art Super-Archetyp, der andere Teil-Archetypen in sich vereinigt).[10] Insofern wird der Archetyp hier, nach der letzten Interpretation diese ambivalenten Begriffes, ein Verhalten ethologischer Natur, phylogenetisch programmiert, also etwas „schon Gegebenes", etwas Starres, etwas, das der Natur gleichzeitig mit der Aktivierung des Hormonsystems bzw. irgendeines unserem Benehmen oder unseren höheren kognitiven Funktionen vorangestellten enzymatischen Systems ausgehändigt wird.

Mit dieser Konvertierung bzw. „Rückkehr" zu einem epistemologischen Ansatz auf naturalistischer Grundlage tritt Jung unübersehbar in die Fußstapfen Freuds, des „Biologen der Psyche" (um den berühmten Ausdruck von Frank Sulloway zu benutzen) und macht damit sowohl die konstituierende Unbestimmtheit des Individuationsprozesses zunichte als auch die dialogische und daher „offene" Struktur, innerhalb derer er sich hätte abspielen sollen. Wir befinden uns leider nicht vor einem Gegensatz, der sich in eine *conjunctio* zusammenführen ließe; wir befinden uns, ganz im Gegenteil, vor einem brutalen Widerspruch, der nach einer Entscheidung verlangt. Jene dialogische Haltung, welche phänomenolo-

9 Vgl. Jung 1985b, 226 ff.

10 Obwohl normalerweise in der Rezeption Jungs der Begriff „Archetyp" hauptsächlich psychischen Instanzen zugewiesen wird und erst in zweiter Linie besonderen Konstellationen, die in der bewussten und unbewussten Vorstellungskraft wiederholt auftreten, so nimmt doch der Prozess der Individuation, wie er von Jung in seinen Texten entwickelt wird, den Charakter eines Archetypen an, d.h. einer a priori überhistorischen Struktur, die individuelle psychische Ereignisse beeinflussen kann. Siehe Jung 1972a, 59-260 und Jung 1976c.

gisch und nicht naturalistisch begründet wurde und es Jung erlaubte, neue Wege einer Psychotherapie, die der Originalität und nicht der Transzendenz des Menschen in seiner Beziehung zur Natur treu wäre, zu eröffnen bzw. aufzuzeigen, jene Öffnung hin zur Interaktivität, die wenigstens teilweise nicht konditioniert war, wird aufgelöst zugunsten eines naturalistischen Verfahrens in welchem einem Subjekt, das schon alles über den anderen weiß, ein Objekt gegenübersteht, das einem vorgeschriebenen Weg zu folgen hat und zu diesem Zweck indoktriniert werden muss, damit es sozusagen die ethologischen Strukturen erkennt, die es genauso konditionieren, wie eine beliebige ethologische Struktur ein beliebiges Tier konditioniert.

Wenn Jung den Archetypen (man erinnere sich: Es handelt sich um jenen allumfassenden Super-Archetypen, den Individuationsprozess) mit dem komplizierten instinktiven, phylogenetisch programmierten Verhalten vergleicht oder, besser, gleichsetzt, mit dem eine Zecke sich fortpflanzt, indem sie sich nur auf ganz bestimmte Säugetiere fallen lässt, oder mit dem sicher bewundernswerten Nestbau des Webervogels, dann erreicht er einen Biologismus, der noch starrer und trügerischer ist als die Freudsche Konzeption. Er verliert die Außergewöhnlichkeit des Menschen aus den Augen, auf der die Originalität seiner Psychologie und Psychotherapie gegründet schien.[11]

Jung nähert sich einem Universum noch unbekannten oder vielleicht seit langer Zeit vergessenen psychologischen und psychotherapeutischen Wissens, wenn er mit einer für die wissenschaftlichen Gewohnheiten seiner Zeit ungewöhnlich originellen Eingebung mehr oder weniger behauptet, dass das wirksamste Werkzeug des Psychotherapeuten seine eigene Persönlichkeit sei und dass daher implizit die einzige wirksame Schule, die der Psychotherapeut zu durchlaufen habe, die unaufhörliche, nie an ein Ende gelangende Bildung seiner Persönlichkeit sei.[12] Was nun unter der Schule der Psychotherapie verstanden wird – es handelt sich um ein extrem komplexes Gebilde von Wissen und Praxis, Erkenntnis und Werden – verlangte nach einer speziellen Ausführung. Für den Moment müssen wir uns damit zufrieden geben, dass Jungs Position, wenn er solch wertvolle Beobachtungen zutage fördert, äußerst problemorientiert, offen, nicht konditioniert und auf keinen Fall szientistisch ist.

Unter Berücksichtigung all dessen, was bisher über die dialogische Natur der Psychotherapie und über die Bedeutung des Dialogs als Konstituente authentischer Persönlichkeiten gesagt worden ist, können wir zumindest versuchen, die Intuition Jungs zu klären. Die Persönlichkeit, die sich immer im Dialog konstituiert (oder, wenn wir den Ausdruck vorziehen, in der dialogischen Interaktion),

11 Vgl. 1985b.

12 Vgl. Jung 1971d, 7-9 und Jung 1971b, 80-81. Jung schreibt auch, dass der Psychotherapeut nicht eine Methode *hat*, sondern dass er selbst diese Methode *ist*. (Hierzu vgl. Jung 1971e, 90-93).

wird zum Werkzeug jener spezifischen dialogischen Interaktion, die wir Psychotherapie nennen. Das bedeutet, dass die Persönlichkeit – als Ergebnis des dem Menschen eigentümlichen begründenden Dialogs – zu einer weiteren dialogischen Interaktion eignet, die es dem Anderen (dem so genannten Patienten) erlaubt, sich als verantwortliches Subjekt zu konstituieren, als authentisches Individuum im Jungschen und als Person im philosophischen Sinn. Aber gleichzeitig profitiert jene Persönlichkeit (des Psychotherapeuten) von der der Psychotherapie eigentümlichen dialogischen Interaktion, um sich selbst *immer mehr* als verantwortliches Subjekt zu konstituieren, als Individuum, als Person, denn der Prozess (den Jung als Individuation bezeichnet und dem wir leider unausweichlich eine exklusive Bezeichnung widmen müssen, obwohl Jung bereits explizit zwischen „Individualismus" und „Individuation" unterscheidet[13]) ist in der Praxis undefiniert und unbegrenzt. Seine einzige Grenze liegt in einer Krankheit, die die höheren Funktionen des Verstandes einschränkt, und im natürlichen biologischen Ende des Menschen.

Die paritätische Situation zwischen Psychotherapeut und „Patient", die Jung als erster postuliert hat[14] und die man besser in ihrer Bedeutung als tendenzielles Ziel bzw. orientative ideale Norm auffasst, findet ihre Grenzen in der einzigen realen und moralisch akzeptierten *Ungleichheit*, die darin besteht, dass die Persönlichkeit des Therapeuten in ihrer Konstituierung im Vergleich größere Fortschritte gemacht hat als diejenige des Patienten. Es ist selbstverständlich, dass ein hochentwickeltes Fachwissen Teil der Persönlichkeit des Psychotherapeuten zu sein hat; aber es hat an sich noch keine Bedeutung, wenn es sich nicht innerhalb der Persönlichkeit zu einem erweiterten Organismus zusammenfügt.

So gesehen befindet sich der Patient in seiner Rolle, weil seine Persönlichkeitsentwicklung, die nicht ausreichend bzw. überhaupt keinen Anteil an konstituierendem oder, besser, formativem Dialog hat, in der frühkindlichen, Kindheits- , Pubertäts- oder Jugendphase oder im Leben im Allgemeinen zum Stillstand gekommen oder auf einem niedrigen bzw. sehr niedrigen Niveau blockiert ist. Dabei gestehen wir einem Mangel an Dialogmöglichkeiten in den ersten Lebensphasen eine größere ätiologische Bedeutung für die Entstehung von psychischen Leiden zu.[15] Wenn wir bei diesem Aspekt bleiben, können wir dagegen für den Therapeuten feststellen, dass er diese Funktion ausübt, weil er schon in der

13 Vgl. Jung 1971f, 139.

14 Vgl. Jung 1971d, 8. In diesem Zusammenhang können wir uns an die ethische Bedeutung der lexikalischen Transformation bei Jacques Lacan erinnern, wenn er die Beziehung Analytiker/Analysierter oder zu Analysierender in Analytiker/ Analysierender umbenannte.

15 Nebenbei sei hier angemerkt, dass es sich dabei nicht nur um ein wesentliches Element der Lehre Jungs handelt, sondern auch der Lehre Kohuts, vor allem des späten, reiferen Kohut.

Familie, in seiner kindlichen oder pubertären Bezugsgruppe und weiteren sozialen Bezugsräumen in den Genuss einer privilegierten dialogischen Situation gekommen ist. Vielleicht ist es ihm auch gelungen, einen Mangel an Dialog mit behindernden oder störenden Folgen durch die psychotherapeutische Arbeit an sich selbst zu kompensieren. Diese Arbeit ist ohnehin unumgehbar, da es immer und unausweichlich zurückgebliebene psychische Bereiche gibt, Folgeerscheinungen eines partiellen Mangels an formativem Dialog, die aufzuarbeiten sind. Die so genannte didaktische Analyse ist nicht nur Demaskierung, sie ist im Wesentlichen ergänzender Dialog – im Hinblick auf die allgemeine Dialogbereitschaft der entsprechenden Person.

Diese Perspektive scheint mit dem heute noch vertretbaren Maximum an Genauigkeit die von Jung geprägten Begriffe hinsichtlich des vieldiskutierten Wortes „Psychotherapie" zu interpretieren, ohne deswegen in irgendeiner Form den nicht zu verallgemeinernden Aspekten der persönlichen Erfahrung des Menschen Jung nachzugeben.[16]

Natürlich konstituiert sich nicht jede interpersonale Kommunikation als eine dialogische Interaktion, die zur Bildung einer reifen Persönlichkeit beiträgt und daher von bedeutendem psychotherapeutischem Wert ist. Gerade der Dialog, dieser zentrale und nicht notwendigerweise verbale Ort für jede menschliche Erfahrung ist durch seine Anfälligkeit für Dekadenz und Nicht-Authentizität gefährdet. Gerade weil er für die Existenz als konstituierender Faktor einer reifen, verantwortlichen und wenigstens tendenziell sinnbehafteten Persönlichkeit so zentral ist, kann er auch zu einem Faktor von Entindividualisierung werden, von Trägheit, von Reduzierung des Anderen auf ein Objekt oder, im weniger gefährlichen Fall, zur Banalisierung der Beziehung.

Die bewusste oder unbewusste Manipulation des Anderen, die Gefährdung durch einen niederen Narzissmus, die Herausbildung eines der beiden Dialogpartner zu einer scheinbaren Autorität, weil er z.B. über ein tieferes allumfassendes Wissen zu verfügen scheint, die objektivierende Interpretation, die Banalität des Gesprächsinhalts und viele weitere desintegrierende und nicht-authentische Faktoren gefährden einen Dialog, der zur Bildung einer reifen Persönlichkeit oder eines Individuums im Jungschen Sinne des Wortes hinführen soll. In dieser Version führt der Dialog dagegen zu Missverständnis, Verdinglichung, Manipulation, Betrug und Selbstbetrug.

[16] Wir wollen hier daran erinnern, dass Jung selbst in einem besonders „weisen" Moment seine Schüler davor warnte, Gebrauch von diesen nicht zu verallgemeinernden und daher absolut nicht „beispielhaften" Aspekten zu machen (vgl. Jung 1976b, 125-161). Auch hier müssen wir wieder darauf hinweisen, dass „Jung folgen" nicht bedeutet, ihm auf seinem Weg (*odos*) zu folgen, sondern seine methodologischen Ansätze (*metodos*) anzuwenden.

Es reicht nicht aus, festzustellen, dass „der Dialog die Herausbildung der Persönlichkeit bewirkt, das Du konstituiert das Ich". Vom Standpunkt einer abstrakten Ontologie und einer philosophischen Option aus gesehen, ist das ohne Weiteres wahr. Im konkreten Fall der Psychotherapie jedoch, wo kontinuierlich auf Alltagserfahrungen und die damit verbundenen Fallen zurückgegriffen wird, ist es wichtig, zwischen Kommunikation und Manipulation zu unterscheiden, zwischen einem Dialog, der sinnstiftend ist und einer Pseudo-Kommunikation, die manipulierend und banalisierend wirkt. Wenn dies schon für die normale dialogische Interaktion zwischen Menschen gilt, dann umso mehr für jenen besonderen Dialog, der die Psychotherapie ausmacht; d.h. der Heilung der Psyche durch psychische Interaktion.

Wenn man also feststellt, dass die wahre Substanz der Psychotherapie der Dialog ist, dann definiert man damit gleichzeitig eine bilaterale, ununterbrochene und notwendigerweise anstrengende Aufgabe für die psychotherapeutische Arbeit: Die kontinuierliche Verteidigung der Kommunikation gegen ihren größten Feind, die Manipulation. Ein Dialog mit therapeutischem Wert ist nicht einfach ein verbales und nonverbales Fließen von kognitiven, vorgestellten oder emotionalen Inhalten von Einem zum Anderen, es besteht keine paradiesische oder geschützte Grundsituation. Im Gegenteil, es handelt sich um eine Arbeit unter unaufhörlicher Selbstbeobachtung mit dem Ziel, ein gesichertes Niveau von Authentizität zu erreichen in dem ständigen Bewusstsein seiner Gefährdung durch Nicht-Authentizität.

Das Problem der *Werte*, das aus dem philosophischen Diskurs unserer Zeit fast vollständig ausgeschlossen ist, präsentiert sich unübersehbar in der psychologischen Betrachtung, vor allem da, wo die Psychologie in ihrer Eigenschaft als paradoxes Wissen der Psyche von sich selbst zur Psychotherapie wird, zur Heilung der Psyche durch psychische Interaktion. Die Psychologie, in ihrer Eigenschaft als *werturteilsfreie* Wissenschaft (um einen Begriff Webers zu ge- bzw. missbrauchen), muss sich, solange sie auf einer rein deskriptiven Ebene bleibt, dem unerschöpflichen Problem der Werte öffnen, wenn sie zur psychotherapeutischen Praxis wird, d.h. wenn der Diskurs (*logos*) zum Dialog (*dialogos*) wird.

Die psychotherapeutische Beziehung, die dialektische Einheit von Übertragung und Gegenübertragung, ist permanent allen möglichen Störungen ausgesetzt, deren ständige Entlarvung integraler Teil des Dialogs selbst ist. Der Dialog muss eine ununterbrochene präventive bzw. sich selbst immer wieder neu rekonstruierende Therapie einüben. Die detaillierte Analyse dieser außergewöhnlichen Situation stellt ein eigenes, weites Feld innerhalb der Phänomenologie der therapeutischen Interaktion dar.

### *8.3 Anwendung wahrscheinlicher Modelle: Eklektizismus und Perspektivismus, heuristischer Widerspruch*

Zur Einstimmung in den folgenden Abschnitt scheinen zwei Sätze Jungs besonders geeignet. Sie befinden sich zwar an weit auseinander liegenden Stellen in seinem Werk, wurden aber nie zurückgenommen oder geleugnet.

1929 stellt Jung zu Beginn des kleinen und ziemlich freien Essays über die Psychotherapie wörtlich fest: „...während ich für meine Auffassung den Ausdruck ‚analytische Psychologie' bevorzuge und damit etwas wie einen Allgemeinbegriff meine, der ‚Psychoanalyse', ‚Individualpsychologie' und andere Bestrebungen im Gebiete der komplexen Psychologie in sich fasst."[17] 1958, am Ende eines komplexen Aufsatzes über die wahrscheinliche archetypische Grundlage des moralischen Bewusstseins, als Jung dem Ende seiner langen Forscherlaufbahn nahe steht, weshalb der Text als „epistemologisches" Siegel seiner langen Tätigkeit gelesen werden kann, stellt Jung fest: „Menschliche Erkenntnis muss Genüge finden an der Herstellung von Modellen, die der Wahrscheinlichkeit entsprechen. Mehr wäre gedankenlose Vermessenheit."[18] Die Auswahl dieser beiden Feststellungen kann zu Recht als willkürlich angegriffen werden, aber sie lässt sich verteidigen. In der ersten begründet Jung *seine* Psychologie, von ihm, wahrscheinlich auf Anregung von Toni Wolff hin, auch als „komplexe Psychologie" bezeichnet, als eine Psychologie, die alle Psychologien des Unbewussten (bzw. „der Tiefe") umfasst, und zwar sowohl jene, die bereits historisch akzeptiert als auch jene – jedenfalls wäre das eine konsequente Implikation – , die nach und nach von der Geschichte ans Licht gebracht bzw. „konstruiert" werden (man denke an jene nicht näher definierten „anderen Bestrebungen"). Es handelt sich also um etwas, das wir mit Recht als eine *eklektische* Antwort auf den psychologischen Pluralismus bezeichnen können, der in seiner Gänze erfasst werden soll. Genauer gesagt: es handelt sich um eine der möglichen Antworten, die ein aufmerksamer, weder verschlossener noch, schlimmer, in einem defensiven Dogmatismus befangener sondern, im Gegenteil, den Herausforderungen der Geschichte offen und problemorientiert gegenüberstehender Psychologe auf das Problem der Vielfalt psychologischer Lehren geben kann, die sich nach und nach seiner Wissbegierde darbieten. Für diese Position hat jede Lehre ihren Anteil an der Wahrheit, ohne mehr als einen Teil davon darzustellen; jede „Psychologie" untersucht eine begrenzte Anzahl von Problemen, denen sie mit Hilfe der Erfahrung begegnet und versucht, sie zu lösen. Sicher, eine neue Lehre kann eine alte ablösen, indem sie sie entkräftet. Meistens ist es dann allerdings so, dass ein Teil der alten Lehre in der neuen überlebt und von ihr sozusagen neu belebt wird. Im Allgemeinen bleibt allerdings für diese Position die so genannte Wahrheit etwas Uner-

17 Jung 1971b, 57.

18 Vgl. Jung 1974, 492-493.

reichbares und dennoch Allumfassendes: Die Anzahl der partiellen Lehren kann unbestimmt ansteigen und jede dieser Lehren ist ein legitimer „Teil“ eines „Ganzen“, dessen Definition langsam entsteht, ohne sich jemals endgültig konstituieren zu können. Der Fehler bei dieser Position kann zwei verschiedenen Ordnungen angehören: Der erste – und schlimmere – Fehler stellt sich als eine Verwechslung des Teils mit dem Ganzen dar, der Irrtum des *pars pro toto*, der menschliches Denken seit jeher bedroht. Der zweite Fehler stellt sich als die Illusion dar, ein für alle Mal die verschiedenen Teile in einer definierten und geschlossenen Totalität unterbringen zu können; es ist der Fehler der anmaßend allumfassenden Systeme, man könnte sie auch auf die Formel bringen: Die Hegelsche Täuschung. In Wirklichkeit ist das Ganze immer und ausschließlich die Summe seiner bisher entdeckten Teile und keine Totalität, da die Totalität sich in unbestimmter Weise immer vor uns her bewegt. Um eine wenigstens teilweise passende Metapher zu verwenden, könnten wir sagen, dass die so genannte Wahrheit sich in ein Puzzlespiel auflösen lässt, von dem die einzelnen Teile allerdings nicht bereits vollständig zu unserer Verfügung stehen, sondern sich in unbestimmten Zeitabständen einstellen. Zu jedem Zeitpunkt können wir versuchen, die verschiedenen Teilchen zu einem Bild zusammenzufügen, aber wir müssen uns dabei immer dessen bewusst sein, dass die entstehende Figur notwendigerweise jederzeit wieder auflösbar sein muss um neu zusammengefügt zu werden, da ständig und unvorhersehbar neue Teilchen von anderen Seiten dazukommen können. Jede allumfassende Figur ist letztlich provisorisch und lückenhaft: Schon indem sie sich überhaupt der Diskussion stellt, fordert sie zu einer möglichen, wenn auch noch nicht machbaren Vervollständigung heraus.

Neben dieser Position, die Jung in seiner oben zitierten Feststellung einzunehmen scheint (und die wir, einer zeitgenössischen philosophischen Bezeichnung nach, eine „polyedrische Haltung“ nennen wollen)[19], existiert jedoch noch eine zweite, die mit der ersten unvereinbar ist, und die wir eine „perspektivistische Haltung“ nennen könnten. Auch für diese Position ist die Wahrheit durch das Bewusstsein von der Existenz einer oder mehrerer möglicher anderer Wahrheiten begrenzt, aber die gesamte Realität (in unserem Fall handelt es sich dabei um die menschliche Psyche in ihrer komplexen physiologischen und pathologischen Totalität) wird durch eine Perspektive beleuchtet die, solange sie aktiv ist, alle anderen ausschließt, obwohl sie sie ihrer Möglichkeit nach anerkennt.

Wenn Jung feststellt, dass man in Ehrfurcht vor der unendlichen Komplexität der menschlichen Psyche eine Vielfalt von Annäherungen an diese anerkennen muss[20] und dass, als Konsequenz aus dieser Feststellung, bei einigen Fällen der Freudsche Ansatz angemessen erscheint, bei anderen derjenige Adlers, bei wieder anderen dagegen Jung usw., dann nimmt Jung, vielleicht unbewusst, eine

19 Vgl. Rescher 2000.
20 Vgl. Jung 1971d.

perspektivische Position ein. Auch hier herrscht wieder ein verantwortungsbewusster Relativismus (der übrigens nie zu einem manierierten Skeptizismus verkommt), aber jede mögliche Perspektive versucht in ihrer Vision alle Daten auszuschöpfen, die der Beobachtung des Psychologen von einer vorurteilsfreien Erfahrung geliefert werden.

Man könnte sich fragen, ob es verschiedene mögliche und legitime Perspektiven geben kann, und wovon die Entscheidung des einzelnen Psychologen für eine bestimmte Perspektive abhängt. Jung würde mit der Antwort nicht zögern. Er würde sich auf die unverzichtbare Einzigartigkeit jedes menschlichen Subjekts berufen, welche immer einen bestimmten Gesichtspunkt und eine bestimmte Weltanschauung mit sich bringt, d.h. auf den individuellen Relativismus bzw. auf den Relativismus des „Einzelnen". Hinzu kommt die nicht zu leugnende Evidenz von Konformität in durchaus zahlenmäßig beeindruckenden Gruppen bei der Orientierung in der Welt, d.h. des *begrenzten* Relativismus der psychologischen Typen, welcher eine bestimmte Anzahl an Perspektiven zulässt, die alle legitim und gleichzeitig relativ sind. Dennoch erweist Jung sich später dieser relativistischen epistemologischen Prämisse gegenüber als untreu, wenn er die Absolutheit einer objektiven Psychologie behauptet, die sich auf immerwährende und dem kollektiven Bewusstsein nicht zu entfremdende Invarianten stützt. Wir haben diese Inkonsequenz von Jung schon kennen gelernt; es lohnt sich hier nicht, noch einmal näher darauf einzugehen.

Eine weitere These Jungs, die wir ausgewählt haben, um das ausschließlich psychotherapeutische Problem der Anwendung von möglichen Modellen einzuführen, betrifft den Begriff des Modells und die Grenzen der menschlichen Erkenntnis, die im Wesentlichen die Schöpferin ebendieser Modelle ist. Es handelt sich um eine These von rigoros epistemologischer Natur und in ihrer Beiläufigkeit ist sie recht gut dazu geeignet, die ganze implizite Epistemologie Jungs in aller Klarheit zusammenzufassen. Lesen wir den Satz also noch einmal und erinnern wir uns daran, dass er aus dem Jahre 1958 stammt und sich in dem letzten bedeutsamen Aufsatz findet, den Jung uns hinterlassen hat: „Menschliche Erkenntnis muss Genüge finden an der Herstellung von Modellen, die der Wahrscheinlichkeit entsprechen. Mehr wäre gedankenlose Vermessenheit."

In diesem Satz scheinen zahlreiche Aspekte einer nicht überraschenden Epistemologie versteckt: Die Bemerkung von der Begrenztheit der Erkenntnis, die Kritik am naiven Realismus, der Konstruktivismus, der Konventionalismus, die Bemerkung über die Anwendung der Wahrscheinlichkeitsannahme in den Wissenschaften und, in gewissem Sinn, einige Aspekte des kritischen Rationalismus, wie Popper ihn formuliert hat – andererseits hat die epistemologische Haltung Jungs vor allem bei Feyerabend, einem Gegner Poppers, Beifall gefunden.[21]

21 Vgl. Feyerabend 1976.

Wenn wir den oben zitierten Satz Jungs ernst nehmen wollen, müssen wir bei der Schaffung von Modellen sowohl die Größe als auch die Begrenztheit der menschlichen Erkenntnis feststellen. Die Modelle, die nach und nach von den verschiedenen Wissenschaften vorgestellt werden, sind weder von ewiger Gültigkeit noch erschöpfen sie die Realität, auf die sie doch angewendet werden wollen bzw. können. Sie sind ganz im Gegenteil von der geschichtlichen Situation bedingt und immer auf ein begrenztes Anwendungsgebiet beschränkt. Die ganze menschliche Erkenntnis äußert sich in Erfindungen (Konstruktion, Kreation) und kontinuierlichem Austausch von Modellen, die die Erfahrungsdaten partiell beleuchten (die so genannte *Realität,* welche sich unserer sensiblen, hier in weitem Sinne gefassten Intuition darbietet). Ihrer Natur nach sind sie empfänglich für Erweiterung, Transformation, Neubewertungen und den Verlust ihrer Anwendbarkeit. Möglicherweise entgeht nicht einmal die Mathematik dieser Bedingung, obwohl sie seit Platon immer wie gleichgültig und außerhalb der Geschichte stehend erschien, als entzöge sie sich der Zufälligkeit, die sich aus der begrenzten Perspektive des Forschers ergibt.

In jedem Fall ist die Psychologie, aufgrund des bekannten Paradoxons, das sie zugleich konstituiert (der Zusammenfall von forschendem Subjekt und zu bestimmendem Objekt) die verwundbarste und am meisten relativistische der Geisteswissenschaften – eine Wissenschaft, die ständig neue Modelle erschafft und austauscht. Hier ist jeder naive Realismus rigoros auszuschalten, wenn ein Minimum an wissenschaftlicher Ernsthaftigkeit erhalten bleiben soll. Die Psychologie beschränkt sich darauf, Modelle auszuarbeiten, die mehr oder weniger aufnahmefähig und mehr oder weniger nützlich sein können. In ihrer Eigenschaft als Modelle interpretieren sie immer partielle Aspekte der ungeheuren Datenmenge, die die Erfahrung bereitstellt und die in unabsehbarer Weise immer größer wird. Was unsere konkrete und sorgfältig überprüfte historische Erfahrung anbelangt, so verfügen wir über keine Universalmodelle. Von Mal zu Mal können wir uns „wirklichkeitsnaher Modelle" bedienen, die wir von Mal zu Mal austauschen können, wenn die von der Erfahrung gelieferten Daten dem bereits angewendeten Modell ganz oder teilweise nicht entsprechen.

(Ab hier wird es sinnvoll, den Ausdruck „wahrscheinliches Modell" zu benutzen – beide Wörter befinden sich im Satz Jungs. Damit verleihen wir dem Adjektiv den semantischen Wert, den die Umgangssprache ihm zuweist, d.h. das, was – mehr oder weniger – mit der Wahrheit übereinzustimmen scheint und daher zumindest eine vorläufige Zustimmung verdient.)

Die Psychologie unserer Zeit hat eine Vielfalt an wahrscheinlichen Modellen ausgearbeitet, die uns helfen können, einige nicht unwichtige Bereiche der empirischen Gegebenheiten zu interpretieren, ohne jemals vorzugeben, diese erschöpfen zu können. Jener Teilbereich der Psychologie, der sich auf den Begriff des Unbewussten beruft – die Tiefenpsychologie, wie Freud sie als erster nannte –

hat eine überaus hohe Anzahl von wahrscheinlichen Modellen entwickelt, die alle, der Forderung Jungs gemäß, wirklichkeitsnah und relativ sind.

Diese Entwicklung, die für den einzelnen Psychologen völlig unkontrollierbar geworden ist, scheint dazu bestimmt, ins Unendliche weiterzugehen und sich damit über jede einsehbare Grenze hinweg auszudehnen. Wir haben die Naivität unserer Hoffnung verloren, jemals eine „Superpsychologie" entwickeln zu können, die alle in der Geschichte bereits entwickelten und alle noch zu entwickelnden und daher nicht vorstellbaren Modelle in sich vereinigt: Das war vielleicht – wie wir gesehen haben – Jungs Hoffnung im Jahre 1913 und findet auch in dem eklektischen Satz von 1929, an den wir hier erinnert haben, seinen Ausdruck. Wir sind eher geneigt, uns an einen gewissen perspektivistischen Relativismus zu halten. Wir sind der Ansicht, dass dem Psychologen theoretisch alle Modelle zur Verfügung stehen, dass er aber in der Praxis nur auf solche Modelle zurückgreifen wird, die *a)* seiner bewussten oder unbewussten perspektivischen Entscheidung und *b)* – wenn wir Jung folgen wollen – seinem psychologischen Typ entsprechen.

In demselben Moment, in dem der Psychologe zum Psychotherapeuten wird, muss er sich mit mindestens drei Grenzen auseinandersetzen: Die eigene Persönlichkeit, die die möglichen Perspektiven konditioniert; die Persönlichkeit des Patienten, der ein Recht auf *seine eigene* Perspektive hat; die Art der psychischen Störung, die der Patient mitbringt, da bestimmte interpretative Modelle hier besser „funktionieren" bzw. besser „funktionieren könnten" als andere. Diese drei Problemkreise reduzieren notwendigerweise die Anzahl der zur Verfügung stehenden Modelle. Dennoch wird immer eine stattliche Anzahl möglicher Modelle übrig bleiben, zwischen denen der Psychotherapeut zu entscheiden gezwungen ist, wobei er einem doppelten Kriterium Rechnung tragen muss: Konsequenz und Angemessenheit.

Tatsächlich müsste er jedes Mal die bereits angewendeten Modelle „beiseite legen" und sich dem psychischen Leiden gegenüber in einen Zustand völliger Offenheit versetzen. Es ist dies der Appell an das sokratische „Wissen, nichts zu wissen", dem Jung sich in seinen besten Zeiten zuwendete, getreu seiner problemorientierten Prämissen. Wenn man genau hinsieht, ist es gerade diese völlige Offenheit, die es ermöglichte, dass so viele verschiedene Modelle entwickelt werden konnten und in der Tiefenpsychologie dieses Jahrhunderts weiter entwickelt werden. Aber auch die Bedingung der Offenheit (und anfänglichen Unwissenheit) hat eine Grenze: Jeder Psychotherapeut muss zugeben, dass er sich auf irgendetwas stützen muss, ein noch so nachgiebiges Interpretationsschema, das die Aufgabe hat, seine Annäherung an den Anderen zu konstituieren. Wir können das Vor-Verständnis oder das Vor-Urteil nicht gänzlich ausschalten, denn auf diese Wörter bezieht sich die Hermeneutik, die Theorie der Interpretation. Was wir jedoch tun können, ist uns von dem Vor-Verständnis und dem Vor-Urteil zu „distanzieren". Das bedeutet, sie einzusetzen und sie gleichzeitig zu relativieren. Die unvermeidliche Zugehörigkeit zu einer bestimmten Perspektive ist an sich schon ein Vor-Urteil. Die praktische Weisheit (die Griechen nannten sie *phronesis*) besteht darin, die Perspektive zu relativieren, d.h. sich ständig bewusst zu machen, dass sich außerhalb dieser einen Perspektive zahllose weitere Perspektiven eröffnen.

Mit diesen Vorsichtsmaßnahmen wird der Therapeut von Modellen Gebrauch machen, die ihm von der oben genannten dreifachen Grenze zugestanden werden. Es wird sich dabei um einen konjekturalen Gebrauch handeln; bescheiden, in Form von Vorschlägen, mit geschickter Vorsicht. Es ist wahrscheinlich, dass der Therapeut darauf achten muss, nicht in Versuchung zu geraten, ein Modell als eine unumstößliche Wahrheit zu präsentieren. Wenn man genau hinsieht, wird diese Versuchung durch den augenscheinlichen Vorteil legitimiert, den ein Patient aus einer starr angewandten, nicht diskutierbaren Interpretation ziehen kann.[22]

In jedem Fall besteht die Grenze des vermuteten Vorteils in der Suggestion: Jedes vorgefasste interpretative Modell, das mit Überzeugung vorgeschlagen wird, ist im Grunde ein Versuch der Suggestion. Für die suggestive Gewalt, die Gebrauch von vorgefassten Modellen macht, hält Jung unmissverständliche Worte bereit.[23] Übrigens ist die Suggestion an sich aus der Psychotherapie vielleicht gar nicht wegzudenken, aber sicher ist, dass der Psychotherapeut verpflichtet ist, gegen sie anzukämpfen, auch wenn er weiß, dass er sie nie ganz wird vermeiden können. Der Therapeut sollte über den Unterschied zwischen Ratschlag und Suggestion nachdenken und sich vielleicht auch der Etymologie des Wortes „suggerieren" bedienen („*sub-gerere*", unter-breiten, daher *anbieten*). Die Suggestion ist ihrerseits direkt proportional zum Dogmatismus und umgekehrt proportional zur Problemorientierung.

[22] Es gibt tatsächlich Patienten, die unumstößlichen Behauptungen den Vorzug geben oder sie zu brauchen scheinen. Man muss sich fragen, ob dieses Bedürfnis nicht zugleich Teil der Pathologie ist, die der Patient der Aufmerksamkeit des Therapeuten unterbreitet, aber dieses Thema würde sicherlich die Seiten eines eigenen Buches füllen. Sicher, wenn die therapeutische Situation so beschaffen ist, dass der Patient dazu ermutigt wird, seine eigenen, unumstößlichen Wahrheiten in den Worten des Therapeuten zu suchen und zu finden – und diese Möglichkeit wird durch die Übertragung an sich noch keinesfalls entkräftet – dann kann die Beziehung leicht zu einer „unendlichen Analyse" degenerieren. Es ist nicht auszuschließen, dass gerade der Wille, ähnlichen Situationen mit den eigenen Patienten keinen Vorschub zu leisten, Jung dazu bewog, metaphysischen Spekulationen oder religiösen Vorstellungen seiner Patienten beizupflichten – allerdings immer mit dem Ziel, sie letztlich dazu zu ermutigen, ihre Wahrheiten woanders zu suchen.

[23] Hierzu vgl. die Schriften im Band 16 von Jungs Werke, insbesondere die Seiten 198, 231 ff., 315, 118-133; 148-171; 156 ff.

Wenn wir die Annahmen Jungs richtig verstehen, dann handelt es sich um einen extrem problemorientierten Ansatz. Er wäre im Sinne einer Vertiefung des Arguments an einen Passus bei Jung zu knüpfen, der jedem ernsthaften Leser höchst bedeutsam erscheinen muss: „Jeder Psychotherapeut hat nicht nur seine Methode: *er selber ist sie*. ‚Ars totum requirit hominem', sagt ein alter Meister. Der grosse Heilfaktor der Psychotherapie ist die Persönlichkeit des Arztes, die nicht a priori gegeben ist, sondern eine Höchstleistung darstellt, aber nicht ein doktrinäres Schema. Theorien sind unvermeidlich, aber bloße Hilfsmittel."[24] Wenn sie zu Dogmen ernannt werden, dann sind sie Zeugnis für die Unterdrückung eines inneren Zweifels. Wir brauchen viele verschiedene theoretische Gesichtspunkte, um eine annähernde Vorstellung von der Vielfältigkeit der Psyche zu gewinnen; daher ist jeder im Irrtum, der es der Psychotherapie vorwirft, dass sie nicht in der Lage sei, ihre eigenen Theorien zu vereinheitlichen. Eine derartige vereinheitlichte Übereinstimmung könnte nur bedeuten, dass eine sterile Einseitigkeit erzwungen wurde. Weder die Psyche noch die Welt können in eine Theorie eingesperrt werden. Theorien sind keine Glaubensartikel, sondern Werkzeuge für Erkenntnis und Therapie – sonst sind sie von keinem Nutzen.

Sicher gelingt es Jung nicht immer, auf der Höhe seiner oben zitierten anspruchsvollen Überzeugung zu bleiben. Am Ende wird auch er eine Theorie entwickeln. Und wir könnten ihr ohne große Aufregung zustimmen, wenn diese Theorie sich nur innerhalb der problemorientierten Grenzen des Begriffs eines wahrscheinlichen Modells bewegte, wie Jung ihn in dem oben zitierten Text darlegt. Vielleicht ist es Ausdruck einer historischen Nemesis – Jung jedenfalls präsentiert seine Theorie in äußerst dogmatischer Weise; er verknüpft sie nämlich mit einer postulierten, unanfechtbaren Evidenz der Erfahrung.

Derselbe Jung, der ein vorsichtiges, relativistisches Problemdenken in die Psychologie eingeführt hatte, wird am Ende eine starre Theorie der menschlichen Psyche entwickeln, die vermutlich aus einer überhistorischen Unbeweglichkeit abgeleitet ist. Dieser Fehler (bzw. dieser Irrtum) scheint sowohl historisch als auch strukturell mit dem Begriff des Unbewussten verbunden und ist daher allen Tiefenpsychologen gemein. Das hindert uns allerdings nicht an der Feststellung, dass dieser Fehler, der vielleicht nur aus einer falschen historischen Perspektive herrührt, bei Jung schwerwiegender erscheint; sei es, weil sich in seinem Fall sein extrem starrer Dogmatismus an ein extrem vorsichtiges und extrem anpassungsfähiges Problemdenken anschließt, welches er damit widerlegt, sei es, weil Jungs objektive Psyche vorgibt, ein Abbild der menschlichen Psyche jenseits jedes gesunden Relativismus und Geschichtsbewusstseins zu sein.

Wenn wir jedoch die Überlegungen Jungs hinsichtlich der „Modelle" in seinem eigenen Sinne konsequent auf ihn selbst anwenden, dann müssen wir seine Theorie der Archetypen in ein einfaches wahrscheinliches Modell zurückführen,

[24] Jung 1971e, 94.

ein provisorisches Konstrukt, das im engen Bereich einer notwendigerweise partiellen Erfahrung und sich immer wieder ändernden Grenzbestimmungen nützlich sein kann.

Hier liegt es uns jedoch am Herzen, alle legitimen Konsequenzen aus der doppelten Position zu ziehen, die der – übrigens sehr lobenswerte – Relativismus von Jung annimmt. Wir haben gesehen, wie Jung, wahrscheinlich ohne sich dessen bewusst zu sein, zwei verschiedene Standpunkte hinsichtlich des psychologischen Pluralismus einnimmt: Erstens einen Standpunkt, den wir, wenn wir noch einmal der Terminologie Reschers folgen wollen, einen „der Wirklichkeit der vielen Gesichter" oder der „polyedrischen Wirklichkeit" nennen können und zweitens einen Standpunkt, den wir, wieder mit Rescher, als „perspektivische Wirklichkeit" bezeichnen wollen.[25] Die beiden Standpunkte überschneiden sich nicht und sind nicht miteinander zu versöhnen. Was die wahrscheinlichen Modelle in der Psychologie anbelangt, so erlaubt der Standpunkt der polyedrischen Wirklichkeit einen wenngleich vorsichtigen und beschränkten Gebrauch jedes vorstellbaren Modells, insoweit seine Anwendung für das nach und nach in Betracht zu ziehende Erfahrungsfeld nützlich erscheint. Es ist nicht nötig, eine Meta-Theorie zu formulieren, die die verschiedenen Modelle vereinheitlicht. Eine derartige Theorie kann ein der Orientierung dienendes Ideal bleiben, das zwar an sich unerreichbar ist, aber dennoch *tendenziell* verschiedene Modelle organisiert und sie in einer Art „Vereinheitlichungsprojekt" zusammen bestehen lässt, sozusagen in Aussicht auf eine Zusammenfassung.

Vom Standpunkt der perspektivischen Wirklichkeit aus gesehen werden die Modelle dagegen je nach der von dem jeweiligen Psychotherapeuten vertretenen Lehre ausgewählt. Solange diese Perspektive aufrechterhalten wird, wird man viele Modelle, die damit unvereinbar sind, ausschließen müssen. Nur der Perspektivwechsel gestattet die Beschäftigung mit Modellen, die vorher ignoriert oder nicht in Gebrauch genommen wurden. Aber ein Perspektivwechsel unterliegt immer den Persönlichkeitsbedingungen des einzelnen Psychotherapeuten und natürlich auch des Patienten. Es stimmt zwar, dass eine Perspektive in dem Moment, in dem sie gewählt wird, gleichzeitig immer eine undefinierte und vielleicht sogar unendliche Anzahl anderer, legitimer Perspektiven als möglich impliziert und sich daher mit dem Akt ihrer Konstitution auch selbst begrenzt; aber, einmal konstituiert, lässt sie nur noch die Modelle zu, die im Einklang mit ihr stehen, dem Prinzip der Konsequenz ihrer eigenen Struktur folgend.

Wie jeder aufmerksame Leser festgestellt haben wird, zeichnet sich bei Jung ein doppelter epistemologischer Widerspruch ab: Erstens der Widerspruch zwischen einem Dogmatismus, der dazu führt, dass die Theorie der Archetypen verabsolutiert wird (die dabei in ambivalenter Weise auf eine Theorie von unklaren, erblichen *Verhaltensweisen* reduziert wird, ähnlich den von der modernen Etho-

[25] Vgl. Rescher 2000.

logie beobachteten), woraus die Konzeption des Begriffs einer „objektiven Psyche" folgt, und einem offenen, nicht konditionierten Problemdenken, das jede Hypothese dadurch relativiert, dass es sie gleichzeitig als wahr und begrenzt erkennt und ihrem Modellcharakter nie mehr als einen wahrscheinlichen und provisorischen Wert einräumt. Zweitens der Widerspruch zwischen dem Standpunkt der polyedrischen Wirklichkeit und dem Standpunkt der perspektivischen Wirklichkeit. Lassen wir den ersten Widerspruch – mit dem wir uns im vorliegenden Band schon ausführlich beschäftigt haben – für den Moment beiseite und fragen wir uns, welche Konsequenzen sich aus dem zweiten, unserer pluralistischen Sensibilität sicherlich näher stehenden Widerspruch für uns ergeben, welcher von einem historischen Gesichtspunkt aus seine Anfänge im Pragmatismus findet und heute in einer diffusen hermeneutischen Haltung weiterlebt.

Während der Widerspruch zwischen dem Standpunkt einer polyedrischen und einer perspektivischen Wirklichkeit von einem streng theoretischen Standpunkt aus durchaus ernsthafte Zweifel erweckt, so ist es dennoch wahrscheinlich, dass er für die konkrete praktische Erfahrung in der Psychotherapie keinen namhaften Schaden anrichtet und sich vielleicht sogar als nützlich und wirksam erweisen könnte. Tatsächlich erlaubt er einerseits eine pluralistische Öffnung hin zu allen möglichen Modellen, sogar solchen, die noch gar nicht erdacht wurden; andererseits verlangt er nach einer ganz besonderen Konsequenz im Inneren jeder angenommenen Perspektive. Man erinnere sich daran, dass jeder Perspektivwechsel (soweit ein solcher konkret überhaupt möglich ist) eine radikale Neuorganisation des Verständnisses und der Interpretation psychischer Daten sowohl von einem physiologischen als auch von einem pathologischen Standpunkt aus beinhaltet. Eine Perspektive schließt jede andere Perspektive aus, indem sie deren Stelle einnimmt. Zur Zeit des frühen Jung, zu Beginn der Zwanziger Jahre des vorigen Jahrhunderts, war jeder, der die Perspektive Freuds annehmen wollte, aus Gründen der Konsequenz dazu gezwungen, die Perspektive Adlers auszuschließen. Umgekehrt galt das Gleiche. Heute gibt es unzählige solcher Perspektiven und die Optionen, die sie rein theoretisch zulassen, sind unvorstellbar vielfältig.

Dennoch verlangt jede Perspektive Konsequenz, um Wirkung entfalten zu können – auch wenn das von uns erarbeitete kritische und relativistische Verständnis ihr das Bewusstsein der eigenen Grenzen vermittelt. Wer auch immer eine Perspektive sich zu Eigen macht und ein kritisches Bewusstsein von deren relativer Natur besitzt, weiß, dass außerhalb der eigenen Perspektive weitere mögliche und konsequente Perspektiven existieren. Jede Perspektive bringt eine unendliche Anzahl interpretativer und operativer Modelle mit sich, die in der gemeinsamen und besonderen Form vereinigt sind, die die Perspektive selbst vorgibt. Der Standpunkt der perspektivischen Wirklichkeit verlangt nach Konsequenz und Loyalität in Bezug auf die getroffene Entscheidung, auch wenn das kritische Bewusstsein diese Entscheidung sofort relativiert.

Der Standpunkt der polyedrischen Wirklichkeit dagegen nimmt jedes mögliche Modell als wahr an, auch wenn es für ihn partiellen und vielleicht sogar provisorischen Charakter hat. Von diesem Standpunkt aus konstituiert sich die so genannte *Wahrheit* unablässig in den immer weiter folgenden Ergänzungen: Die Totalität der Vision der Realität (die Psyche) ist unerreichbar und kann höchstens die ideale Grenze für die Orientierung des Forschers und Praktikers darstellen; eine Art normatives, an sich unerreichbares Ideal, dessen Nutzen vor allem darin besteht, das es sich in kein wahrscheinliches Modell einschließen lässt.

Der Widerspruch zwischen dem Standpunkt einerseits einer polyedrischen und andererseits einer perspektivischen Wirklichkeit, von dem Jung uns – vielleicht unbewusst – kontinuierliche praktische Kunde liefert, kann zwar auf einer streng theoretischen Ebene durchaus dispergierenden Charakter haben, kann jedoch im konkreten Anwendungsbereich einen hohen heuristischen Wert darstellen. Überall dort, wo der Widerspruch heuristischen Charakter annimmt, erlaubt er es, aus der perspektivischen Isolation herauszukommen und eine neue, erweiterte und neues Verständnis ermöglichende Perspektive zu organisieren.

Dieses Spiel des Widerspruchs darf jedoch nicht als unbegrenzt und neutral verstanden werden. Persönliche Faktoren, die genauso unauslöschbar wie kostbar sind, grenzen den Widerspruch und die Entscheidungen für bzw. gegen bestimmte, zur Verfügung stehende Perspektiven ein. Jung zeigt uns nicht nur die typologische Grenze jeder denkbaren Perspektive auf, sondern erinnert auch daran, dass jedes konsequent in einer psychotherapeutischen Praxis integrierte Subjekt über eine in gewisser Weise unüberwindbare *Weltanschauung* verfügt: „Man kann eine Krankheit nicht mit irgend welchen Mitteln behandeln. Für die Psychoneurosen aber gilt nur der Grundsatz, dass ihre Behandlung eine psychische sein müsse. Für diese allerdings gibt es eine Unzahl von Methoden, Regeln, Präskriptionen, Auffassungen und Doktrinen, und das Merkwürdige ist, dass irgendein therapeutisches Verfahren bei irgend welcher Neurose den gewünschten Erfolg haben kann. Die verschiedenen Lehrmeinungen auf dem Gebiete der Psychotherapie, von denen man ein so grosses Aufhebens macht, wollen daher im Grunde genommen gar nicht so viel bedeuten. Jeder Psychotherapeut, wenn er etwas kann, wird bewusst oder unbewusst, Theorie hin oder her, gegebenfalls auch alle jene Register spielen lassen, die in seiner Theorie überhaupt nicht vorkommen. Er wird gelegentlich die Suggestion benützen, gegen die er prinzipiell eingestellt ist. Um Freudsche oder Adlersche oder ich weiss nicht was für Gesichtspunkte wird man überhaupt nicht herumkommen."[26]

Die Lehre von Dilthey – vielleicht auch die Lehre von Jaspers – holen Jung indirekt ein und fügen seiner Psychologie ein Ferment hinzu, dass wir in der Psychologie unserer Zeit nirgendwo sonst finden können.

[26] Jung 1971e, 94.

## *8.4 Der kritische Eklektizismus in der Psychotherapie*

Bei näherer Betrachtung dessen, was wir als den „heuristischen Widerspruch" bezeichnet haben – zwischen dem Standpunkt einer polyedrischen und einer perspektivischen Wirklichkeit – gelingt es uns, einen konsequenten Begriff (oder, wenn wir wollen, eine konsequente Praxis) des Eklektizismus vorzustellen. Davon abgesehen, ist die Praxis der analytischen Psychologie bei objektiver Betrachtung von einer starken eklektischen Tendenz durchzogen.

Wenn man sich die Darstellung interpretativer Hypothesen in Zeitschriften der analytischen Psychologie ansieht oder, und hier wird es deutlicher, die Veröffentlichungen von detaillierten „klinischen Fällen", die man bei diversen Schulen Jungscher Ausprägung einsehen kann, findet man leicht alle möglichen Modelle bzw. Modellfragmente nach Freud, Adler, Klein, oder den Neofreudianern, der Ich-Psychologie und – in der letzten Zeit immer häufiger – der Perspektive der Selbst – Psychologie zugehörig. Abgesehen von diesen dynamischen Modellen findet man auch Fragmente von kognitiven Modellen und eigene Ausdrucksformen der humanistischen Psychologie und der Daseinsanalyse. Ganz zu schweigen von interessanten, aber nicht immer überzeugenden Kreuzungen, z.B. zwischen Gestaltpsychologie und analytischer Psychologie und vielen weiteren, mehr oder weniger attraktiven Mischformen.

Dieser Eklektizismus sollte uns nicht verwundern; er kann auf die eklektische Annahme Jungs zurückgeführt werden, wenn er nach einer Super-Psychologie strebt, der sich jede besondere dynamische Psychologie unterordnen lässt. Doch zumindest auf einer praktischen, oder besser operativen Ebene ist es sinnvoll, zwischen einem synkretistischen und einem kritischen Eklektizismus zu unterscheiden. Der erste beschränkt sich darauf, ein Modell von Mal zu Mal je nach seiner direkten Nützlichkeit in Gebrauch zu nehmen und stammt in den wenigen geglückten Fällen vom Pragmatismus ab (wahrscheinlich war es die Bekanntschaft mit den Schriften James', die es Jung ermöglichte, ein gleichzeitig eklektizistisches und relativistisches Modell zu entwickeln). Der zweite, kritische Eklektizismus unterscheidet sich von dem verbreiteteren synkretistischen durch ein spezifisches Bewusstsein von der perspektivistischen Abweichung, von der jedes Modell unweigerlich betroffen ist.

Es wird so einigermaßen deutlich, wieso der heuristische Widerspruch zwischen dem Standpunkt einer polyedrischen und einer perspektivischen Wirklichkeit es erlaubt, einen gefährlichen und nachlässigen Eklektizismus, der einfach nur verschiedene Ansätze bündelt, in einen kontrollierten kritischen Eklektizismus von einigem Wert zu transformieren. Die Perspektive muss in ihrer ganzen Wirksamkeit beibehalten und gleichzeitig relativiert werden. Wenn ein grober Vergleich erlaubt ist: Die Perspektive ist wie ein durch ein Fernglas verengtes Gesichtsfeld; man sieht zwar die so genannte Realität einerseits besser, andererseits jedoch wird die Sicht gleichzeitig und unweigerlich eingeschränkt. Die Modelle, die von der Perspektive nicht erfasst werden, stellen wichtige Anreize dar, die eigene Entscheidung zu relativieren. Sie können nicht *sic et simpliciter* übernommen werden, denn dann würden sie zu einschränkenden Dogmen und führten in die Ambivalenz eines synkretistischen Eklektizismus. Die Modelle, die von der Perspektive nicht erfasst werden, sollten wie kostbare Gelegenheiten behandelt werden, mit deren Hilfe die eigene Perspektive relativiert und, wenn möglich, erweitert werden kann.

Wir versuchen jetzt, ein Beispiel für das bisher Gesagte vorzustellen. Der Analytiker oder Psychotherapeut Jungscher Ausprägung, soweit er nicht dogmatisch ist, ist an den Gebrauch von drei besonderen Formen des komplexen Einheitsmodells Ich – soziale Umgebung und Ich – Person gewöhnt: 1) die Struktur Person – Ich – Schatten, 2) die Struktur Person – Ich – Anima, 3) die Struktur Person – Ich – Selbst. Es handelt sich um drei wirksame Modelle, die in der Lage sind, ein weites Gebiet psychischer Daten zu beschreiben. Es handelt sich um wahrscheinliche und wirksame Modelle, die Teil der Jungschen Perspektive sind. (Das bedeutet, dass die in ihnen enthaltenen Instanzen „Funktionen" sind und auf keine Weise einem expliziten und kryptischen Ontologisierungsprozess unterworfen werden müssen.) Das Ich, das Organ des Bewusstseins im Allgemeinen, des gesunden Menschenverstandes, der objektiven Erkenntnis, der Prüfung der Realität, der Akzeptanz der dem Menschen eigenen Grenzen und des kritischen Bewusstseins findet seinen Standpunkt immer zwischen seiner sozialen „Rolle" und seinem sozialen Status einerseits, der es dazu ermutigt, nach und nach verschiedene Masken überzuziehen, und andererseits einem unklaren Bewusstsein des unbekannten oder ignorierten Teils seiner Persönlichkeit, der persönlichen ethischen Grenzen, des Unförmigen, Negativen, notwendig verborgen Bleibenden, oder, mit Jung gesprochen, seinem *Schatten.* Gleichzeitig befindet das Ich sich zwischen einem Punkt, der es dazu antreibt, sich einer dem Kollektiv genehmen Form anzupassen und einem Punkt der vollkommen freien, unbeeinflussten inneren Vorstellungen, der kreativen Phantasien, der Hingabe an ein ununterschiedenes vitales Gefühl (das Jung *Anima* nennt und später von Hillman näher erklärt wird). Und weiter: Das Ich befindet sich zwischen der Maske oder, besser, einer Reihe von Masken, die für das soziale Leben unerlässlich sind und der intimen Erfahrung der eigenen Einheit, in Worten nicht auszudrücken, die gleichzeitig das eigene unwiederholbare Schicksal und die absolute Offenheit der unendlichen Möglichkeiten der eigenen Form in der menschlichen Welt einschließt (von Jung *Selbst* genannt, nicht ohne vielfältige Mehrdeutigkeiten und mit historischen Vorläufern sowohl in Orient als auch in Okzident).

Nehmen wir einmal an, der Psychotherapeut Jungscher Ausprägung orientierte sich an Winnicotts Modell des *wahren und falschen Selbst.* Dieses Modell stützt sich vage auf klassische Annahmen Freuds und etwas genauer auf die Objektbeziehungspsychologie. Der jungianische Psychotherapeut hat nun drei Möglichkeiten: *a)* das Modell Winnicotts des *wahren und falschen Selbst* auf das allgemeine jungianische Modell Ich – Person zu reduzieren, und zwar in drei oben angegebenen Formen; *b)* ohne großes Zögern oder kritische Zweifel das Modells Win–nicotts zu übernehmen, weil es einfacher und besser mitteilbar ist, zumindest in einigen therapeutischen Situationen und *c)* die beiden Modelle kritisch zu strukturieren und sich dabei anzustrengen, ihre Gemeinsamkeiten und Unterschiede adäquat zu würdigen – in der Hoffnung, dass beide Modelle sich dann gegenseitig befruchten und dadurch die eigene allgemeine Perspektive zu erwietern.

In diesem Sinn (und nur als partielles Beispiel), wird der jungianische Psychotherapeut über einige grundsätzliche Punkte nachdenken müssen: Das Selbst von Winnicott ist nicht das Selbst Jungs; dem falschen Selbst von Winnicott fehlt die unerlässliche Verteidigungsstruktur der Person Jungs, usw. Auf der anderen Seite erlaubt das Modell Winnicotts, einen genetischen und relationalen Zusammenhang zur strukturellen Verzerrung des falschen Selbst herzustellen, während dem Modell Jungs eine solide genetische und relationale Basis fast völlig fehlt, usw. usw.

# 9. Der Einsatz wirksamer Metaphern in der Psychotherapie

> Münchhausens Posthorn war schöner als die fabriksmäßige Stimmkonserve, der Siebenmeilenstiefel schöner als ein Kraftwagen, Laurins Reichs schöner als ein Eisenbahntunnel, die Zauberwurzel schöner als ein Bildtelegramm, vom Herz seiner Mutter zu essen und die Vögel zu verstehen, schöner als eine tierpsychologische Studie über die Ausdrucksbewegungen der Vogelstimme. Man hat die Wirklichkeit gewonnen und Traum verloren.
>
> R. Musil, *Der Mann ohne Eigenschaften*

## *9.1 Metapher und Psychotherapie*

Eine oft wiederholte Behauptung, aus der vielleicht gut gemeinte Ironie spricht, besagt, dass die Metapher im Grunde eine Lüge sei. In der Metapher wird das klare „das Kind beim rechten Namen nennen" aufgehoben, der Motor jedes wahrhaftigen Gesprächs. Wenn der junge Verliebte seiner Angebeteten nicht ein einfaches „du bist schön, ich mag dich" ins Ohr flüstert, sondern sie, den Spuren Tassos folgend, als sein „Augenlicht" bezeichnet, dann lügt er, objektiv gesehen. Er lügt selbst dann, wenn er fest davon überzeugt ist, ehrlich zu sein. In den jeweils angemessenen Varianten finden wir diese Lüge im Ferrara des 16. Jahrhunderts ebenso wie mitten im Kongo oder im heutigen Berlin wieder. Die Kultur, deren wichtigstes Werkzeug die Sprache ist, erklärt sich für die Varianten stolz verantwortlich. Der junge Verliebte würde im Hinblick auf seine harmlose Lüge weit weniger riskieren, wenn er seiner Angebeteten, zwar viel prosaischer, erklärte: „Deine Schönheit ist für meine Augen wie das Licht" oder „Deine Anmut hat auf mich die Wirkung eines angenehmen Lichts." Der unsterbliche Quintilian, der große Rhetoriker des 1. Jahrhunderts nach Christus, hat uns für immer darauf hingewiesen: Die Metapher ist ein abgekürzter Vergleich (*comparatio brevior*). Sicher, viele seiner Nachfolger haben gegen diese Vereinfachung protestiert: Die Metapher ist weit mehr als ein abgekürzter Vergleich, sie ist der Schlüssel zur Sprache der Poesie und auch ein wichtiges Mittel bei der Evolution der Umgangssprache. Dennoch behält die Weisheit Quintilians ihre Gültigkeit: Die Metapher ist ein Vergleich, dem das Adverb „wie" oder andere ähnliche Partikelwörter abhanden gekommen sind.

In Bezug auf das Thema, das wir hier in Angriff zu nehmen versuchen, ist es für uns vor allem wichtig, diese enge Beziehung zwischen Metapher und Vergleich aufrechtzuerhalten. Vielleicht ist die rhetorische Wirkung der ersten in Bezug auf den zweiten höher. Aber wie könnten wir die Wirkung der unzähligen

Vergleiche vergessen, die wir bei Homer finden? Auf jenen anschaulichen und einprägsamen Vergleichen beruht noch heute, fast drei Jahrtausende später, das Vorstellungsvermögen vieler unserer Zeitgenossen, darunter ganz zweifellos das unserer Dichter. Um es mit lexikalischer Genauigkeit auszudrücken: mit dem Wort „Metapher" meinen wir hier sowohl die ausgesprochene Metapher als auch ihre unausgesprochene Wurzel, den Vergleich, und schließlich auch noch eine rhetorisch weniger bekannte Figur, die Metonymie (die Ursache steht hier an Stelle der Wirkung und umgekehrt, das Symbol an Stelle des Symbolisierten, usw.). Solcherart weit gefasst, bekommt die Metapher im psychotherapeutischen Dialog eine starke, wenn auch nicht genau definierbare Bedeutung.

In diesem Dialog (oder Fließen des *logos* zwischen zwei oder mehreren Teilnehmern) erweisen Metapher und Vergleich sich von extremer Nützlichkeit; auch und vor allem, weil die Begriffe, die die Bezugspunkte definieren müssten, entweder ganz fehlen oder zu vage bzw. zu weit auseinanderklaffend sind. Also lassen sie sich genauso gut durch Bilder ersetzen. Und wenn wir reden, dann handelt es sich bei Bildern im Allgemeinen um rhetorische Figuren. Bevor wir uns nun dem Problem der Wirksamkeit von Metaphern zuwenden, sollten wir noch eine Präzisierung vornehmen. Wenn wir davon ausgehen, dass der Vergleich an der „logischen" Wurzel der Metapher steht, dann können wir zu Recht erwarten, dass in ihr immer zwei Begriffe vorhanden sind, die etwas ungenau mit „metaphorisierend" und „metaphorisiert" bezeichnet werden. Richards hat dafür zwei Begriffe geprägt: „vehicle" (Bildspender) und „tenor" (Bildempfänger).[1] Wenn wir noch einmal unseren jungen Verliebten bemühen wollen, und wir ihn sagen lassen „das Licht deines Blicks" (eine oft gebrauchte und inzwischen obsolet gewordenen Metapher) dann haben wir einen metaphorisierenden (das Licht) und einen metaphorisierten Begriff (der Blick der Geliebten). Allerdings liegen die Sachen weder in der poetischen noch in der alltäglichen Sprache immer so klar. Das letzte Wort in dem berühmtesten Gedicht Leopardis (*L'infinito* – Das Unendliche), das Wort „*Meer*" wird metaphorisierend gebraucht, aber es gibt kein metaphorisiertes Pendant. (In Prosa hätte der Autor schreiben müssen, dass „es mir süß ist, im Meer dieses verzehrenden Gefühls – dieses Gedankens an das Unendliche – unterzugehen."). Normalerweise nennen wir solche Metaphern, denen das Metaphorisierte fehlt, „Metaphern *in absentia*"[2]. Sie kommen sehr viel häufiger vor, als man allgemein annimmt. Wenn wir jemandem mit einem einzigen Wort beleidigen, das so ausdrucksvoll wie verletzend ist, dann handelt es sich um eine „Metapher *in absentia*". Noch häufiger bilden normale Menschen

„Metaphern *in absentia*", indem sie – oft ungewollt ironisch oder sogar sarkastisch – die Bedeutung eines Worts auf ein anderes Wort übertragen (*metaforein*). Damit tragen sie faktisch zu einer ständigen Transformation der Sprache bei,

1 Richards 1936.
2 Siehe Trevi 1986.

dank der unaufhörlichen Osmose zwischen den Wörtern bzw. den Sprechakten (*parole*) (die Sprache, wie sie von den einzelnen Individuen in der alltäglichen Kommunikation benutzt wird) und der Sprache bzw. dem Sprachsystem (*langue*) (der in Wörtern und Grammatik kodifizierten Sprache). Über diese Osmose – schon wieder eine Metapher! – hat Saussure zu Beginn des letzten Jahrhunderts einige ausführliche Bemerkungen abgegeben.[3]

Der solcherart weit gefasste Begriff der Metapher entfaltet zweifellos innerhalb der Rhetorik seine Wirkung. Es ist nicht dasselbe, wenn man einem Freund sagt: „Dein Vater, an dessen gütige Nachsicht ich mich erinnere", oder wenn man ihm sagt „Dein Vater, dieser Engel...". Schwieriger wird es schon, die geheimnisvolle Wirkung der Metapher auf die Psyche zu begreifen. Indem man zwei Begriffe aneinanderrückt, die zwar einiges miteinander gemeinsam haben, von einem semantischen Standpunkt aus betrachtet jedoch weit voneinander entfernt sind, provoziert die Metapher (oder jedenfalls erscheint es uns so) eine psychische Reaktion, die nicht nur auf linguistischem oder intellektuellem Gebiet stattfindet, sondern auch auf einer emotionalen, praktischen Ebene. Es ist, als träten zwei verschiedene Welten miteinander in Kontakt und interagierten miteinander, wobei sie sich – zumindest teilweise – gegenseitig verändern. Diese Begegnung entfaltet eine enorme Kraft auf das auf der bewussten Ebene überraschte Vorstellungsvermögen. Noch stärker ist die Wirkung auf das unbewusste Vorstellungsvermögen, jener grenzenlose Kontinent, von dem wir immer nur bruchstückhafte und unsichere Nachrichten in unseren Träumen erhalten. (Die Interpretationsregel, nach der Träume Metaphern *in absentia*, meistens bildhaft und als Gesamtheit mehr oder weniger metaphorisch strukturiert seien, scheint der Wahrheit recht nahe zu kommen.)[4]

An dieser Stelle ist es für uns sinnvoll, uns intensiv mit der Wirksamkeit des expliziten Vergleichs, der normalen Metapher (also der Metapher, bei der Metaphorisierendes und Metaphorisiertes gleichermaßen ausgedrückt sind) und der Metapher *in absentia* im psychotherapeutischen Dialog zu befassen. Wir greifen oft auf diese rhetorischen Hilfsmittel zurück, ohne uns dessen bewusst zu sein; z.T. einfach deshalb, weil uns genaue Bezugsbegriffe zum „Feld" der Psychotherapie fehlen (in diesem Fall haben wir uns einer Metapher aus dem Bereich der Physik – Elektrostatik und Elektrodynamik – bedient, die inzwischen von der angewandten Psychologie häufig verwendet wird). Es liegt allerdings nicht nur am Begriffsmangel, wenn wir Metaphern häufig in unsere Reden einflechten und immer wieder neue entwickeln, sondern auch an der unbezweifelbaren Wirkung, die deren bildhafter Inhalt hervorruft – indem er sozusagen „vergegenwärtigt" wird. Das Bild ist ein universales Transportmittel in der intersubjektiven Kommunikation. Bevor sie in Begriffen denken, denken sowohl der primitive

3 Vgl. de Saussure 1962.
4 Vgl. Trevi 1989a.

Mensch, wie wir ihn uns vorstellen, als auch das Kind in Bildern. Der große Giovanni Battista Vico – der von den Psychologen viel öfter konsultiert werden sollte, als es heute getan wird – drückte diese Beobachtungen in beachtenswerter Klarheit in einigen noch heute bekannten Kapiteln seiner *Neuen Wissenschaft* aus.

Das Studium der Metapher seitens der Linguisten, der Sprachphilosophen und sogar der Wissenschaftsphilosophen erlebte in den dem Zweiten Weltkrieg vorausgehenden und nachfolgenden Jahrzehnten einen Höhepunkt; das Interesse an ihr ist jedoch alles andere als erloschen. Um die Wirkung der Metapher wenigstens teilweise zu verstehen, wenden wir uns der von Richards entwickelten Theorie der Interaktivität zu[5], die von Black, Mary Hesse und vielen anderen weitergeführt wurde. Zwischen *vehicle* und *tenor* (bzw., wie oben mit geringerer Genauigkeit ausgeführt, zwischen Metaphorisierendem und Metaphorisiertem) besteht nicht nur eine analogische Beziehung oder eine Beziehung, die auf einer Ähnlichkeit beruht, die sich aus der Gegenwart von unvermeidlichen semantischen Elementen, sozusagen „Atomen" (die „Seme" der Sprachwissenschaftler) in beiden ergibt, sondern auch und vor allem eine Beziehung gegenseitiger Handlungen, der so genannten Interaktivität, so dass in unserem Verständnis immer das jeweils eine den semantischen Wert des jeweils anderen potenziert und transformiert, und zwar in unermüdlicher Gegenseitigkeit.

Sicher, viele Metaphern der Alltagssprache können inzwischen als „erloschen" oder „erstorben" bezeichnet werden: Sie sind mit der Zeit derartig obsolet geworden, dass ihnen jede beschwörende Kraft fehlt, und wir benutzen sie, fast ohne uns dessen bewusst zu sein. Meistens sind aus ihnen neue Substantive geworden, die das alte Metaphorisierte ersetzen, wobei sie es langfristig aus den Wörterbüchern verdrängen. Aber der Mensch in seiner Eigenschaft als Tier, das zu seinem Erbe die Sprache zählt, prägt kontinuierlich neue Metaphern, die für lange Zeit ihre eindrucksvolle Wirkung und eine geheime Interaktivität behalten können. Jungs Symbolbegriff[6] paraphrasierend, könnten wir sie als „lebendige" Metaphern bezeichnen.

Die lebendige Metapher ist eine Metapher, die ihre evozierende Kraft, welche vor allem aus der „Bedeutungsverschiebung" von einem Wort zu einem anderen entsteht, beibehält. Diese Verschiebung findet von einem Bedeutungsträger zu einem anderen statt, wobei zwischen den beiden einige gemeinsame und einige ähnliche semantische Inhalte bestehen. Aber die evozierende Kraft der lebendigen Metapher beruht auch auf der Beibehaltung jener Interaktivität zwischen Metaphorisierendem und Metaphorisiertem, über die wir schon gesprochen haben und die, sozusagen, die kontinuierliche Belebung des einen und des anderen nicht nur zulässt, sondern in Gang hält. Das bedeutet eine unerschöpfliche se-

[5] Richards 1936.
[6] Vgl. Jung 1971a, S.515-523.

mantische Produktion, wenn wir mit diesem Wort die beidseitige Fähigkeit bezeichnen wollen, neue Bedeutungen hervorzubringen, wobei gleichzeitig die Prägnanz aller seit dem ersten Auftreten jener ungewöhnlichen und begrifflich irreführenden Zusammenstellung bereits stabil erworbenen Bedeutungen erhalten bleibt – denn hierin besteht das eigentliche Wesen der Metapher. Es ist selbstverständlich, dass die „Wirksamkeit" der Metapher unmittelbar mit ihrer „Lebendigkeit" zusammenhängt.

Dasselbe kann man von jener Metapher sagen, die wir auch als „Gleichnis" bezeichnen. In ihr bewegt die Zusammenstellung des Vergleichs sich innerhalb der Grenzen der gewöhnlichen Rationalität, die mit Sprache umgeht und das Adverb „wie" hat sozusagen die Funktion einer Brücke, über welche die semantischen Elemente (die Seme) in beiden Richtungen von einem Begriff zum anderen wechseln. Versuchen wir einmal, ein Gleichnis aus dem Fünften Gesang des *Inferno* von Dante seiner Zusammenstellung zu berauben. Es geht hier um Tauben, die zu ihrem Nest fliegen, und ehebrecherischen Liebhabern, die dem mitleidigen Ruf eines Pilgers antworten. („Wie Tauben weit und fest die Flügel schlagen..." 5, 82). Wir werden sofort feststellen, dass die gesamte Episode ihre Ausdruckskraft verliert. Alles, was auf diesen Vers folgt, ist von diesem Bild erfüllt, ist von ihm bedingt. Natürlich wird auch für den Leser Dantes das Bild der Tauben für immer mit dieser Stelle verknüpft bleiben, und sei es auch nur an jenem Ort, wo die Bilder ein nonverbales Heim finden und den wir fälschlicherweise als „Vorbewusstsein" oder „Unbewusstes" bezeichnen.

Wenn wir die Metapher so weit fassen, wird sie zu einem starken Reiz für das bewusste und das unbewusste Vorstellungsvermögen des Patienten. Aber es wäre ein großer Fehler anzunehmen, dass die bewusste und unbewusste Vorstellungskraft des Therapeuten ihrerseits dem Reiz der Metapher gegenüber unempfänglich bliebe. Im Gegenteil, die Annahme ist legitim, dass die beiden Vorstellungsapparate – des Patienten und des Therapeuten – gerade mit Hilfe der psychologischen und linguistischen Hilfe der Metapher miteinander kommunizieren. Die Metapher gelangt dorthin, wohin es der rationale Diskurs nicht mehr schafft. Mit ihren Bildern vervollkommnet sie unwirksame oder fehlerhafte Begriffe. Dabei sei festgehalten, dass das Bild keineswegs etwas „Irrationales" ist; es ist nicht „gegen" die rationale Kontinuität gerichtet, auf die der menschliche Diskurs sich jederzeit berufen kann. Es ist einfach „anders" als der Begriff. Niemand kann verbieten, das Bild zu einem späteren Zeitpunkt auf einen Begriff zurückzuführen. In vielen Fällen ist das angebracht oder sogar unausweichlich. Aber die durch ein Bild erzeugte vorsorgliche gegenseitige Ermunterung zwischen zwei Dialogpartnern – zumindest, wenn in der Anfangsphase des Gesprächs ein wichtiges Problem in Angriff genommen werden soll – wird durch nichts ersetzt werden können, und schon gar nicht wird es möglich sein, darauf zu verzichten.

Da die Psychotherapie ein zumindest tendenziell paritätischer und vermutlich auch „restaurativer" Dialog ist (wir sollten uns hier noch einmal an den Ausdruck erinnern: Die Heilung der Psyche mit Hilfe der psychischen Interaktion), ist die Metapher, besser gesagt, die authentisch wirksame Metapher, ein ganz wesentlicher und in bestimmten Grenzen auch unersetzbarer Faktor. Wahrscheinlich könnte man sagen, dass bei jeder Spielart der Psychotherapie, bei der der Dialog einen grundsätzlichen Charakter annimmt (im strengen Sinne des Wortes, dass sich auf „Grund" bezieht, d.h. das, was als Grundlage und Stütze dient), Psychotherapeut und Patient von Mal zu Mal im Inneren einer wirksamen Metapher „leben". Wie in einem spannenden Spiel ordnen sie den Inhalt der aus dem Gedächtnis entstehenden Ideen und Bilder, die durch das Zusammensein im Dialog aktiviert wurden, in ein Bezugssystem von einer oder mehreren Metaphern. Das Zusammensein wird zu einem wechselseitig fruchtbaren Austausch (und führt für mindestens einen von beiden zu einem Heilungsprozess), welcher seinerseits den vielfältigen und unendlichen Wegen der geheimen Interaktivität der Begrifflichkeiten einer oder mehrer Metaphern gleichzeitig folgt – ob diese nun ausdrücklich erwähnt sind oder nicht, manifest gemacht oder (fast) verschwiegen sind, ob sie nun mehr oder weniger einem Gleichnis ähneln (das ohnehin die Voraussetzung der Metapher ist und bleibt) oder jener suggestiven rhetorischen Figur, die wir Metapher *in absentia* genannt haben (wir erinnern uns: das Metaphorisierende ist benannt, das Metaphorisierte bleibt offen).

Im Folgenden erstellen wir eine durchdachte, in zwei Sektoren aufgeteilte Liste von Metaphern, deren Anwendung in der Psychotherapie erfolgreich ist. Wir behandeln hier nicht die klassischen Metaphern der eigentlichen „Analyse" (Ich, Es, Über-Ich, Eros, Thanatos, inneres Objekt, projektierte Identifikation und andere) und auch nicht die Metaphern der Jungschen Analyse, wie Anima, Animus, Schatten, Selbst, Individuation usw., da wir annehmen, dass der Leser von diesen immer wieder nützlichen, wenngleich zum Teil obsoleten rhetorischen Figuren bereits eine ausreichende Kenntnis besitzt. Es scheint überflüssig, hinzuzufügen, dass die folgende Liste keinerlei Anspruch auf Vollständigkeit erhebt und selbstverständlich den subjektiven Blickwinkel ihrer Verfasser widerspiegelt. Die Aufzählung hat nur den Zweck, die Vorstellungskraft des Lesers zu aktivieren.

## *9.2. Metaphern für die psychotherapeutische Arbeit*

### *Das Puzzle*

Vielleicht die älteste und berühmteste Metapher, die in der psychotherapeutischen Arbeit Verwendung findet. Das Puzzle ist ein Spiel, bei dem die Position der einzelnen Teile von vorneherein feststeht. Es spielt im Dialog zwischen Psychotherapeut und Patient eine herausragende Rolle. Seinen Bezug findet es in einer anamnestisch idealen, vollständigen Rekonstruktion aller wichtigen Vorgänge im Leben des Patienten, wobei auch jene erfasst werden, die in allerjüngster Vergangenheit stattgefunden haben bzw. „aktuell" stattfinden; in jedem Fall

all jene „Knoten“, die über den Mechanismus der Verdrängung als verantwortlich für pathogene oder zumindest verzerrende Lücken angesehen werden. Es handelt sich, wie bereits gesagt, um ein ideales, kaum erreichbares Ziel, das aber dennoch durch seine Gestalt eines Leitbildes in der Lage ist, als regulatives Ziel der psychotherapeutischen Arbeit zu dienen, oder doch zumindest als eines Teils von ihr, der in der Gegenwart des aktuellen Ichs und der gesamten Persönlichkeitsgeschichte besteht.

Die Suche nach den Puzzleteilchen wird durch die explizite oder implizite Beziehung zwischen Therapeut und Patient bestimmt, wobei eine vorsichtige Traumarbeit den Bezug erleichtern kann. Aber die Arbeit beschränkt sich nicht auf die Suche nach Puzzleteilchen. Wie jeder weiß, der sich mit diesem Spiel die Zeit vertreibt, liegt die Schwierigkeit darin, jedes Teilchen am richtigen Punkt in das aus den anderen Teilchen bereits zusammengesetzte Bild einzufügen. Vielleicht liegt es an einem „Gestalteffekt“, wenn diese Operation manchmal besonders schwierig erscheint: Das Teilchen muss mehrmals um sich selbst gedreht werden, bis der winzige Bildausschnitt, den es trägt, sich in das Ganze, das selbst noch im Bau begriffen ist, einfügen lässt. Es handelt sich also um eine wirklich bedeutungsvolle Metapher von Aufarbeitung und Integration, die das menschliche Individuum immer näher an sich selbst und immer näher an das Ideal eines Besitzes von sich selbst gelangen lässt, etwas, was nicht nur als Reife bezeichnet werden kann, sondern vor allem als Sinnstiftung für vernachlässigte oder dunkle Teile der Persönlichkeit und für Episoden in der Geschichte des eigenen Lebens, die in negativer Erinnerung sind bzw. so interpretiert werden. Nach Spence[7] wissen wir, dass die Geschichte, in ihrer Eigenschaft als erzählte Geschichte, der angenommenen Realität der Existenz nicht unbedingt entsprechen muss (die „Erzählung“ der Tatsachen muss den Tatsachen selbst nicht unbedingt entsprechen)[8]. Aber das Puzzlespiel behält trotzdem seine Wirksamkeit. Das Unbedeutende oder Negative gewinnt an Bedeutung, sobald es sich ins Ganze einfügt; es findet im Ganzen seine ihm entsprechende Position und gewinnt damit automatisch Sinn und Bedeutung.

In der praktischen psychotherapeutischen Arbeit passiert es uns oft, dass wir Puzzleteilchen zutage fördern, die scheinbar nicht zum Bild gehören oder ganz schwarz sind. Dem Patienten erscheinen solche Teilchen oft als unbedeutende oder unerträgliche Episoden seines Lebens. Vielleicht sind es für ihn „schwarze

7 Vgl. Spence 1982.

8 Es scheint, dass Spence sich nicht darüber im Klaren ist, das schon in der jahrhundertealten Geschichtsforschung, bestärkt von dem methodologischen Historizismus, zwischen den *res gestae* (die meistens nicht rekonstruierbar sind) und den *historia rerum gestarum* unterschieden wird, wobei die letzteren immer ein Werk der Gegenwart sind. Schon Croce hatte nachdrücklich bekräftigt, dass die „Geschichte“ immer die „Geschichte der Gegenwart“ ist.

Flecke“, die die Kraft der Verdrängung zu Recht der vollständigen Vergessenheit hatte anheimstellen wollen. Aber diese so unbedeutenden oder „hässlichen“ Fragmente bekommen, wenn sie sich einmal am richtigen Platz befinden, eine Bedeutung und erscheinen dann nachgerade unentbehrlich zum Verständnis des Ganzen. In der Malerei des siebzehnten Jahrhunderts, insbesondere nach Caravaggio, bemerkt man oft breite schwarze Grundierungen in einem Bild, das ansonsten großen Wert besitzt und eine hohe Faszination ausstrahlt. Wenn wir es in ein Puzzle verwandeln würden, hätte ein solches Bild außergewöhnlich viele Teilchen der Farbe schwarz oder dunkelbraun. Es hätte verheerende Folgen, wollte man sie von der geduldigen Rekonstruktion des Ganzen ausschließen. Natürlich sind sie sehr viel schwieriger zu positionieren, aber am Ende findet jedes seinen Platz und seine Bedeutung im Ganzen, ja, sie steigern seine Bedeutung noch wegen der besonderen Lichteffekte, die jene Malerei hervorzubringen imstande war.

Die Metapher des Puzzles erschöpft die psychotherapeutische Arbeit jedoch keineswegs. Wie bereits gesagt, kann sie eine besondere konstruktive Achse der Arbeit darstellen, aber sie ist keineswegs die einzige. Hier begegnen wir vielleicht der historischen Grenze Freuds: Die Rückkehr des Verdrängten stellt nur in der Psychotherapie einen eigenen Aspekt dar. Die Metaphern der archäologischen „Ausgrabungen“ und der Landgewinnung in der „Zuiderzee“[9] sind zweifellos von großer Bedeutung, aber sie bleiben partiell. Auch wenn sie mit Metaphern der Abreaktion oder der Analyse der Übertragung integriert werden, stellen sie doch immer nur den kleinen Teil einer sehr viel komplexeren metaphorischen Struktur dar. Und jede Sache bzw. jedes Ereignis von authentischer Komplexität ist – seiner Definition nach – unerschöpflich. Nur das „Komplizierte“ bleibt der radikalen Analyse unterworfen, nicht das „Komplexe“.

Die Metapher des Puzzles (stärker noch, wie wir sehen werden, des „unmöglichen Puzzles“) eignet sich äußerst gut zur Überwindung des sowohl von Freud als auch von Jung produzierten Vorurteils, dass eine Persönlichkeit (oder, wenn wir so wollen, ein Schicksal) seine Erfüllung mittels einer in ihm bereits angelegten inhärenten, sehr gut strukturierten Kraft findet. Es gibt zwar einen Austausch mit der soziokulturellen Umgebung, aber er ist von geringer Bedeutung – ausgeschlossen hiervon sind Elternfiguren in der kindlichen bzw. frühkindlichen Phase. Diese innere „Kraft“ ist ausschlaggebend und repräsentiert, wenn wir so wollen, die „vertikale Achse“ bei der Herausbildung der Persönlichkeit. Aber es würde keinen Sinn machen, wenn man die „horizontale Achse“ vernachlässigte, die durch die unzähligen Interaktionen mit der Umgebung geprägt ist, die sich nach und nach an und für sich verwandelt und gleichzeitig nach und nach von dem in Entwicklung befindlichen Subjekt anders wahrgenommen wird.[10] Das

9 Freud 1969, 86.
10 Trevi 1989b, 49 ff.

Puzzlespiel dient auch dazu, zahllose „Puzzleteilchen" einzusammeln, die aus den kontinuierlichen und immer komplexeren Interaktionen zwischen dem Individuum und seiner Umgebung, dem Individuum und den Anderen, entstanden.

Davon abgesehen, besitzt die Puzzlemetapher einen großen Vorteil für den Konsens in der psychotherapeutischen Arbeit, sowohl von Seiten des Patienten als auch von Seiten des Therapeuten: Den Vorteil, dass ein psychologisches Bild vom Übergang von der Unordnung zur Ordnung produziert wird, von der Zerstreuung zu einer möglichen Einheit und schließlich auch von Bedeutungslosigkeit zur Möglichkeit einer Sinngebung. Diese Operation steht im Gegensatz zum Grundprinzip der Entropie, das im Allgemeinen die Naturphänomene steuert. Aber das Leben selbst, in allen seinen Formen, ist die Manifestation einer vorläufigen Widersprüchlichkeit zum Prinzip der Entropie; wie viel mehr das menschliche Leben mit seiner ungewöhnlichen Belastung durch das Gewissen! Die einzige Anstrengung, die von uns gefordert wird, ist, uns nicht hinsichtlich des außerzeitlichen Charakters dieser Gegen-Entropie zu täuschen; mit anderen Worten, uns nicht einreden zu wollen, ein- für alle Mal die Ordnung der Dinge und der Ereignisse umgestoßen zu haben.

Wenn das Puzzlespiel beendet ist und alle Teilchen an ihrem Platz liegen, dann können wir natürlich versuchen, diese Ordnung aufrechtzuerhalten, aber wir müssen es auch lernen zu akzeptieren, dass es am Ende wieder in seine Einzelteilchen zerlegt werden wird, sie werden wieder durcheinander gebracht und ihre Schachtel zurückgelegt werden, aus der wir sie entnommen hatten. Vielleicht wird ein anderes Kind auf den Spuren Heraklits die Teilchen wieder herausnehmen und geduldig versuchen, damit ein anderes Bild zusammenzusetzen.

### *Das unmögliche Puzzle*

Wir alle kennen die so genannten „unmöglichen Figuren". Es handelt sich um meist geometrische Darstellungen[11], die sich zwar bildlich darstellen lassen, jedoch nicht lesbar sind. Wir können sie auf den Umschlagbildern von Büchern finden, die damit einen tiefgründigen bzw. mysteriösen Inhalt zu suggerieren versuchen. Eine geometrische Figur zu lesen bedeutet immer, sie in einem dreidimensionalen Raum mit all seinen konkreten, sozusagen berührbaren Aspekten neu zu denken. Für solche Figuren ist unsere Operation unmöglich.

Die Metapher, die wir hier zu erhellen versuchen, ist genau so ein „unmögliches Puzzle", d.h., sie ist nie ganz und gar lesbar. Es handelt sich vor allem um ein dreidimensionales Puzzle (man könnte, wenn man wollte, auch eine höhere Anzahl von Dimensionen berücksichtigen, aber das würde die Sache weiter verkomplizieren). Bei einem solchen Puzzle ist natürlich jedes Einzelteilchen seinerseits dreidimensional, und die Einfügung wird dementsprechend komplizier-

[11] Escher hat sie gekonnt in seinen „dynamischen" Zeichnungen untergebracht.

ter als bei einem herkömmlichen zweidimensionalen Puzzle. Eigentlich scheint es sich auf den ersten Blick sogar um eine unmögliche Operation zu handeln, weil man niemals eine vollständige Sicht des Ganzen gewinnt und bei der Komplettierung notwendigerweise vom Zentrum zum Äußeren hin fortschreiten muss. Darüber hinaus befindet unser Puzzle sich nicht nur im Raum, sondern auch in der Zeit, d.h. in einer immer „offenen“ Zeit lässt es sich jederzeit in unverdächtiger Art ergänzen und ist daher unvorhersehbaren Veränderungen unterworfen. Das diesem Puzzle zugrundeliegende Spiel hat kein eigentliches Ende, da es in sich unbestimmt ist (ohne genaue „Bestimmungen“). Die Teilchen sind virtuell und unendlich und können einem Behälter von unendlichen Dimensionen entnommen werden. Aber auch die Anzahl der Teilchen, die von Mal zu Mal eingefügt werden sollen, ist absolut unbestimmt. Es gibt überhaupt keine genaue Form, die zu erreichen ist. Jede Aggregation ineinandergefügter Teilchen hat eine eigene provisorische Gestalt, die auf ihre Art Sinn macht oder, anders gesagt, in der Lage ist, einen Sinn zu reflektieren.

Diese Metapher hat den Vorteil, dass sie auf die mangelnde Folgerichtigkeit des menschlichen Lebens, seinen offenen Charakter, anspielt; darauf, dass neue Beziehungen jederzeit möglich und unvorhersehbar sind, darauf, dass es kein vorgezeichnetes und vorgesehenes Bild gibt, dem zu entsprechen wäre. Sie hat außerdem den Vorteil, die Unendlichkeit der Austauschmöglichkeiten und persönlichen Bereicherungen durch Intersubjektivität wiederzugeben, also den Vorteil, die Unerschöpflichkeit der Existenz zu beinhalten. Darüber hinaus spiegelt sie die Notwendigkeit der Sinngebung für jede neue erreichte Gestalt wider, wobei es keine Rolle spielt, ob der „Sinnstifter“ im konventionellen Sinne das *Ich* oder das *Selbst* ist oder die *intersubjektive Beziehung* oder das *ideale Ich* oder wer auch immer, in Abhängigkeit von dem allgemeinen Modell (oder den gleichzeitig vertretenen Modellen), das in der psychotherapeutischen Arbeit angewendet wird. Die wirkliche Schwierigkeit besteht darin, zu verstehen, dass der „Sinnstifter“ seinerseits ein Teilchen in einem Puzzle ist und gleichzeitig auch das Bild einer möglichen Totalität darstellt. Nur die Vorstellungskraft des Patienten hat das Recht, über den Gebrauch dieser Metapher zu entscheiden. Sie wird immer wieder auf die Probe gestellt und von Mal zu Mal neu überprüft und immer bis ins Letzte respektiert werden müssen. Es bleibt allerdings die Frage offen, ob die Metapher nicht letztlich dem Therapeuten nützlicher ist als dem Patienten?

Es versteht sich von selbst, dass auch diese Metapher den enantiotropischen Übergang von der Unordnung zur Ordnung heraufbeschwört, aber im vorliegenden Fall ist die Ordnung nicht ein für allemal gegeben, sondern, im Gegenteil, sie ist ständig zu suchen bzw. zu erkennen.

### *Permanenz und neue Kombinationen*

Auf den ersten Blick scheinen diese Begriffe eher in ein philosophisches Feld, vielleicht in den Bereich der Erkenntnistheorie, zu gehören. Hier schlagen wir dennoch einen rigoros metaphorischen Gebrauch vor. Es ist bekannt, dass der Patient manchmal befürchtet, dass die psychotherapeutische Interaktion – oder die „Analyse“ – zu einer Verzerrung (zu einer Veränderung der ursprünglichen Natur) seiner Persönlichkeit führen kann. Dieses Risiko besteht hauptsächlich bei Psychotherapien, die mit einem gewichtigen theoretischen Apparat daherkommen und die daher, wie Jung[12] bereits intuitiv vorwegnahm, zu gefährlicher und oft gewaltsamer Suggestion greifen. Es ist daher angebracht, den Patienten mit Hilfe der richtigen Metaphern davon zu überzeugen und ihn zu beruhigen, dass er keine Veränderung seiner ursprünglichen Natur riskiert, sondern dass dieselbe vielmehr auf das Sorgfältigste bewahrt werden soll. Dennoch ist es möglich, dass die Psychotherapie, die psychotherapeutische Interaktion, eine notwendige Neukombination der ursprünglich aggregierten Elemente mit sich bringt. Eine derartige Neukombination, die experimentell und immer in der Zusammenarbeit zu erarbeiten ist, kann ein besseres Funktionieren der Einzelelemente bewirken, indem diese, frei von falschen Bindungen und unangemessenen Unterwürfigkeiten (denken wir nur, dem hier allgemein angewendeten Modell Freuds folgend, an die Gewalt, die das Über-Ich über Triebe und Instinkte auszuüben imstande ist) sich in der richtigen Weise zum Ganzen „zusammenfügen“ und dabei eine optimale Funktionalität entwickeln. In der Logik des Freudschen Modells können wir uns weder vom Ideal des Ich[13] noch vom Über-Ich befreien, aber wir können ihre Einflusssphären verschieben und Tyrannen in weise Lehrer verwandeln.

### *Das Labyrinth*

Als einfache, vielleicht veraltete Metapher für jede Suche, für jede Anstrengung, eine irgendwie geartete Sinneinheit zu finden, kann das Labyrinth, immer in enger Anlehnung an die dialogische „Angemessenheit“, sich als ein wirksames Bild erweisen, das oft eine leitende Funktion besitzt und fast immer erfolgreich ist, wenn es um eine erste intuitive Orientierung geht. Das Bild des Labyrinths erinnert an eine relative anfängliche Blindheit und an die Notwendigkeit, nach dem Modell des *trial and error* vorzugehen, wobei allerdings jede vorläufig gewonnene Erkenntnis in Hinblick auf die am Ende zu gewinnende Freiheit eingesetzt wird. Das Labyrinth wurde nicht von uns selbst erbaut; in dieser Hinsicht steht es gleichzeitig auch für die natürlichen, kulturellen und sozialen Bedingungen, un-

12 Vgl. Jung 1971d.

13 In der Freud-Forschung kommt das Ideal – Ich noch vor dem Über-Ich. Vgl. Chasseguet-Smirgel 1991.

ter die wir uns gezwungen fühlen, und zwar nicht nur im Augenblick unserer Geburt, sondern auch mit jeder neuen Phase unserer Existenz. Das Labyrinth ist daher auch eine wirksame Metapher der Theologen und Philosophen für unsere „Geworfenheit“[14], welche ihrerseits eine nützliche Metapher ist für die menschliche Lage, wenn sie auf einen einzigen Aspekt reduziert wird: Ihre Passivität vor allen Situationen, die ihr von der Existenz auferlegt werden.

Normalerweise ist ein Labyrinth mit einem Ariadnefaden ausgestattet, welcher seinerseits wirksame Metapher ist für das Gefühl (oder das innere Erlebnis) des Sinns der Suche; für „Sinn“ ließe sich auch „Richtung“ einsetzen oder, in zweiter Linie, „Ziel, Zweck oder Ankunft“.

Das Labyrinth erlaubt die unvermeidliche Ambivalenz von Liebe und Hass: Genauso, wie es möglich ist, das Labyrinth wie ein Gefängnis oder eine Begrenzung zu hassen, genauso kann man es lieben, weil es „authentisch uns gehört“, insofern es eine Bedingung darstellt, die allein uns etwas angeht – in unverwechselbarem Gegensatz zu dem, was uns alle „im Allgemeinen“ angeht.

### *Die sich gegenseitig verwandelnden Spiegel*

Eine Metapher für den wesentlichen Aspekt der „Widerspiegelung“ der Psychotherapie. Die einander verwandelnden Spiegel erinnern auch an die enge Beziehung zwischen Erkennen – Wiedererkennen und Verwandlung – progressive Integration. Die letztere wird hier verstanden als ein Sich – Selbst-Werden (das „Werde, der du bist“ von Pindar und Nietzsche), welches seinerseits Metapher für einen radikalen, aber fruchtbaren Widerspruch im Begreifen der von der Psychotherapie angestrebten Transformationsprozesse ist.[15] Die Metapher bietet auch den Vorteil, die Gegenseitigkeit der Beziehung zu betonen, die beidseitige Einbeziehung, die tendenzielle Parität zwischen Therapeut und Patient, von der wir schon gesprochen haben; außerdem schließt sie die Bedeutung der Persönlichkeit (oder der Pathologie) des Patienten für die eventuelle Evolution (die nie als abgeschlossen angesehen werden darf) der Persönlichkeit des Therapeuten in sich ein und, umgekehrt, die Bedeutung der Persönlichkeit des letzteren für die Entwicklung des ersteren.

[14] Im Allgemeinen geht man davon aus, dass Martin Heidegger in seinem Werk „Sein und Zeit“ die Metapher des Menschen als in die Welt „geworfen“ eingeführt hat. Daher dann der entsprechende, ebenfalls metaphorische Begriff der „Geworfenheit“. Es scheint übrigens, dass der Begriff der Geworfenheit – der in der Philosophie vor Heidegger schon bei Rousseau zu finden ist – sich auf eine theologische Tradition zurückführen lässt, die von den Gnostikern bis Luther reicht, der Christus als „ins Fleisch geworfen“ definiert (vgl. Doku 1974).

[15] Vgl. Trevi 1993b.

Beginnend mit der Sichtbarmachung der gegenseitigen Statik, verdeutlichen die einander verwandelnden Spiegel (als einfache Widerspiegelung) das Einsetzen einer intersubjektiven Dynamik im psychotherapeutischen Dialog, unabhängig von dem ausgewählten *Setting*.

*Die Maske und die Masken. Das authentische Ich und die Person. Das Zusammenhalten*

Die Maske (auf Lateinisch *la persona*) ist eine typisch Jungsche Metapher und betont die unausweichliche Dichotomie des Seins für sich selbst und des Seins für den Anderen und, ganz im Allgemeinen, des „Sein und Scheinen". Unabhängig von jeder Intention zu Authentizität in der Beziehung mit dem Anderen bleibt der „innere" Bereich einer Persönlichkeit immer unterschieden von dem „äußeren". Wir werden immer eine Maske tragen. Das geschieht nicht unbedingt immer zu dem Zweck, etwas zu verbergen, sondern auch, weil wir innerhalb der Regeln kommunizieren, die die Kultur, die Gesellschaft und schließlich auch das nicht zu täuschende „Kollektiv" uns auferlegen. Das Ideal der absoluten Spontaneität (das Gleichsein im Innern wie im Äußern, die Identität der beiden Bereiche) ist wahrscheinlich ein an kindliche Allmachtsgefühle gebundenes Ideal; vielleicht beruht es auch auf einem unreifen Narzissmus oder, um mit Jung zu sprechen, auf einer hartnäckigen Tyrannei der Funktion des „puer". Das bedeutet nicht, vorsätzlich „falsch" zu sein, sondern einfach nur, in der Beziehung mit dem Anderen den größtmöglichen Respekt und Takt zu wahren. Die scheinbar vorurteilslose Ehrlichkeit des „puer" in uns ist etwas von der „Wahrheit" grundsätzlich zu Unterscheidendes, welche den Anderen geduldig prüft, um die angemessenste Art der Kommunikation herauszufinden. Kommunikation ist immer gleichzeitig ein *opus naturale* und ein *opus contra naturam*. Wir können z.B. einen starken Widerwillen gegenüber einem wirklich unsympathischen und abstoßenden Individuum empfinden, aber wir dürfen auf keinen Fall der scheinbaren Spontaneität des „puer" in uns folgen, der uns dazu verleiten möchte, unsere Aversion und unsere Ablehnung laut zu äußern. Es würde niemandem nützen und wäre für alle Seiten destruktiv. Wir sollten daher die *Person* willkommen heißen und, wo wir einmal dabei sind, auch die kollektiven Regeln für gegenseitigen Respekt. Für Jung ist die Person immer ein „Ausschnitt" aus dem Gesamtmaterial des Kollektivs in uns. [16]

In Wirklichkeit impliziert die Metapher der *Person* am Ende notwendigerweise eine Vielzahl von *Personen*, abhängig von den Umständen und den Veränderlichkeiten der uns von der Kultur und der Gesellschaft auferlegten Rollen, in denen wir uns wiederfinden und mit denen wir bewusst oder unbewusst ständig interagieren. Diese Vielzahl von *Personen*, die jedes Individuum annehmen kann

[16] Vgl. Jung 1971f, 216 ff.

und muss, stellt für den Narzissmus unseres „puer", für unsere ganz und gar infantile Seite, eine Verletzung dar. In einem solchen Fall wird die Verletzung akzeptiert und ertragen. Aber das Problem liegt nicht hier, sondern in unserer Fähigkeit, die Authentizität des Ichs der *Person* bzw. der *Personen* aufrechtzuerhalten. Wie in vielen anderen psychologischen Problembereichen müssen wir zunächst unterscheiden, um dann wieder zusammenfügen zu können. Wenn wir die Unvermeidlichkeit der *Person* erst einmal akzeptiert haben, müssen wir die Kunst des „Zusammenhaltens" erlernen. Auch dieses letzte Wort ist eine Metapher. Sie betont die Schwierigkeiten bei der Anerkennung der Unterschiede und schließt dabei das Gefühl der Authentizität und die angstlose Anstrengung des Wieder-Zusammenführens von Ich und äußerer Fassade mit ein.

### *Das Fadenspiel*

Eine unvermeidliche Aktivität der Psychotherapie – die Interpretation, mehr oder weniger erfolgreich unterstützt von den entsprechenden theoretischen Überlegungen – kann, wie wir wissen[17], zu einem der mächtigsten Suggestionsmittel überhaupt werden, wenn sie Erklärungen liefert für die Ursachen des Fühlens, Denkens, Vorstellens und Handelns des Patienten. Die angelegentliche Zurückweisung dieser Suggestion wird meistens als „Widerstand" bezeichnet, d.h. sie wird einer subtilen Verteidigungshaltung zugeschrieben, die mehr oder weniger unbewusste Ebenen der Persönlichkeit der Interpretation entgegenstellen können.

Gegen einen allzu einfachen Gebrauch des Begriffs des „Widerstandes" (die uns zu einer Situation bringt, die Freud folgendermaßen beschrieb: „Kopf, ich gewinne; Zahl, du verlierst", d.h. zu einer systematischen Schuldzuweisung an den Patienten) gibt es kein besseres Mittel als den authentisch dialogischen Aspekt der Psychotherapie. Im authentischen Dialog ist jede Überzeugung immer auch gleichzeitig Vorschlag und in der Schwebe, sie wird aufgestellt, damit aber auch gleichzeitig ihrer möglichen Negation ausgesetzt, um Platz zu machen für die Überzeugung des Anderen. Im Dialog ist kein Platz für Überzeugungen, die sich nicht der Überzeugung des Anderen stellen. Es gibt, anders gesagt, keinen *logos*, keinen Gedanken, der sich selbst behauptet, sondern einen *dia-logos*, einen Gedanken, der „dazwischen" steht, also einen Gedanken der, um existieren zu können, sich mit dem Gedanken des Anderen auseinandersetzen und sich eventuell um diesen (den anderen Gedanken – den Gedanken des Anderen) bereichert.

Die beste Metapher für diese Situation des Dialogs ist das Fadenspiel. In unserer Kultur wird dieses ruhige und geniale Spiel (es lässt sich nur zu zweit spielen) auch ohne „initiatorische" Intervention der Erwachsenen in einem Prozess spontaner Einführung in die Kultur von Kind zu Kind weitergegeben. Die Hände

17 Vgl. Jung 1971d.

des ersten Spielers beginnen damit, einen Faden, der an seinen Enden zusammengebunden und lang genug ist, um verschiedene Gebilde entstehen zu lassen, in sich zu verschlingen. Das erinnert ein wenig an die Vorbereitung des Spielfelds, wenn man z.B. „Dame" spielen möchte. Der andere Spieler nimmt den Faden nach vorgeschriebenen Regeln oder in neuen Abwandlungen ab und formt dabei zwischen seinen Händen neue Strukturen. Nun bildet der erste Spieler, indem er den Faden vom zweiten übernimmt, wieder eine neue Konfiguration, und so geht es immer weiter. Die metaphorische Bedeutung des Fadenspiels (dessen Bezugspunkt ganz offensichtlich der gegenseitig interaktive Dialog ist) wäre noch intensiver, wenn das Spiel vollkommen neue Lösungen zulassen würde, aber jedes „duale" Spiel, sogar das Schachspiel, das eine unvorstellbare Anzahl verschiedener Konstellationen, die scheinbar unvorsehbar sind, erlaubt, verfügt am Ende nur über eine begrenzte Anzahl von „Figuren", da eine begrenzte Anzahl von Elementen auch immer nur eine begrenzte Anzahl von Kombinationen hervorbringen kann. Auf der anderen Seite ist auch die Anzahl der Konfigurationen des Metaphorisierten – der Austausch von gegenseitigen Interpretationen – begrenzt, zumindest im historischen Bereich des Vorrangs einzelner Paradigmen. Was an dieser Metapher zählt, ist, dass jede neue erreichte Konfiguration die vorherige sozusagen ausnutzt und gleichzeitig dabei über sie hinausgeht; sie transformiert das gegebene „Material".

Die Metapher des Fadenspiels passt zu der unerschöpflichen Vielfalt der Erfindungen und Entdeckungen von Interpretationen im Bereich der Psychologie. Wenn wir heute, nach einem Jahrhundert, gegen jede Voraussage des Begründers der Psychoanalyse nicht nur über eine recht hohe Anzahl verschiedener Psychotherapien verfügen, sondern auch über eine stattliche Anzahl verschiedener psychoanalytischer Schulen, dann lässt sich diese Situation damit erklären, dass jede Interpretation, die sich selbst für erschöpfend hält, unwissentlich den Stoff für eine neue Interpretation liefert. Wir können dabei nicht entscheiden, ob sie auch „besser" ist, aber auf jeden Fall können wir feststellen, dass sie „anders" ist.

### *Kreisförmigkeit (des Erkennens und Werdens)*

Der Kreis bzw. die Kreisförmigkeit, gefolgt von zwei Genitiven, konstituiert sich in der psychotherapeutischen Beziehung häufig als wirksame Metapher in Bezug auf den bzw. die psychischen Prozesse, die bereits aktiviert sind oder die man zu aktivieren hofft. Ein Patient mit einer mentalen Organisation vorwiegend rationaler Ausprägung vom induktiv-deduktiven Typ[18] neigt dazu, vorauszusetzen (oder zu glauben), dass die so genannte Heilung oder Besserung ausschließlich durch einen kognitiven Prozess hervorgerufen wird, wenn auch vielleicht nur durch bescheidene „Bewusstwerdungen" (Einsichten – *insights*), die voneinander ge-

[18] Vgl. Jung 1971a, 375 ff. und 417 ff.

trennt stattfinden. Natürlich ist das Bewusstmachen, bei dessen Konstitution der rein interpretative Aspekt der Psychotherapie große Bedeutung erlangt, unumgänglich. Hier spielt nicht nur die rationale Intuition des Therapeuten eine Rolle, der in der Lage ist, seine empirischen Beobachtungen auf ein theoretisches Modell zu beziehen (*condito* oder *condendo*), sondern auch die Fähigkeit, diesen Bezug in großer Klarheit mitzuteilen. Allerdings lässt sich nicht alles im transformativen Prozess des Patienten auf eine Reihe erfolgreicher und aktivierender *insights* zurückführen.

Die nicht-interpretativen Elemente in der Psychotherapie sind zahlreich und nicht immer bis ins Letzte auszumachen. Daher ist die Metapher der Kreisförmigkeit des Erkennens und Werdens so wirksam, da die beiden Begriffe (wenn wir so wollen, die beiden Gegensätze) zum Teil interdependent und zum Teil autonom sind. Sicherlich „wird man", weil man sich kennen gelernt hat und „man kennt sich" in Hinsicht auf das, was man geworden ist. Dennoch ist das Werden teilweise unabhängig vom Erkennen, denn es bedient sich auch anderer, nicht-interpretativer Quellen, die sich aus der Beziehung ergeben.[19] Andererseits besitzt auch das Erkennen gegenüber dem Werden eine eigene Autonomie, denn es ist nur zum Teil dessen Voraussetzung und nur zum Teil setzt es das Werden voraus. Wir kennen den Patienten, der „alles" über sich weiß oder vielmehr „alles über sich wusste", bevor er zum Therapeuten kam. Wenn man seine Aufmerksamkeit auf das „Werden" lenkt, das nicht unmittelbar auf das „Kennen" zurückzuführen ist, kann das nicht nur in diesem Fall eine Befreiung des Patienten von der Tyrannei einer Vernunft bedeuten, die ihrerseits auf eine Abwehrhaltung oder auf Widerstand zurückgeführt werden kann (was nicht immer zwingend der Fall ist).

Die Kreisförmigkeit des Erkennens und Werdens verbindet zwei Begriffe einer ansonsten lähmenden Gegenüberstellung, sie verdeutlicht die Komplementarität der beiden Begriffe, ihre partielle wechselseitige Kausalität und sogar ihr mysteriöses (und nicht darstellbares) gegenseitiges Eingeschlossensein.[20] Der Kreis hat seine eigene, antike Metaphorik, die sich längst offenbart hat und die sich uns heute noch stückweise enthüllt in den Mythen, den ersten Erziehern des Menschengeschlechts; besonders dann, wenn wir sie für die Erkenntnis jenes speziellen Gebiets der Natur heranziehen, das durch den Menschen repräsentiert wird.[21] Die Psychotherapie braucht die Mythen nicht, ihre Aufgabe ist es im Gegenteil, die verschleierte Mythologie in den Theorien zu bekämpfen,[22] aber die Sprache, auf die die Psychotherapie sich zum größten Teil begründet, braucht Metaphern und die subtilen mentalen Prozesse, die von ihnen angeregt werden.

19 Stern et alii 1998, 903.
20 Trevi 1989b, 18 ff.
21 Vgl. Vico 1963.
22 Vgl. Jung 1971d.

Dass diese Prozesse teilweise nicht verbalisierbar sind, schadet nichts. Erinnern wir uns daran, dass jede Metapher sich auf einen unschuldigen, rationalen Vergleich zurückführen lässt.

*Kreisförmigkeit (von Sinn und Sinnlosigkeit)*

Abgesehen von den vielfältigen und vielleicht unendlichen Kombinationsmöglichkeiten der Symptome klagt auch der nicht-depressive Patient oft über ein unklares Gefühl von der Sinnlosigkeit seines Lebens, eine Art Verlust der Ansicht, dem Alltag anzugehören, also das, was wir im Allgemeinen als „Nicht – Sinn" bezeichnen würden. Das Wort „Sinn" ist fast so reich an Bedeutungen wie das Wort „Symbol", welches in gewisser Hinsicht ein Synonym ist, denn etwas, das keinen Symbolwert besitzt, hat auch keinen Sinn (*habentibus symbolum facile transitum*). Insofern wir hier „Sinn" und „Nicht-Sinn" einander gegenüberstellen, bedeutet das erste Wort sowohl „Bedeutung" als auch „Richtung". Man kann die mangelnde Bedeutsamkeit der Existenz erleben, aber auch einen Verlust der Richtung, des Standorts oder der Regeln für das weitere Vorgehen. Diese Situation ist besonders bedeutsam für einen Patienten, der sich auf einen Glauben stützt, ganz gleich welchen Ursprungs (ob es sich um eine historisch positiv definierbare Religion handelt oder, wie es heute oft vorkommt, um eine Religion mit historisch verifizierbaren Elementen, jedoch in mehr oder weniger origineller Weise an die eigenen Bedürfnisse angepasst und oft ohne jeden mystischen Bezug, sozusagen eine „persönliche" Religion, oder um einen neutralen Deismus). Im psychischen Bereich des Glaubens kann ein Verlust desselben stattfinden, ein Nicht – Glaube (*apistìa*), der auch Sinnverlust ist, die Machtübernahme im Inneren durch den Nicht – Glauben, der Verlust der Richtung, das Vergessen der Bedeutung, durch die die Vielfalt strukturierbar wird, der Eintritt der Unordnung in die Alltagserfahrung. Schließlich dürfen wir nicht vergessen, dass der Glaubensinhalt nicht nur theologische Intuition ist, sondern auch eine Ideologie sein kann oder eine Weltanschauung.

Die menschliche Lage impliziert den ständigen Übergang von einem Gefühl für eine Richtung und eine Bedeutung zum gegenteiligen Gefühl, vom Sinn zum Nicht-Sinn. Jede streng immanente Philosophie, von Epikur bis zu den Positivisten, von den antiken Skeptikern bis zu Montaigne, von Nietzsche bis zum strengsten Historizismus muss sich messen lassen am Problem des Sinns und Nicht-Sinns. Unsere Zeit kennt das Aufkommen von Philosophien, die sich auf die Intuition der grundsätzlichen Sinnlosigkeit der Existenz und, darüber hinaus, des Kosmos selbst oder, allgemeiner, des Seins, gründen.

Wenn man in der Psychotherapie die Metapher der Kreisförmigkeit von Sinn und Sinnlosigkeit vorschlägt oder, besser, wenn man sich darauf einigt, dann ergibt sich sowohl für den Therapeuten als auch für den Patienten der Vorteil, die beiden Gegensätze zu relativieren, den Weg zu öffnen für die Erwartung einer

Sinnerfahrung und für die Feststellung, dass das Gefühl eines Sinns sich durchaus unerwartet in irgendeiner Alltagserfahrung eröffnen kann und sie dann begleitet. Wie auch in anderen Formen des psychologischen Forschens[23] stellen die beiden Aspekte eine komplexe Beziehung miteinander her, die sowohl die Komplementarität als auch die gegenseitige Abhängigkeit voneinander betrifft und nicht zuletzt auch das gegenseitige Eingeschlossensein.

### *Beziehung und Kreisförmigkeit*

Wenn wir versuchen, die beiden zuletzt dargestellten Metaphern gegenseitig zu aktivieren, dann befinden wir uns in der Situation, in der Beziehung die Beziehung selbst als aktivierendes Element für die Kreisbewegung vorzuschlagen. Die Erfahrung der Kreisförmigkeit (und damit des Verstehens und Aufnehmens der Gegensätze in einem selbst, ohne davon zerrissen zu werden) entsteht nämlich nicht nur aus einer intellektuellen Klarstellung heraus, sondern aus der konkreten Erfahrung des Dialogs, der nicht nur Austausch von Bedeutungen ist, sondern auch eine gemeinsame Suche nach Sinn. Dies muss gesagt werden ohne irgendeine explizite oder implizite Bezugnahme auf eine mystische Unsagbarkeit; einfach nur, indem wir uns an eine Erfahrung wenden, die an sich vielleicht nicht in eine rationale Sprache zurückzuführen ist und trotzdem weder irrational ist noch transzendenten Charakter besitzt. Es existieren natürlich sowohl im Alltag als auch auf einer radikal „materiellen“ Ebene Erfahrungen, die wir zwar mit äußerster Genauigkeit beschreiben können, bei denen wir aber trotzdem nicht in der Lage sind, sie in einen begrifflich geordneten sprachlichen Zusammenhang zu übersetzen. Wo immer man diese Übersetzung versucht, wird man die Ehrlichkeit des Anspruchs respektieren müssen, aber gleichzeitig wird man nicht umhin kommen, die Unzulänglichkeit dieses Versuchs festzustellen, sein Fernbleiben von der beabsichtigten Realität.

Wenn die aufklärerische Hoffnung, nach der jede Erfahrung in eine rational strukturierte Sprache übersetzbar sei, auch sehr großzügig ist, so muss sie doch den nicht vollständig in Sprache zu übersetzenden Erfahrungen einen Platz einräumen, zumindest auf dem umstrittenen Gebiet der Psychologie. Für diese Erfahrungen gilt keineswegs die schwarze romantische Nacht des Unsagbaren, sondern eine offene und sich progressiv einer vielleicht nie ganz erreichbaren Realität annähernde Sprache, die wir vielleicht treffend als „asymptotisch“ bezeichnen könnten. Wir erinnern uns, dass die Asymptote in der Geometrie eine gerade Linie darstellt, welche sich, wenn wir sie bis ins Unendliche verlängern, einer Kurve nähert, ohne sie je zu erreichen. Wenn Wittgenstein[24] uns dazu auffordert, da zu schweigen, wo wir die genaue sprachliche Bezeichnung für irgendeine Sache

[23] Vgl. Trevi 1993b, 93-147.
[24] Wittgenstein 1960, 83.

oder ein Ereignis, worüber wir sprechen möchten, nicht finden, dann bezieht er sich auf die Präzision des logisch-mathematischen Sprachgebrauchs, aber er schließt nicht aus, dass es Sachen oder Ereignisse gibt, die von anderen Sprachen bezeichnet werden können, so, wie seine gesamte folgende Erfahrung es gezeigt hat.

### *Der Schatten als Grenze*

Die Jungsche Metapher des Schattens hat eine ungewöhnliche Wirksamkeit, die manchmal auch außerhalb der engen Grenzen einer bestimmten Schule anerkannt wird. Wir möchten hier nicht auf dieser Wirksamkeit[25] insistieren, sondern uns vielmehr der Anwendung dieses Bildes im Bereich der psychotherapeutischen Diskussion zuwenden, z.B. bei jenen „Grenzsituationen" wie Alter, Krankheit, Tod, psychischer oder physischer Schmerz – oder, ganz allgemein, Situationen, in denen wir der Hilfe Anderer bedürfen. Es wird oft wiederholt, dass der Schatten das „Negative" repräsentiert (in moralischem, metaphysischem, existenziellem Sinn usw.) und dass er integriert werden muss (auch die „Integration" ist eine wunderbare Metapher, wenn sie auf ein so undefinierbares Gebilde wie die menschliche Psyche angewendet wird). Der Schatten steht für das Negative, das im Erkenntnis- und Aneignungsprozess als etwas „Eigenes" wiedererkannt werden kann und muss und dabei wird das Hindernis zum Impuls, die Blockierung zu einem Wert.[26]

Oft wird innerhalb der Jungschen Schule angesichts der moralischen Defizite des Individuums eine überaus naive Nachsicht an den Tag gelegt. Natürlich kann man sich dieser Nachsicht gegenüber nachsichtig verhalten (obwohl diese in jedem Fall dem Sinn und der Dynamik des Schattens keinerlei Rechnung trägt), solange dabei „dem Anderen kein Schaden zugefügt wird". Diese Grenze muss unüberschreitbar bleiben. Allerdings bringt die Existenz es mit sich, dass Grenzsituationen auftreten, die mehr oder weniger in den oben beschriebenen Situatio-

25 Siehe u.a. Trevi 1986.

26 Søren Kierkegaard schrieb: „Eine Wunde offen zu halten, ist manchmal der Gesundheit weniger abträglich, als wenn sie sich schließt." (Kierkegaard 1923, VI A 16) Kierkegaard war einer der überzeugtesten Verfechter der Auseinandersetzung mit den dunklen Seiten, mit dem Leiden, der eigenen Persönlichkeit, wie sie in der Formulierung des heiligen Paulus des „Stachels im Fleisch" zum Ausdruck gebracht wird. Der dänische Philosoph scheint Vergnügen daran gefunden zu haben, in seinen Tagebücher immer neue Anspielungen auf die Bedeutung dieses „Stachels" auszustreuen um am Ende die eigene Befriedigung darüber zu erklären, dass nach seinem Tod niemand in seinen Papieren einen Hinweis darauf finden werde, welches der wahre Grund seiner Aktivität als Schriftsteller gewesen sei. Gibt es ein bemerkenswerteres Beispiel für die Identifikation mit dem Schatten, wenn der Schatten die nicht-mitteilbaren Aspekte der Persönlichkeit umfasst?

nen wiederzufinden sind und in denen jede Form von Nachsicht sinnlos ist. Es ist kein Zufall, dass drei von ihnen den „Erwachensprozess“ des bedeutendsten moralischen Propheten des Orients eingeleitet haben. Wir glauben, dass es jetzt darauf ankommt, eine ebenso subtile wie intensive psychologische Arbeit zu leisten, eine Arbeit, die der Gefahr eines leicht einzunehmenden Stoizismus ebenso auszuweichen versteht wie der Gefahr einer ebenso verlockenden skeptischen Nachlässigkeit.

Hier handelt es sich vor allem darum, sich mit jenen Grenzsituationen zu beschäftigen, angesichts derer jeder von der Existenz bereits anerkannte Wert zerbricht und zunichte wird, während die Existenz selbst, natürlich verändert, in der Zeit weiterbesteht. Von Jaspers stammt der Begriff „Grenzsituation“ und es ist kein Zufall, wenn er ihn als einen Aspekt der philosophischen Forschung in den verschiedenen Ausgaben seiner *Allgemeinen Psychopathologie,* einem Buch, das sich vor allem an Psychiater und Psychologen wendet, immer wieder angeführt hat[27]. In diesem Zusammenhang entfaltet die Metapher des „Schattens der Grenzen“ ihre volle Wirkung, denn sie bezieht sich sowohl auf die Erfahrung einer Situation, in der jedes normale Kriterium für Werte aufgehoben zu sein scheint, als auch auf die Unzulänglichkeit des begrifflichen Gedankens.

Es ist möglich – und es gibt keinen Grund, Angst davor zu haben – dass die Psychotherapie in diesem Kontext auf authentische metaphorisch-religiöse Elemente des Patienten trifft. In der Auseinandersetzung mit ihnen gibt es nur ein gültiges Kriterium: Den unbegrenzten Respekt, auch wenn der Psychotherapeut, vielleicht sogar zu Recht, der Ansicht ist, dass es sich nur um das Ergebnis raffinierter Abwehrmechanismen oder um eine echte Neurose handelt.[28] Es geht hier nicht um eine manieristische Spielart des Utilitarismus oder einen platten pragmatischen Maßstab, sondern darum, dass die notwendig rationalistische Herangehensweise des Therapeuten in diesem Fall auf eine „Grenze“ stößt, die auf jeden Fall respektiert werden muss.

Die Sachlage verändert sich natürlich grundsätzlich, wenn nicht die Psyche von einem Glauben durchdrungen ist, (ganz gleich, worin dieser besteht; wir können das Thema hier nur andeuten) sondern wenn, im Gegenteil, ein Glaube die Psyche beherrscht – sei es als Fanatismus, sei es in Form eines mehr oder weniger strukturierten Deliriums. In beiden Fällen befinden wir uns vor Grenzsituationen, die auf den ersten Blick unüberwindbar erscheinen; dennoch sind sie den ausgefeilten Lösungsstrategien des psychotherapeutischen Dialogs zugänglich, die von Mal zu Mal in einer empathischen Kommunikation entschieden werden.

[27] Vgl. Jaspers 1913.

[28] Siehe Freud 1968b.

*Das Bedeutungsnetz*

In einigen typischen Situationen der psychotherapeutischen Arbeit ist es augenscheinlich notwendig, sich der Metapher „Netz“ zu bedienen; vor allem, wenn man sich auf die vielfältigen Beziehungen zwischen den verschiedenen Bedeutungen verständigen will, auf die Unerschöpflichkeit der bedeutungsstiftenden Prozesse und auf die gleichzeitige Erweiterung der Tiefe der Existenz und der Unendlichkeit möglicher Bedeutungen. Die Netzmetapher scheint das beste Gegenmittel gegen jede Form von einfachem Reduktionismus.

Es lohnt, sich das Netz einmal nicht zwei- sondern (mindestens) dreidimensional vorzustellen, denn die gegenseitigen Verknüpfungen richten sich in diesem Fall nach einer höheren „Ordnung“, die der Möglichkeit nach unendlich ist. Der wissenschaftliche Gedanke, der an der Basis der modernen Psychotherapie liegt, benutzte eine reduzierte Komplexität: Das positivistische Paradigma setzte ein Kriterium linearer Kausalität durch, welches seinerseits eine einfache Orientierung innerhalb der verschiedenen Bezüge der analytisch-synthetischen psychotherapeutischen Arbeit verschaffte (die im schlechtesten Fall *ver*-einfachend war). Unsere Vorstellung von kausalen Bezügen, die ihren Ursprung bei Kant findet, ist unvergleichlich komplexer. Es genügt, an den Begriff der „Rückwirkung“ zu denken und an die mögliche Vielzahl von Ursachen für eine einzige Wirkung sowie an die daraus folgende Feststellung, dass eine Vielzahl von Wirkungen auf eine einzige Ursache, die untersucht werden soll, zurückgeführt werden kann. Es genügt, an das Modell des Neodarwinismus zu denken, das heute nicht mehr nur in der Biologie seine Anwendung findet, und besonders sensibel ist für die gleichzeitige Einbeziehung verschiedener möglicher Ursachen. Im Allgemeinen ist der moderne Begriff des „Systems“ viel komplexer geworden, und daraus folgt die Anerkennung eines Holismus, der ohne jede metaphysische Implikation auskommt.

Die Metapher eines polydimensionalen Netzes von unterschwelligen Bedeutungen oder, besser, eines Netzes, das nach und nach allen empirischen Daten einen Platz anbietet, ist uns geläufiger, so, als Metaphern wie „Orientierung im Netz“, „übereinkunftsmäßige Vereinfachung des Netzes“ oder „unerschöpfliche Rückwirkung“ uns geläufig sind. Es scheint hier nicht weiter angebracht, auf dem gleichzeitigen Bestehen eines offensichtlichen epistemologischen Vorteils und einer ehrlichen gnostischen Bescheidenheit der Metapher „ein Netz von Bedeutungen“ zu insistieren.

*Die Arbeit*

Schließlich gewinnt der Begriff der „Arbeit“, wenn wir ihn auf die Psychotherapie anwenden, den Wert einer Metapher, die zumindest den einen Vorteil hat, dass sie die streng funktionale Unterteilung zwischen „Arzt“ und „Patient“ abschafft, wobei der Eine der gebende und der Andere der empfangende Teil ist. Stattdessen evoziert dieses Wort eine Zusammenarbeit, etwas gemeinsam tun, den möglichen Rollentausch, die gemeinsame Verantwortlichkeit. In diesem Sinn kann der Begriff „Psychotherapie", der seit den letzten Jahrzehnten des 19. Jahrhunderts gebraucht wird, dem bescheideneren Begriff der „Physiotherapie" beigeordnet bzw. mit ihm verglichen werden, in dem die reine Passivität des Patienten unakzeptabel ist (von sehr wenigen Ausnahmen abgesehen). Der Patient ist hier jederzeit aufgefordert, an den Übungen zur physischen Ertüchtigung aktiv mitzuarbeiten um eine optimale Funktionalität zurückzuerlangen. Die psychotherapeutische Arbeit ist eine Gemeinschaftsarbeit, die für beide Seiten von Vorteil ist, auch wenn einer der beiden Partner ein deutlicheres Bedürfnis hat als der andere.

### *9.3 Wirksame Metaphern für die Traumarbeit in der Psychotherapie*

Die Metapher des Bedeutungsnetzes ist ein gutes Stichwort für den Übergang von jener komplexen Sinnglobalität, die die psychotherapeutische Arbeit im Allgemeinen ausmacht, zu einem Teilbereich, der zwar vielleicht nicht der wichtigste, aber fast immer präsent und jedenfalls äußerst faszinierend ist: Die Traumarbeit in der Psychotherapie oder, wenn wir es genauer ausdrücken wollen, die Arbeit an Traumtexten.[29] Wir ziehen hier das Wort „Arbeit" mit seinen vielen Bedeutungsvarianten dem Wort „Interpretation" vor, weil ein Traumtext in der psychotherapeutischen Praxis meistens nicht interpretiert wird, sondern immer bzw. fast immer in verschiedenen Zusammenhängen benutzt werden kann: Als Ausgangspunkt für die wertvolle Aufarbeitung von Gedächtnislücken, als Beginn für die Erklärung eines Bedeutungsnetzes, das sich bei dieser Gelegenheit ohne weiteres als unüberschaubar und unendlich erweisen kann, als Katalysator (auch dies in der Psychotherapie eine mittlerweile veraltete Metapher) für einen Besuch der schamvoll verschwiegenen Stätten in unserem Inneren und für viele weitere Zwecke.

Daher erschien uns das Wort „Interpretation" wenig angemessen und zu anspruchsvoll (es beinhaltet außerdem die Anwendung von theoretischen Modellen, die einer willkürlichen Beeinflussung Vorschub leisten können) und wir ent-

[29] Wir möchten hier kurz daran erinnern, dass der mehrdeutige Begriff „Traum" sich im Wesentlichen auf zwei radikal voneinander unterschiedene Bedeutungen beziehen kann: Einerseits auf jenes mysteriöse und unwiederholbare Traumgeschehen selbst, das den größten Teil unserer Träume ausfüllt, andererseits auf die verschiedenen Traumtexte, die wir mit Hilfe der unsicheren Vermittlung unserer Erinnerung zu rekonstruieren versuchen: Ein Gedächtnistext, mündliche Texte, schriftliche Texte, möglicher weise selbst auf Band aufgenommene Texte usw. Zu diesem Argument Trevi 1993c, 100 ff.

schieden uns für das bescheidenere Wort „Verständnis". Wir erinnern hier an die von Dilthey[30] vorgeschlagene Gegenüberstellung von Verstehen und Erklären, wobei das erste Wort sich auf die Geisteswissenschaften bezieht, das zweite auf die Naturwissenschaften.[31] Davon abgesehen, muss die Interpretation entweder mit jener Vorsicht zu Werke gehen, die der hermeneutischen Grundhaltung im Allgemeinen zu Eigen ist (dann allerdings ist der Interpret immer und unwiegerlich in die Interpretationshandlung einbezogen, seine historische Situation, seine konkrete Existenzialität, seine psychologische Konfiguration und zuletzt die „wissenschaftliche" Unerfassbarkeit seiner Individualität), oder sie muss sich auf ein kausales Modell zurückführen lassen, das zwar vielleicht verführerisch erscheinen mag, sich am Ende aber angesichts der Komplexität der Ereignisse, die es zu verstehen gilt – in unserem Fall den Traum – , als zu simplifizierend erweist.

Wenn man einem Traumtext gegenüber eine vorsichtige „verständnisvolle" Haltung einnimmt und auch den Patienten dazu einlädt, dann eröffnet man der Traumarbeit neue Räume zur Entdeckung neuer Bedeutungen. Der Traumtext ist vor allen Dingen oder doch hauptsächlich eine Erzählung (von einer Vorstellungskraft geschaffen, die sich unserer Kontrolle entzieht) und kein Literaturkritiker oder Literaturhistoriker würde jemals vorgeben, eine Erzählung oder einen Roman von großem Interesse ein für alle Mal und erschöpfend interpretieren zu können. Das bedeutet nicht, dass jeder derartige Versuch ohnehin scheitern muss, sondern jede Interpretation findet ihren Platz innerhalb des historischen und kulturellen Kontextes, der auch jenes literarische Produkt hervorbrachte.

Dennoch bleibt das „Verstehen" eines Traumtextes, auch wenn es sich auf eine subtile hermeneutische Methodologie stützen kann, immer eine Metapher (eine „Verschiebung", eine nützliche „wirksame Lüge") – im Gegensatz zur unerschöpflichen Traumarbeit, wie wir sie in einem erweiterten psychotherapeutischen Kontext verstehen. Und dieselbe konstituierende Unsicherheit hinsichtlich des „Textes", auf die sich das Verständnis bezieht, (zwischen Traumtext und Traumgeschehen kann ein enormer Abgrund liegen und bis heute gibt es keine abgesicherte Möglichkeit der risikolosen Gegenüberstellung von beiden) führt zu einem vorsichtigen metaphorischen Gebrauch des Begriffs „Verstehen".

30 Vgl. Dilthey 1923.

31 Diese heute von vielen Seiten stark kritisierte Gegenüberstellung erscheint von einem pragmatischen Gesichtspunkt aus nach wie vor gültig für den Bereich der Psychotherapie, deren Praxis sich auf eine wie auch immer geartete „Psychologie" bezieht, welche ihrerseits eine „Wissenschaft zwischen den Fronten" ist, die einen naturwissenschaftlichen und einen geisteswissenschaftlichen Zweig besitzt. Der groß angelegte Versuch Freuds, die Psychologie als eine Naturwissenschaft zu etablieren, ist zwar noch nicht zu den Akten gelegt, bleibt aber jedenfalls partiell oder, besser gesagt, bezogen auf einen Teil eines Ganzen, dem mit Verständnis zweifellos besser beizukommen ist als mit Erklärung.

*Der Ausgangspunkt*

Die Metapher des Ausgangspunktes kann sich als höchst wirksam erweisen, wenn wir uns auf einen Traumtext beziehen – oder auf einen der möglichen Traumtexte in Bezug auf ein und dasselbe Traumgeschehen. Mit dieser Metapher erscheint der Traum nicht mehr als ein unzugänglicher Text, der irgendwie „geknackt" werden muss; wie ein Rätsel, wo jemand sich einen Spaß daraus gemacht hat, eine Wahrheit zu verstecken, die sich im Nachhinein oft als längst bekannt oder leer erweist, sondern als ein Anfangselement eines unglaublich reichhaltigen Bedeutungsmaterials, das sich teilweise (nie ganz) mit den beiden Hilfsmitteln der erklärenden, virtuell rationalen Kontexte und der virtuell irrationalen Assoziationen erschließen lässt. Mit diesem metaphorischen Ansatz stellt der Traumtext sich dar als von vielfältigen Sinnangaben durchzogen, wobei „Sinn" hier die angemessenere Bedeutung von „Richtung" annimmt.

In der Vielfalt der möglichen Richtungen wird die Entscheidung von Mal zu Mal dem Zufall oder der Absicht überlassen, den beiden komplementären Gegensätzen jeder psychologischen Forschung. Die Freudsche Metapher der „archäologischen Ausgrabungen" bleibt weiterhin gültig, wenn sie auf den Traum bezogen wird. Wichtig dabei ist jedoch, dass man nicht vorgibt, dass die Ausgrabungsarbeiten dann auch immer zu einem einstmals perfekten Gebäude führen müssen, das heute nur noch aus einigen wenigen ungeordneten Fragmenten besteht, sondern vielmehr zu einer kulturellen Konfiguration, einem „Ganzen", das viel weitgefasstere Bezüge hat als einen antiken Tempel, ein Forum, ein Wohngebäude; etwas, das Häuser, Foren und Tempel in sich einschließt und sich nach allen Seiten hin über sie hinaus erstreckt.

*Der Ankunftspunkt*

Auch die Metapher des Ankunftspunktes kann sich, bezogen auf den Traumtext, als äußerst wirksam erweisen. Sie impliziert, dass der Text selbst, sobald der Träumer ihn einem potentiellen Interpreten mitgeteilt hat, und auch in dem Fall, in dem er sozusagen bereits mit Zusammenhängen und Assoziationen angereichert wurde, vorsichtig und der Ehrlichkeit halber vor dem Versuch der Rekonstruktion empirischen Materials oder vor beabsichtigten Bezügen auf nicht genau verstandene Tagesereignisse beiseitegelegt wird. Der folgende Dialog ist nicht notwendigerweise interpretativ und kann seine Anregungen aus dem berichteten Traumtext beziehen, sich aber auch völlig unabhängig von diesem entwickeln.

Dennoch kann es geschehen, dass nach einem derartigen Dialog der Text wie ein Lieferant für Konvergenzlinien erscheint; ja, er kann sich sogar als perspektivischer Konvergenzpunkt für das bzw. die im Dialog behandelten Argumente darstellen. Wir können nicht ausschließen, dass diese Metapher einige suggestive Elemente verschluckt, die hauptsächlich aus der „Erwartungshaltung" sowohl des Patienten als auch des Therapeuten erwachsen. Andererseits ist eine radikale Bereinigung des therapeutischen Dialogs von jedem suggestiven Element eine Idealregel oder, besser, eine regulative Idee, nie jedoch eine starre Handlungsnorm. Dort, wo sie nicht vorherrschend sind oder beabsichtigt heraufbeschworen werden, können die suggestiven Elemente in gleicher Weise wie Assoziationen oder Zusammenhänge behandelt werden, wobei sie derselben Kritik unterworfen blei–ben, die jeder eventuell willkürlichen oder dem psychotherapeutischen bzw. analytischen Ziel nicht unmittelbar dienlichen Interpretation folgt.

### *Der Traum als Metapher und Stoff voller Metaphern*

Es ist heute einigermaßen schwierig, vom Traum als von einer Metapher[32] zu sprechen, selbst wenn man diesem Begriff ein weites Bedeutungsfeld einräumt, das nicht strikt einer sprachwissenschaftlichen Zuordnung unterliegt, und zum Beispiel auch die Metonymie mit einschließt, bei der der Ersatz oder die Verschiebung der Bedeutung keinen analogischen Charakter trägt, sondern stattdessen ein Abhängigkeitsverhältnis zwischen den beiden die rhetorische Figur konstituierenden Begriffen impliziert. Es ist beinahe unnötig, zu wiederholen, sei aber dennoch klargestellt, dass es sich immer – oder fast immer – um eine Metapher *in absentia* handelt, bei der das Metaphorisierende („vehicle") zwar gegeben ist, das Metaphorisierte („tenor") allerdings zu suchen bleibt. In diesem Sinn besteht die so genannte Interpretation im Wiederfinden des möglichen Metaphorisierten – das sich ohne weiteres aus mehreren Elementen zusammensetzen kann und nicht nur unter der Oberfläche liegt, sondern auch noch im barocken Sprachgewebe des Traums besonders versteckt ist.

Wir verdanken es dem Scharfsinn von Silberer[33], wenn wir das Metaphorisierte heute in einem sehr viel weiteren Feld suchen als das bei den ersten Schritten ins Reich der wissenschaftlichen Interpretation des Traumphänomens geschah, vor allem in Hinblick auf die vielen am Spiel beteiligten psychischen *Funktionen*. In diesem Sinn hat Jung nichts weiter getan, als die von Silberer bereits so genial geöffneten Türen weit aufzureißen. Auf diese Weise ist das mögliche Metaphorisierte des metaphorisierenden Traums (oder des einzelnen Traumbildes) in der psychischen Situation des Träumers zu suchen, in seiner besonderen existenziellen Situation, in seinen bewussten oder unbewussten Plänen und vor allem in allen möglichen Problemen, die im unbewussten Vorstellungsvermögen entstehen, das einen überwältigenden Schmelztiegel darstellt. Dabei dürfen wir natürlich nicht die psychotherapeutische Situation vergessen, das ständige, kom-

32 Vielleicht versuchte Jung als erster die Freudsche Inkongruenz zwischen manifestem Traum und latenten Gedanken auf die Inkongruenz zwischen Metaphorisiertem und Metaphorisierendem zurückzuführen. Siehe Jung 1985d.

33 Siehe Freud 1976, 202, 348, 378, 460-462.

plexe Spiel der zwischen Therapeut und Patient hin- und herfließenden Projektionen. Aber Traum als Metapher (oder, wie wir sehen werden, als Stoff für Metaphern) ist seinerseits eine Metapher, ein wirksamer, aber unangemessener Vergleich, und zwischen den beiden ins Spiel gebrachten Begriffen müssen unbedingt die Ähnlichkeiten (die gemeinsamen Seme) und die Unterschiede (die semantischen Zwischenräume in ihrer gegenseitigen Abhängigkeit) genau herausgearbeitet werden.[34]

In jedem Fall ist es zumindest annähernd wahr, dass wir uns auf dem Weg der Erklärung (der „Auflösung der Ambivalenz") des Traums als Metapher häufig darüber klar werden, dass wir nicht so sehr die Unwiederholbarkeit des Traumgeschehens als solches als das Metaphorisierende bezeichnen können, sondern vielmehr den Traumtext selbst in seiner Gesamtheit, zu dem das passende Metaphorisierte zu finden ist. Allerdings enthüllt dieser Text sich schnell als „Stoff voller Metaphern", die mehr oder weniger unabhängig voneinander sind und zu denen daher das jeweils passende Metaphorisierte von Mal zu Mal zu finden ist, da es sich im Allgemeinen um Metaphern *in absentia* handelt. Der Ausdruck „Stoff voller Metaphern" ist letztendlich selbst eine Metapher, die der Therapeut für sich selbst und im psychotherapeutischen Dialog verdeutlichen sollte.

### *Der Traumregisseur*

Seit der Erfindung der Brüder Lumière ist die unmittelbarste und beeindruckendste Übereinstimmung zum Traum in der kinematographischen Vorführung zu suchen[35]. Im Traumtext wird oft die Situation des Zuschauers bei einem Film evoziert, dabei wird auf die Situation des Schlafenden in seinen REM-Phasen angespielt. Die Metapher „Traumregisseur" kann bei der Arbeit mit jedem Traum gewinnbringend angewendet werden. Diese Metapher hat den Vorteil, dass sie den Organisator des Traums vom funktionalen Ich des Träumers distanziert. Die Funktion des „Traum-Ichs", die fast in jedem Traumtext präsent ist, bleibt davon

[34] In der ausdrucksvollen und vollständigen Metapher „jener Löwe von Achilles" z.B. werden wir die gemeinsamen Seme zwischen Metaphorisiertem und Metaphorisierendem im Mut, in der dynamischen Eleganz, vielleicht in der Furchtlosigkeit und Unerbittlichkeit finden, aber niemand käme auf die Idee, die Tunika des Achilles hochzuheben um nachzusehen, ob der griechische Held auch einen Löwenschwanz hat.

[35] Diese Ähnlichkeit, die recht erfolgversprechend ist, wenn sie richtig eingesetzt wird, rückt die Bedeutung der „mündlichen" Interpretation von Traumtexten zurecht, die von Jung und den Jungianern oft missverstanden wird. Es handelt sich eben nicht um Orakel oder sybillinische Antworten, sondern um den fehlbaren Versuch einer metaphorischen Erzählung, bei dem zweifellos wichtige und bedeutsame symbolische Anspielungen benutzt werden; eher wie ein Film von Bergman oder Fellini als von Renoir oder Rosselini.

unberührt. Nicht das funktionale Ich organisiert demnach die Traumerzählung, sondern ein „Anderer“, der Traumregisseur, über dessen allgemeine Absichten man Vermutungen anstellen kann, man kann ihn sich als Dramaturg vorstellen, als Bühnenausstatter, als Verantwortlichen für die Montage und die visuell-narrative Darstellung im Allgemeinen. Dennoch kann man ihm leicht fehlende Kontinuität, Lückenhaftigkeit, schnelle Registerwechsel, unerwartete Flashbacks und weitere Inkongruenzen nachsehen – wie es mittlerweile mit jedem Regisseur, der etwas auf sich hält, passiert.

Die Metapher des Traumregisseurs hat eine außerordentlich evozierende Kraft. In seiner Distanz vom funktionalen Ich des Träumers hat der Traumregisseur jede Freiheit, das empirische Material nach seiner Wahl zusammenzustellen. Dabei kann es sich um Material des Träumers selbst handeln, es kann aber auch zum größten Teil ganz anders sein. Wir brauchen dabei nicht nur an die unterdrückten und verdrängten Elemente unserer Erinnerung zu denken, sondern auch an die unzähligen sublimen Eindrücke, die an sich keinem Verdrängungsprozess unterliegen, die aber dennoch – zumindest vorerst – aus der bewussten Erinnerung ausgeschlossen werden. Dennoch bleiben sie mit all ihren Eigenschaften in dem, was wir als unbewusstes Erinnerungslager bezeichnen, intakt bestehen.

Die Freiheit bei der Auswahl des von der Erinnerung gestellten Materials ist den großen schöpferischen Regisseuren aller Zeiten zu eigen und hilft uns dabei, die Wahl- und Organisationsfreiheit des Traumregisseurs bei seinem außergewöhnlich vielfältigen und reichhaltigen empirischen Material vorzustellen. Und so, wie wir den großen Regisseuren gern eine nicht immer offen zu Tage liegende Absicht zugestehen (im Zusammenhang mit einer heute weitgehend tolerierten narrativen und syntaktischen Ambivalenz), sind wir auch bereit, dem Traumregisseur unsere Zugeständnisse zu machen.

Zusätzlich gibt es eine Reihe typischer filmbezogener Ausdrücke, die wir als wirksame Metaphern in der Verständnisarbeit am Traumtext einsetzen können; man denke z.B. an die Metapher „Montage“ im Allgemeinen und „analoge Montage“ im Besonderen.

### *Erinnerung, Feststellung, Projekt*

Scheinbar in eine begriffliche Ordnung gehörend, aber im Wesentlichen dem Bereich der Metapher zugeordnet sind einige, zumindest auf den ersten Blick erfolgversprechende Unterscheidungen hinsichtlich der besonderen Absicht der Zeitdimensionen der Erzählung innerhalb des Traumtextes und vielleicht – mit sehr viel Vorsicht – innerhalb des Traumgeschehens. Die allgemeine Aktivierung der Erinnerung, die dem Traum zu eigen ist, erlaubt vor allem, ihn als eine Neuaneignung von konkret erlebten Ereignissen und deren Organisation in einer mehr oder weniger konsequenten Erzählsequenz zu betrachten. Selbstverständlich unterliegt jedes Ereignis analogen „Verschiebungen“ und bildhaften Veränderungen von hoher Intensität. Es handelt sich hierbei um jene Seite des Traums, die der Vergangenheit zugewandt ist; ein Wiedererleben mit z.T. unterschiedlichen und z.T. gleichwertigen Urteilskategorien im Vergleich zu den normalen und bereits ausprobierten. Der Traum hat aber auch eine der Gegenwart zugewandte Seite, die sich als eine Art Feststellung von Ereignissen präsentiert, die wir gerade durchleben, und dabei ethische und ästhetische Kategorien verwendet, die oft gänzlich neu sind. Und zuletzt gibt es noch eine Seite des Traums, die sich in der Form eines möglichen Projekts auf die Zukunft richtet: Eine Art vorsichtiger Ausforschung von Möglichkeiten, die sich auf der Grundlage der Gesamtheit der vergangenen und gegenwärtigen Erfahrungen „eröffnen". Die typische Form des Traumprojekts nimmt meistens eine syntaktische Form an, die man wie folgt beispielhaft zusammenfassen könnte: „Da es dieses hier gibt, könnte jenes andere passieren: „Man muss hinzufügen, dass es anstelle eines einzigen „jenes anderen" auch viele davon geben könnte. Es handelt sich um einen einfachen hypothetischen Zusammenhang, der der Traumerzählung eine Problematik aufpfropft, die einer gewöhnlichen Erzählung normalerweise fremd ist, egal ob Novelle, Roman oder was auch immer.

Vergangenheit, Gegenwart und Zukunft, dargestellt in den Modalitäten Erinnerung, Feststellung und Projekt, sind im Traum meistens geschickt miteinander verknüpft – und im Traumtext manchmal durch einen unbewussten Kunstgriff wieder voneinander getrennt. Es handelt sich daher um eine multiple und komplexe Zeitlichkeit, welcher man sich mit empathischem Verständnis nur in einem Prozess von Achtung, Aufmerksamkeit und einer vorsichtigen Erwartung von Einsicht annähern kann. In ein- und demselben Traumtext, derselben Zeitphase oder demselben Satz können wir Elemente finden, die auf Vergangenheit, Gegenwart und Zukunft des Träumers hindeuten. Manchmal finden wir auch außergewöhnlich komplexe Elemente, die sich auf alle drei Zeitebenen gleichzeitig beziehen. Auf der anderen Seite arbeitet das Verständnis, so aufmerksam und skrupulös es auch sein mag – analog zur Aktivität des Historikers –, immer mit der mehr oder weniger beabsichtigten Selektion des zur Verfügung stehenden Materials. Immer werden nur einige der Elemente ausgewählt und miteinander kombiniert, die jene Nach-Erzählung, die wir auch als Interpretation bezeichnen, konstituieren. Keine Interpretation (oder, vorsichtiger ausgedrückt, kein Verständnis) kann je erschöpfend sein; sie ist umso aufrichtiger, je deutlicher sie sich als einen Teil begreift und daher andere Interpretationen als möglich impliziert.

## *Wunsch, Projekt, Problem, Spiel*

Im letzten Jahrhundert, als sich die wissenschaftliche Erforschung der Psyche entwickelte, war jeder Versuch, das Phänomen des Traums – und damit ist hier das eigentliche Traumgeschehen gemeint – auf ein einziges Interpretationsschema zu beziehen, zum Scheitern verurteilt. Und das nicht so sehr, weil jener Versuch nicht wahrhaftig gewesen wäre oder radikal falsch, sondern weil er sich, im Moment seiner Konstituierung, als erschöpfend hinsichtlich eines unerschöpflichen Phänomens ausgab. Das Traumgeschehen ist *auch* (oder *manchmal*) Ausdruck einer eingebildeten Befriedigung eines unterdrückten und verdrängten Wunsches. Dabei tritt es oft derartig maskiert auf, dass nicht wirklich klar ist, wem es am Ende Befriedigung verschafft (Freud). Das Traumgeschehen ist *auch* (oder *manchmal*) Ausdruck eines Kompensations- oder Komplettierungsbedürfnisses in Bezug auf das bewusste Alltagsleben (Jung). Und so weiter. Aber das Traumgeschehen drückt auch Projekte oder Aussichten auf Projekte aus, die dem natürlichen Gefühl der Hoffnung entsprechen oder dem genauso natürlichen Gefühl der exploratorischen Anstrengung, die beide sowohl auf einer bewussten als auch auf einer unbewussten Ebene existieren. Das Traumgeschehen ist auch Ausdruck für die Unterbreitung eines Problems, manchmal auch der Versuch, eine Lösung anzubieten. Es kann sich hierbei um Probleme der Ethik, der Existenz, von Beziehungen oder aus anderen Bereichen handeln; ja, sogar aus dem technisch-wissenschaftlichen Bereich, wie einige Mathematiker, Chemiker und selbst Ingenieure glaubwürdig berichten. Schließlich kann das Traumgeschehen Ausdruck eines reinen Spielbedürfnisses sein, wie Petronius in einem Fragment, das glücklicherweise erhalten blieb, bereits scharfsinnig beobachtete.[36]

Es versteht sich von selbst, dass normalerweise – aber nicht notwendigerweise – Wunsch, Projekt, Vorausschau, Problem und Spiel eine Art erzählerischer Kurve durchmachen, da dies die formale Charakteristik des Traumgeschehens ist oder, vorsichtiger ausgedrückt, des Traumtextes. Es handelt sich in jedem Fall um Metaphern, nicht um Erklärungen; um Analogien, nicht um Begriffe. Wir können es korrekt so ausdrücken, dass ein Traum *wie* die Formulierung eines Wunsches ist, *wie* die Erforschung eines Problems und so weiter.

### *Erzählung und Vision von oben durch übereinandergelegte Glasscheiben*

Aber die Erzählung, die aus dem Traumtext resultiert, hat meistens keinen einheitlichen oder kontinuierlichen Charakter, wie man es im Gegensatz dazu von der Novelle eines traditionellen Schriftstellers erwarten würde. Die Traumerzählung ist diskontinuierlich, multipel, unordentlich. Es gilt also die Metapher bzw. das Gleichnis, dass die Lektüre des Traumtextes wie eine Vision von oberhalb durch übereinandergelegte Glas- oder durchsichtige Plastikscheiben ist[37]: Auf jeder von ihnen befindet sich eine sinnvolle Zeichnung, aber dadurch, dass man sie

36 „Somnia, quae mentes ludunt volitantibus umbris/ non delubra deum nec ab aethere numina mittunt/ sed sibi quisque fecit; nam cum prostrate sopore/ urguet membra quies et mens sine pondere ludit,/ quidquid luce fuit tenebras egit." (vgl. Petronius, 1982).

37 Vgl. Langs 1988.

von oben sieht, vermischen sich die unterschiedlichen Linien; es scheint, dass Zeichnungen, die in Wirklichkeit gar nichts miteinander zu tun haben, einander fortführen oder weiterentwickeln. Die Geduld beim Verständnis eines Traumtextes impliziert auch den unter Umständen fruchtlosen Versuch, die einzelnen Zeichnungen voneinander zu trennen und sie zu unterscheiden, um sie dann wieder zusammenzufügen, denn wir können nie sicher sein, dass ihre Vermischung oder Verflechtung nicht auch eine nicht notwendigerweise „defensive" Absicht des Traumregisseurs war.

### *Der projizierende Test*

Wenn der Traumtext wenig oder gar nicht sinnvoll erscheint, wenn er weder Assoziationen noch Zusammenhänge hervorruft und nicht einmal die immer verdächtigen Jungschen „Amplifikationen", dann gibt es im psychotherapeutischen Bereich immer noch die Metapher des projizierenden Tests. In diesem Fall kann der Traumtext wie die ununterschiedenen, harmlosen oder vieldeutigen Figuren eines projizierenden Tests, der der Erforschung der Persönlichkeit dient, behandelt werden. Das bedeutet, dass der Traumtext mit einem Rorschachfleck vergleichbar ist, den wir selbst unabsichtlich hergestellt haben: Wir können bewusste, vorbewusste oder ganz unbewusste Inhalte darauf projizieren und dabei die legitime Erwartung hegen, dass der Träumer, als Produzent sowohl des Traums als auch der Projektion, eine sinnvollere Antwort erhält als das bei einem normalen psychologischen Test der Fall wäre, obwohl es dafür natürlich keinerlei Garantie gibt. Es versteht sich von selbst, dass bei dieser Vorgehensweise jede Standardeinstellung des „Tests" fehlt, aber sie lässt sich zumindest teilweise durch die mehr oder minder intensive Erkundung der „Stile" des Vorstellungsvermögens des Träumers ersetzen.

### *Typische Träume*

Die hypothetische Annäherung an den Traum als Metapher oder als Stoff voller Metaphern erlaubt es uns auch, die so genannten typischen Träume wie gewöhnliche, vielleicht sogar obsolete Metaphern zu betrachten, die in gewisser Weise durch die Sprache transportiert werden oder, allgemeiner, durch die Kultur im anthropologischen Sinn. Meistens (vielleicht immer) haben diese Metaphern eine empirische Grundlage in Erfahrungen, die in bestimmten kulturellen Gruppen, manchmal in der gesamten Menschheit verbreitet und allgemein sind. Zum Beispiel bezieht sich der typische Traum des plötzlichen Verlusts aller oder einiger Zähne auf die universale, immer ein wenig traumatische Erfahrung aller Menschen, wenn sie ihre Milchzähne verlieren. Es hängt dann natürlich von den Umständen ab, von der persönlichen Geschichte des Träumers, und schließlich auch von der Ausdruckskraft des Traumregisseurs, ob das Metaphorisierende auf unterschiedliches Metaphorisiertes verweist.

### *Erzählende Synthese*

Es ist möglich und nützlich, einem Patienten manchmal eine andere Metapher anzubieten, die die Natur des Traums verdeutlicht; die Metapher des Traums als einer erzählenden Synthese von Eindrücken, die auf verschiedenen Ebenen liegen (von anderen oder von sich selbst angeregte Wahrnehmungen, über die gesamte Lebenszeit verstreute Erinnerungen, weitgehend verarbeitete „Tageseindrücke", Bedürfnisse nach symbolischer Selbstdarstellung und unzählige weitere Stimuli). Aber von einer erzählenden Synthese zu sprechen bedeutet letztlich auch, eine mehr oder weniger wirksame Metapher zu benutzen. In jedem Fall kann das zu weiterem Nachdenken führen, eine Voraussetzung für jede Form von Verständnis. Schließlich kann die Metapher dabei helfen, sich einen Traumtext „zu Eigen" zu machen, den man im ersten Moment für „fremd" hielt.

### *Die Metapher der Metapher*

Auch die Auffassung des Traums als Metapher ist an sich eine Metapher. In diesem Fall jedoch brauchen wir uns keine Sorge zu machen, dass der Begriff uns in eine unheilvolle Unendlichkeit entgleitet. Die Metapher ist eben kein Begriff: Sie ist ein Hilfsmittel, das Teil der Vostellungskraft ist. Sie kann im besten Fall Bild und Begriff mittels Analogien zusammenführen, zu denen der streng begriffliche Gedanke von allein nie gelangen würde, weswegen er auch den ihnen innewohnenden Gefahren gegenüber immun bleibt.

# 10. Schlussfolgerungen

Wovon man nicht sprechen kann, darüber muss man schweigen.

L. Wittgenstein, *Tractatus logico-philosophicus*

Wie der geneigte Leser, der uns bis hierhin gefolgt ist, verstanden hat, beabsichtigt der vorliegende Band keineswegs, eine kritische Überprüfung des Jungschen Werks oder das Problem eines „Wegs nach Jung" – das ohnehin notwendigerweise offen bleiben müsste – in irgendeiner Form erschöpfend zu behandeln. Noch stärker gilt dies für den zweiten Teil, der sich einzig und allein als eins der möglichen operativen Modelle präsentiert, die sich aus der vielfältigen und offenen klinischen und therapeutischen Methodologie Jungs ergeben. Es scheint angebracht, hier noch einmal daran zu erinnern, dass die Methode Jungs in dem einen Satz zusammengefasst werden kann, in dem sie ihren Höhepunkt und – paradoxerweise – auch ihre Auflösung findet: Dass nämlich die einzige wahre Methode des Therapeuten seine eigene Persönlichkeit sei.[1] Diese abschließende Feststellung gehört zu den strengsten und anstrengendsten Forderungen, die heute an die psychotherapeutische Forschung gestellt werden können, insofern sie als eine unermüdliche Untersuchung der psychischen und intersubjektiven Interaktivität definiert wird.[2]

Jede hier vorgestellte Überlegung verlangt nach einer weder dogmatischen noch unterwürfigen Sichtweise der Jungschen Lehre, welche wir vor allem,

1 Vgl. Jung 1971e.

2 Über diesen letzten Begriff sind in letzter Zeit allzu viele Wörter verschwendet worden, so dass man darüber fast die einfache Grundstruktur vergisst: Das Subjekt konstituiert sich als solches nur in seiner Beziehung zu einem Objekt; das Objekt des menschlichen Subjekts kann seinerseits ein Subjekt sein. Diese Ausgangssituation bedingt, dass das Erste der beiden (und daraus folgend spiegelbildlich auch das Zweite) sich in der paradoxen Lage befindet, begrenzte Gedanken, Gefühle und Emotionen herauszufinden, um sein Objekt erfassen zu können, gleichzeitig aber die ständige Unzulänglichkeit dieser Vorgehensweise durch die Unerschöpflichkeit des Anderen erfährt. Daher tragen sowohl die Erkenntnis als auch ihre Widerlegung, sowohl das Interpretationsmodell als auch sein Scheitern, sowohl die Sehnsucht nach dem Absoluten als auch der radikale Zweifel an ihr dazu bei, dass ein Subjekt mit den notwendigen Werkzeugen ausgestattet wird, um sich in Beziehung zu einem anderen Subjekt zu setzen. Die auf diese Weise gezogene, theoretische und praktische Grenze wird besonders wichtig bei jener Form von Intersubjektivität, die die Psychotherapie im Allgemeinen ausmacht, da ihre wenngleich großzügige Anmaßung, im Besitz einer absoluten kognitiven Grundlage zu sein, hier besonders gefährlich erscheint.

wenn auch nicht ausschließlich, unter ihrem epistemologischen, methodologischen und problemorientierten Aspekt betrachten, wobei wir uns darüber im Klaren sind, dass wir uns ständig an der Herausforderung, die jede denkende Aktivität permanent für sich selbst darstellt, messen müssen: die Vielfalt der möglichen Gesichtspunkte und der daraus folgende Relativismus. Jung hat sich vor dieser Herausforderung nie gefürchtet, die sich aus der Konsequenz des praktischen und theoretischen Denkens der Menschheit selbst ergibt. Ebenso hat er nie der Versuchung nachgegeben, dieses Problem mit einem einfachen nihilistischen Skeptizismus zu liquidieren.

Der große Psychologe, der zu Beginn des vorigen Jahrhunderts und innerhalb einer aufstrebenden, wissenschaftlichen psychotherapeutischen Forschung als erster das Problem des Pluralismus der Methoden und der theoretischen Apparate, die diesen stützen[3], erkannt hat und ihm begegnet ist, steht auch heute noch – vorausgesetzt, man sieht von einer allerdings vorhandenen Tendenz zum Dogmatismus ab, die allein aus sich selbst heraus schon hinfällig ist – für eine Einladung, sich mit dem Reichtum und dem Verantwortungsbewusstsein bei der Erfindung der Hilfsmittel und der Strategien in der psychotherapeutischen Praxis und der analytischen Intention, die dahinter steht, auseinanderzusetzen.

Letztlich hat dieses Buch eine einzige, ehrgeizige Absicht: Den Psychotherapeuten dazu zu ermutigen, sich der Theorien mit großem Verantwortungsbewusstsein zu bedienen und sich immer dessen bewusst zu sein, dass jede Theorie sich auf ein provisorisches Modell zurückführen lässt und immer angreifbar bleibt, weil sie ständig der Auseinandersetzung mit der Realität und der unerbittlichen Kritik, die aus dieser Auseinandersetzung erwächst, ausgesetzt ist.

3 Vgl. Jung 1971a.

# Literatur


Adler, A., 1922 [1912], *Über den nervösen Charakter: Gründzüge einer vergleichenden Individualpsychologie und Psychotherapie,* Wiesbaden.

Adorno, Th. W., 1980 [1954], Minima Moralia. Reflexionen aus dem beschädigten Leben. In: Th.W. Adorno, *Gesammelte Schriften*, Bd. 4, Frankfurt a.M.

Althusser, L., 1970, *Freud und Lacan*, Berlin.

Athenagoras, 1969 [177], Legatio pro Christianis. In: J.C.Th. von Otto (Hg.), *Corpus Apologetarum Christianorum Saeculi Secundi*, Bd. 7, Wiesbaden, S. 1-185.

Atkins, F., 1966, The Social Meaning of the Oedipus Myth. In: Journal of Individual Psychology, Jahrgang 22, Heft 2, S. 173-184.

Balint, M., 1937, Early Developmental States of the Ego. Primary Object Love. In: International Journal of Psychoanalysis, Bd. 30, S. 265-273.

Balter, L., 1969, The Mothers as a Source of Power. A Psychoanalytical Study of Three Myths. In: Psychoanalytic Quarterly, Jahrgang 38, Heft 2, S. 217-274.

Bedeschi, G., 1985, *Introduzione alla Scuola di Francoforte*, Rom-Bari.

Bettini, M./ A. Borghini, 1982, Edipo lo zoppo. In: B. Gentili/ R. Pretagostini (Hg.), *Edipo. Il teatro greco e la cultura europea, Atti del Convegno internazionale di Urbino, novembre 1982*, Rom, S. 215-225

Capizzi, A., 1982, *La repubblica cosmica*, Rom.

Capizzi, A., 1988, *L'uomo a due anime*, Florenz

Chasseguet-Smirgel, J., 1991, *L'ideale dell'Io*, Mailand

Cooper, A.M., 1985, An Historical Review of Psychoanalytic Paradigms. In: A. Rothstein (Hg.), *Models of the Mind. Their Relationships to Clinical Work*, New York, S. 5-20.

de M'Uzan, M., 1988, Stratégie et tactique à propos des interprétations freudiennes et kleiniennes. In: Revue Française de Psychanalyse, Jahrgang 52, Heft 3, S. 657-664.

de Saussure, F., 1962 [1916], *Cours de linguistique générale*, Paris.

Deku, H., 1974, Geworfenheit. In: J. Ritter (Hg.), *Historisches Wörterbuch der Philosophie*, Bd. 3, Basel/ Stuttgart, S. 622-623.

Dilthey, W., 1923 [1883], *Einleitung in die Geisteswissenschaften.* In: W. Dilthey, Gesammelte Werke, Bd. 1, Leipzig-Berlin.

Dodds, E.R., 1951, *The Greeks and the Irrational*, Berkeley Los Angeles.

Eagle, M.N., 1993, The Dynamics of Theory Change in Psychoanalysis. In: J. Earman et alii (Hg.), *Philosophical Problems of Internal and External Worlds: Essays on the Philosophy of Alfred Grünbaum*, Pittsburgh, S.

Egidi, R. (Hg.), 1988, La svolta relativistica nell'epistemologia contemporanea, Mailand.

Fabozzi P./ F. Ortu (Hg.), 1996, *Al di là della metapsicologia, Il pensiero Scientifico*, Rom.

Fagès, J.-B., 1971, *Comprendre Jacques Lacan*, Paris.

Fairbairn, W. R.D., 1952, *Psychoanalytical Studies of the Personality*, London.

Feyerabend, P. K., 1976, *Wider den Methodenzwang*, Frankfurt a.M..

Fortes, M., 1959, *Oedipus and Job in West African Religion*, Cambridge.

Freud, S., 1961 [1915-1917], Vorlesungen zur Einführung in die Psychoanalyse. In: Sigmund Freud Gesammelte Werke chronologisch geordnet, Bd. 11, Frankfurt a.M.

Freud, S., 1963 [1920], Jenseits des Lustprinzips. In: Sigmund Freud Gesammelte Werke chronologisch geordnet, Bd. 13, Frankfurt a.M., S. 1-69.
Freud, S., 1966 [1918], Wege der psychoanalytischen Therapie. In: Sigmund Freud Gesammelte Werke chronologisch geordnet, Bd. 12, Frankfurt a.M., S. 181-194.
Freud, S., 1968a [1912-1913], Totem und Tabu, In: S. Freud, Gesammelte Werke chronologisch geordnet, Bd. 9, Frankfurt a.M.
Freud, S., 1968b [1927], Die Zukunft einer Illusion. In: Sigmund Freud Gesammelte Werke chronologisch geordnet, Bd. 14, Frankfurt a.M., S. 325-380.
Freud, S., 1968d [1937], Die endliche und die unendliche Analyse. In: Sigmund Freud Gesammelte Werke chronologisch geordnet, Bd. 16, FRankfurt a.M., S. 57 -99.
Freud, S., 1968c [1937], Konstruktionen in der Analyse. In: Sigmund Freud Gesammelte Werke chronologisch geordnet, Bd. 16, Frankfurt a.M., S. 41-56.
Freud, S., 1969 [1932], Neue Folge der Vorlesungen zur Einführung in die Psychoanalyse. In: Sigmund Freud Gesammelte Werke chronologisch geordnet, Bd. 15, Frankfurt a.M., S. 3-197.
Freud, S., 1976 [1899], Die Traumdeutung. In: Sigmund Freud Gesammelte Werke chronologisch geordnet, Bd. 2/3, Frankfurt a.M.
Freud, S./ C.G. Jung, 1974, *Briefwechsel*, Frankfurt a.M.
Fromm, E., 1949, The Oedipus Myth and Complex. In: Scientific American, Bd. 180, S. 22-27.
Gabbard, G., 1994, *Psychodynamic Psychiatry in Clinical Practice. The DSM-IV Edition, American Psychiatric Association*, New York.
Gentili, B., 1986, Il tiranno, l'eroe e la dimensione tragica. In: B. Gentili/ R. Pretagostini (Hg.), *Edipo. Il teatro greco e la cultura europea, Atti del Convegno internazionale di Urbino, novembre 1982*, Rom.
Gill, J., 1983, *The Interpersonal Paradigm and the Degree of the Therapist Involvement.* In: Contemporary Psychoanalysis, Jahrgang 19, S 200-237.
Graves, R., 1993 [1955], *Greek Myths*, London.
Greenberg J. R./ S.A. Mitchell, 1983, *Object Relations in Psychoanalytic Theory*, Cambridge.
Gullotta, C., 1991, Affettività e genesi delle funzioni psicologiche. In: F. Montecchi (Hg.), *Modelli teorici e tecnici della psicoterapia infantile junghiana*, Rom, S. 15-53.
Guntrip H., 1961, *Personality Structure and Human Interaction: the Developing Synthesis of Psychodynamic Theory*, New York.
Hartmann, H., 1964, *Essays on Ego Psychology*, New York;
Heimann, P., 1952, A Contribution to the Re-Evaluation of the Oedipus Complex. The Early Stages. In: International Journal of Psycho-Analysis, Bd. 33, S. 84-93.
Hinshelwood, R.D., 1989, *A Dictionary of Kleinian Thought*, London.
Hobson J.A./ R.A. McCarley, 1977b, The Brain as a Dream-State Generator: an Activation - Synthesis Hypothesis of the Dream Process. In: American Journal of Psychiatry, Bd. 134, S. 1335-1368.
Hobson J.A./ R.A. McCarley, 1977a, The Neurobiological Origins of Psychoanalytic Dream Theory. In: American Journal of Psychiatry, Bd. 134, S. 1211-1221.
Homer, 2004, *Ilias*, Düsseldorf.
Homer, 2005, *Odyssee*, Stuttgart.
Horwich, D., 1993, *Truth*, Oxford.

Huss, R., 1973, Adler, Oedipus and the Tyranny of Weakness. In: The Psychoanalytic Review, Jahrgang 60, Heft 2, S. 277-295.
Innamorati, M., 1991a, *Il concetto di io in Kierkegaard*, Rom.
Innamorati, M., 1991b, La presenza dello 'Zarathustra' di Nietzsche nelle opere di Jung. In: Giornale Storico di Psicologia Dinamica, Jahrgang 15, Heft 30, S. 73-93.
Innamorati, M., 1992, Jung e la fantasmatica dell'ebraismo. In: La ragione possibile, Jahrgang 3, Heft 4, S. 98-109.
Innamorati, M., 2000, *Psicoanalisi e filosofia della scienza*, Mailand.
Jaspers, K., 1913, *Allgemeine Psychopathologie*, Berlin.
Jervis, G., 1989, *La psicoanalisi come esercizio critico*, Mailand.
Jung, C.G., 1971a [1913], Psychologische Typen. In: C.G. Jung, *Gesammelte Werke*, Bd. 6, Olten/ Freiburg, S. 1-601.
Jung, C.G., 1971b [1919], Die Probleme der modernen Psychotherapie. In: C.G. Jung, *Gesammelte Werke*, Bd. 16, Olten/ Freiburg, S. 57-81.
Jung, C.G., 1971c [1932], Sigmund Freud als kulturhistorische Erscheinung. In: C.G. Jung, *Gesammelte Werke*, Bd. 15, Olten/ Freiburg, S. 43-51.
Jung, C.G., 1971d [1935], Grundsätzliches zur praktischen Psychotherapie. In: C.G. Jung, *Gesammelte Werke*, Bd. 16, Olten/ Freiburg, S. 1-20.
Jung, C.G., 1971e [1945], Medizin und Psychotherapie. In: C.G. Jung, *Gesammelte Werke*, Bd. 16, Olten/ Freiburg, S. 90-99.
Jung, C.G., 1971f [1928], Die Beziehungen zwischen dem Ich und dem Unbewussten. In: C.G. Jung, *Gesammelte Werke*, Bd. 7, Olten/ Freiburg, S. 131-264.
Jung, C.G., 1972a [1943], Psychologie und Alchemie. In: C.G. Jung, *Gesammelte Werke*, Bd. 12, Olten/ Freiburg, S. 11-551.
Jung, C.G., 1972b [1934], Vom Werden der Persönlichkeit. In: C.G. Jung, *Gesammelte Werke*, Bd. 17, Olten/ Freiburg, S. 189-211.
Jung, C.G., 1974 [1958], Das Gewissen in psychologischer Sicht. In: C.G. Jung, *Gesammelte Werke*, Bd. 10, Tl. 2, Olten/ Freiburg, S. 475-497.
Jung, C.G., 1976a [1939/54], Die psychologischen Aspekte des Mutterarchetypus. In: C.G. Jung, *Gesammelte Werke*, Bd. 9, Tl. 1, Olten/ Freiburg, S. 91-123.
Jung, C. G., 1976b [1940/50], Über Wiedergeburt. In: C.G. Jung, *Gesammelte Werke*, Bd. 9, Tl. 1, Olten/ Freiburg, S. 125-161.
Jung, C.G., 1976c [1951], Aion. In: C.G. Jung, *Gesammelte Werke*, Bd. 9, Tl. 2, Olten/ Freiburg.
Jung, C.G., 1981a [1934], Vorwort zu R. Mehrlich, Die Psychologie von H. J. Fichte und seine Beziehung zur zeitgenössischen Wel. In: C.G. Jung, *Gesammelte Werke*, Bd. 18, Tl. 2, Olten/ Freiburg, S. 829-831.
Jung, C.G., 1981b [1956/57]; Interview: Jung und der religiöse Glaube. In: C.G. Jung, *Gesammelte Werke*, Bd. 18, Tl. 2, Olten/ Freiburg, S. 754-801.
Jung, C.G., 1983 [1936], Yoga und der Westen. In: C.G. Jung, Gesammelte Werke, Bd. 11, Olten/Freiburg, S. 571-580.
Jung, C.G., 1985a [1927-1931], Die Struktur der Seele. In: C.G. Jung, *Gesammelte Werke*, Bd. 8, Olten/ Freiburg, S. 161-183.
Jung, C.G., 1985b [1947], Theoretische Überlegungen zum Wesen des Psychischen. In: C.G. Jung, *Gesammelte Werke*, Bd. 8, Olten/ Freiburg, S. 185-267.

Jung, C.G., 1985c [1957/58], Die transzendente Funktion. In: C.G. Jung, *Gesammelte Werke*, Bd. 8, Olten/ Freiburg, S. 79-108.
Jung, C.G., 1985d [1928], Allgemeine Gesichtspunkte zur Psychologie des Traumes. In: C.G. Jung, *Gesammelte Werke*, Bd. 8, Olten/ Freiburg, S. 269-318.
Kanzer, M., 1950, The Oedipus Trilogy. In: Psychoanalytic Quarterly, Jahrgang 19, Heft 4, S. 561-572.
Kazdin, A.E., 1986, Comparative Outcome Studies of Psychotherapy. Methodological Issues and Strategies. In: Journal of Consulting and Clinical Psychology, Bd. 54, S. 95- 105.
Kernberg, O.P. , 1980, *Internal World and Esternal Reality*, New York.
Kierkegaard, S., 1923 [1813-55], *Die Tagebücher*, Innsbruck.
Kierkegaard, S., 1958 [1846], Abschliessende unwissenschaftliche Nachschrift zu den Philosophischen Brocken. In: S. Kirkegaard, Gesammelte Werke, Bd. 16, Tl. 1, Düsseldorf-Köln.
Klages, L., 1981 [1929-32], *Der Geist als Widersacher der Seele*, Bonn.
Klein, K., 1961, *Narrative of a Child Analysis*, London.
Klein, M., 1932, *The Psychoanalysis of Children*, London.
Klein, M., 1971 [1955], The Psycho-analytic Play Technique: Its History and Significance. In: M. Klein/ P. Heimann/ R.E. Money-Kyrle (Hg.), *New Directions in Psycho-analysis: The Significance of Infant Conflict in the Pattern of Adult Behaviour*, Tavistock, S. 223-237.
Kohut, H., 1971, *The Analysis of the Self*, London.
Kohut, H., 1984, *How Does Analysis Cure?*, Chicago.
Kohut, H., 1985, *Self Psychology and the Humanities*, New York.
Kuhn, Th.S., 1970, *The Structure of Scientific Revolutions*, Chicago.
Lacan, J., 1994 [1956/57], *Le Séminaire. Livre IV – La Relation d'Objet*, Paris.
Langs, R., 1988, *Decoding Your Dreams*, New York.
Lévi-Strauss, C., 1995 [1955], The Structural Study of Myth. In: Journal of American Folklore, Jahrgang 78, Heft 270, S. 428-444.
Loraux, N., 1987, Voir dans le Noir. In: Nouvelle Revue de Psychanalyse, Bd. 35, S. 219-230.
Mannheim, K., 1929, *Ideologie und Utopie*, Bonn.
Michels, R., 1986, Oedipus and Insight. In: Psychoanalytic Quarterly, Jahrgang 55, Heft 4, S. 599-617.
Miller, J.A., 1986, Schede di lettura lacaniane. In: J. Lacan et alii, *Il mito individuale del nevrotico*, Rom, S. 80 – 83.
Minucius Felix, 1983 [197], *Octavius*, Stuttgart;
Mitchell, S.A./ M.J. Black, 1995, *Freud and beyond. A History of Modern Psychoanalytic Thought*, New York.
Modell, A., 1994, *Per una teoria del trattamento psicoanalitico*, Mailand.
Mumon, 1980, *La porta senza porta*, Mailand
Nagel, E., 1959, Methodological Issues in Psychoanalytic Theory. In: S. Hook (Hg.), *Psychoanalysis, Scientific Method and Philosophy*, New York, S. 38-59.
Nietzsche, F., 1972b [1888-1889], Nachgelassene Fragmente. 1888-1889. In: F. Nietzsche, Werke, Abt. 8, Bd. 3, Berlin

Nietzsche, F., 1972a [1872-1874], Schopenhauer als Erzieher. In: F. Nietzsche, Werke, Abt. 3, Bd. 1, Berlin, S. 331-423.
Nunberg, H./ E. Federn (Hg.), 1962, *Minutes of the Vienna Psychoanalytic Society*, Bd. 1, New York.
Ortega y Gasset, J., 2000 [1914], *Meditaciones del Quijote*, Madrid.
Paduano, G., 1992, *Lunga storia di Edipo re*, Tourin.
Petronius, 1982, Fragmenta. In: K. Müller (Hg.), *Petronii Arbitri Satiricon Reliquiae*, Stuttgart.
Pieri, P.F., 1998, *Dizionario junghiano*, Tourin.
Pontalis, J.-B., 1968, *Après Freud*, Paris.
Popper, K.R., 1959, *The Logic of Scientific Discovery*, London.
Pribram, K.H./ M.M. Gill, 1976, *Freud's „Project" Re-Assessed*, New York.
Propp, V.J., 1986, *Morphologie des Märchens*, Frankfurt a.M.
Rank, O., 1941, *Beyond Psychology*, New York..
Rescher, N., 2000 [1985], *Der Streit der Systeme*, Würzburg.
Richards, I.A., 1936, *The Philosophy of Rhetoric*, Oxford.
Rivière, J. 1970 [1952], General Introduction. In: M. Klein/ P. Heimann/ J. Rivière, *Developments in Psycho-Analysis*, London, S. 1-36.
Roazen, P., 1990, *Encountering Freud*, New Brunswich.
Robert, C., 1915, *Oedipus. Geschichte eines poetischen Stoffs im griechischen Altertum*, Berlin.
Rothstein, A. (Hg.), 1985, *Models of the Mind. Their Relationships to Clinical Work*, New York.
Schaeffer, J., 1989, Les cartes et le territoire. In: Revue Française de Psychanalyse, Jahrgang 53, Heft 3, S. 781-794.
Sophokles, 1982, *König Ödipus*, Stuttgart
Spence, D.P., 1982, *Narrative Truth and Historical Truth*, Oxford.
Spence, D.P., 1987, *The Freudian Metaphor*, New York.
Spence, D.P., 1994, *The Rhetorical Voice of Psychoanalysis*, Cambridge.
Stern, D. et alii, 1998, Non-Interpretative Mechanisms in Psychoanalytic Therapy. The "Something More" Than Interpretation. In: International Journal of Psycho-Analysis, Band 79, S. 903-921.
Strenger, C., 1991, *Between Hermeneutics and Science: An Essay on the Epistemology of Psychoanalysis*, Madison.
Sulloway, F.J., 1979, *Freud Biologist of the Mind*, New York.
Trevi, M./ A. Romano (Hg.), 1975, *Studi sull'ombra*, Venedig.
Trevi, M., 1986, *Metafore del simbolo*, Mailand.
Trevi, M., 1989a, Metafora e simbolo nella lettura junghiana del testo onirico. Una discussione. In: *aut-aut*, Jahrgang 48, Heft 229-230, S. 65-84.
Trevi, M., 1989b, *Per uno junghismo critico*, Mailand.
Trevi, M., 1993a, *Adesione e distanza II. Una lettura dei 'Tipi psicologici' di Jung*, Rom.
Trevi, M., 1993b, Il lavoro psicoterapeutico, Rom.
Trevi, M., 1993c, *Saggi di critica neo-junghiana*, Feltrinelli, Mailand.
Van der Sterren, H., 1952, The „King Oedipus" of Sophokles. In: International Journal of Psycho-Analysis, Jahrgang 33, S. 343-350.
von Franz, M.L., 1972, *C.G. Jung. Sein Mythos in unserer Zeit*, Düsseldorf.

Vico, G., 1963 [1744], *Scienza Nuova*, Mailand.
Wiggershaus, R., 1986, *Die Frankfurter Schule*, München/ Wien.
Wittgenstein, L., 1960 [1921], *Tractatus logico-philosophicus*. In: L. Wittgenstein, *Schriften*, Bd. 1, Frankfurt a.M., S. 7–83.

## Namenverzeichnis

**PHILOSOPHIE UND GESCHICHTE DER WISSENSCHAFTEN**

Studien und Quellen

Band 1 Roland Daniels: Mikrokosmos. Entwurf einer physiologischen Anthropologie. Erstveröffentlichung des Manuskripts von 1850/51, hg. vom Karl-Marx-Haus, Trier. 1988.

Band 2 V.A. Lektorskij: Subjekt - Objekt - Erkenntnis. Grundlegung einer Theorie des Wissens. 1985.

Band 3 Martin Hundt: Geschichte des Bundes der Kommunisten 1836 bis 1852. 1993.

Band 4 Lothar Knatz: Utopie und Wissenschaft im frühen deutschen Sozialismus. Theoriebildung und Wissenschaftsbegriff bei Wilhelm Weitling. 1984.

Band 5 Ferdinando Vidoni: Ignorabimus! Emil du Bois-Reymond und die Debatte über die Grenzen wissenschaftlicher Erkenntnis im 19. Jahrhundert. Mit einem Vorwort von Ludovico Geymonat. 1991.

Band 6 Vesa Oittinen: Spinozistische Dialektik. Die Spinoza-Lektüre des französischen Strukturalismus und Poststrukturalismus. 1994.

Band 7 Lars Lambrecht: Intellektuelle Subjektivität und Gesellschaftsgeschichte. Grundzüge eines Forschungsprogramms zur Biographik und Fallstudie zu F. Nietzsche und F. Mehring. 1985.

Band 8 Frank Unger: Politische Ökonomie und Subjekt der Geschichte. Empirie und Humanismus als Voraussetzung materialistischer Geschichtstheorie. 1985.

Band 9 Bernhard Delfgaauw, Hans Heinz Holz, Lolle Nauta (Hrsg.): Philosophische Rede vom Menschen. Studien zur Anthropologie Helmuth Plessners. 1985.

Band 10 Christfried Tögel (Hrsg.): Struktur und Dynamik wissenschaftlicher Theorien. Beiträge zur Wissenschaftsgeschichte und Wissenschaftstheorie aus der bulgarischen Forschung. 1986.

Band 11 Gerhard Pasternack (Hrsg.): Philosophie und Wissenschaften. Das Problem des Apriorismus. 1987.

Band 12 Gerhard Pasternack (Hrsg.): Philosophie und Wissenschaften. Zum Verhältnis von ontologischen, epistemologischen und methodologischen Voraussetzungen der Einzelwissenschaften. 1990.

Band 13 Wilhelm Weitling: Grundzüge einer allgemeinen Denk- und Sprachlehre. Herausgegeben und eingeleitet von Lothar Knatz. 1991.

Band 14 Hans Jörg Sandkühler (Hrsg.): Geschichtlichkeit der Philosophie. Theorie, Methodologie und Methode der Historiographie der Philosophie. 1991.

Band 15 Rolf-Dieter Vogeler: Engagierte Wissenschaftler. Bernal, Huxley und Co.: Über das Projekt der "Social Relations of Science"-Bewegung. 1992.

Band 16 Volkmar Schöneburg (Hrsg.): Philosophie des Rechts und das Recht der Philosophie. Festschrift für Hermann Klenner. 1992.

Band 17 Axel Horstmann: Antike Theoria und moderne Wissenschaft. August Boeckhs Konzeption der Philologie. 1992.

Band 18 Hans Jörg Sandkühler (Hrsg.): Wirklichkeit und Wissen. Realismus, Antirealismus und Wirklichkeits-Konzeptionen in Philosophie und Wissenschaft. 1992.

Band 19 Georg Quaas: Dialektik als philosophische Theorie und Methode des 'Kapital'. Eine methodologische Untersuchung des ökonomischen Werkes von Karl Marx. 1992.

Band 20 Volker Schürmann: Praxis des Abstrahierens. Naturdialektik als relationsontologischer Monismus. 1993.

Band 21 Theodor Celms: Der phänomenologische Idealismus Husserls und andere Schriften 1928 - 1943. Herausgegeben von Juris Rozenvalds. 1993.

Band 22 Hans Jörg Sandkühler (Hrsg.): Konstruktion und Realität. Wissenschaftsphilosophische Studien. 1994.

Band 23 Hans Jörg Sandkühler (Hrsg.): Freiheit, Verantwortung und Folgen in der Wissenschaft. 1994.

Band 24 Hyong-Sik Yun: Semiotische Tätigkeitsphilosophie. Interner Realismus in neuer Begründung. 1994.

Band 25 Hans Jörg Sandkühler (Hrsg.): Theorien, Modelle und Tatsachen. Konzepte der Philosophie und der Wissenschaften. 1994.

Band 26 Detlev Söffler: Auf dem Weg zu Kants Theorie der Zeit. Untersuchung zur Genese des Zeitbegriffs in der Philosophie Immanuel Kants. 1994.

Band 27 Hyondok Choe: Gaston Bachelard. Epistemologie. Bibliographie. 1994.

Band 28 Reinhard Mocek: Johann Christian Reil (1759-1813). Das Problem des Übergangs von der Spätaufklärung zur Romantik in Biologie und Medizin in Deutschland. 1995.

Band 29 Detlev Pätzold: Spinoza - Aufklärung - Idealismus. Die Substanz der Moderne. 1995.

Band 30 Martina Plümacher: Identität in Krisen. Selbstverständigungen und Selbstverständnisse der Philosophie in der Bundesrepublik Deutschland nach 1945. 1995.

Band 31 Hans Jörg Sandkühler (Hrsg.): Interaktionen zwischen Philosophie und empirischen Wissenschaften. Philosophie- und Wissenschaftsgeschichte zwischen Francis Bacon und Ernst Cassirer. 1995.

Band 32 Seungwan Han: Marx in epistemischen Kontexten. Eine Dialektik der Philosophie und der 'positiven Wissenschaften'. 1995.

Band 33 Martina Plümacher / Volker Schürmann (Hrsg.): Einheit des Geistes. Probleme ihrer Grundlegung in der Philosophie Ernst Cassirers. 1996.

Band 34 Dagmar Borchers: Der große Graben – Heidegger und die Analytische Philosophie. 1997.

Band 35 Anneliese Griese / Hans Jörg Sandkühler (Hrsg.): Karl Marx – zwischen Philosophie und Naturwissenschaften. 1997.

Band 36 Hans Jörg Sandkühler (Hrsg.): Philosophie und Wissenschaften. Formen und Prozesse ihrer Interaktion. 1997.

Band 37 Hyondok Choe: Ideologie. Eine Geschichte der Entstehung des gesellschaftskritischen Begriffs. 1997.

Band 38 Wolfgang Wildgen: Das kosmische Gedächtnis. Kosmologie, Semiotik und Gedächtnistheorie im Werke Giordano Brunos (1548-1600). 1998.

Band 39 Johann Jakob Wagner: Dictate über Ideal- und Naturphilosophie. Herausgegeben und historisch-kritisch kommentiert von Stefano Palombari. 1998.

Band 40 Hongqing Quan: Das Problem des Selbstbewußtseins, seine Begründung in Kants Philosophie und im Neo-Konfuzianismus. 1998.

Band 41 Roberto Finelli: Mythos und Kritik der Formen. Die Jugend Hegels (1770-1803). 2000.

Band 42 Hans Jörg Sandkühler (Hrsg.): Naturverständnisse, Moral und Recht in der Wissenschaft. Zur Problematik von Tierversuchen. 2000.

Band 43 Joon-kee Hong: Der Subjektbegriff bei Lacan und Althusser. Ein philosophisch-systematischer Versuch zur Rekonstruktion ihrer Theorien. 2000.

Band 44 Wilhelm Büttemeyer / Hans Jörg Sandkühler (Hrsg.): Übersetzung – Sprache und Interpretation. 2000.

Band 45 Hans Jörg Sandkühler (Hrsg.): Selbstrepräsentation in Natur und Kultur. 2000.

Band 46 Sandro Nannini / Hans Jörg Sandkühler (eds.): Naturalism in the Cognitive Sciences and the Philosophy of Mind. 2000.

Band 47 Juichi Matsuyama / Hans Jörg Sandkühler (Hrsg.): Natur, Kunst und Geschichte der Freiheit. Studien zur Philosophie F.W.J. Schellings in Japan. 2000.

Band 48 Jindrich Zeleny: Die dialektische Ontologie. 2001.

Band 49 Christian Westphal: Von der Philosophie zur Physik der Raumzeit. 2002.

Badn 50 Francesco Fistetti: Heidegger und die Utopie der Polis. 2002.

Band 51 Reinhard Mocek: Biologie und soziale Befreiung. Zur Geschichte des Biologismus und der *Rassenhygiene* in der Arbeiterbewegung. 2002.

Band 52 Hans Jörg Sandkühler (Hrsg.): Welten in Zeichen - Sprache, Perspektivität, Interpretation. 2002.

Band 53 Giorgio Baratta: Das dialogische Denken Antonio Gramscis. 2003.

Band 54 Silja Freudenberger / Hans Jörg Sandkühler (Hrsg.): Repräsentation, Krise der Repräsentation, Paradigmenwechsel. Ein Forschungsprogramm in Philosophie und Wissenschaften. 2003.

Band 55 Francisco José Soler Gil: Aristoteles in der Quantenwelt. Eine Untersuchung über die Anwendbarkeit des aristotelischen Substanzbegriffes auf die Quantenobjekte. 2003.

Band 56 Paweł Dybel / Hans Jörg Sandkühler (Hrsg.): Der Begriff des Subjekts in der modernen und postmodernen Philosophie. 2004.

Band 57 Hans Jörg Sandkühler / Hong-Bin Lim (eds.): Transculturality – Epistemology, Ethics, and Politics. 2004.

Band 58 Lars Lambrecht / Bettina Lösch / Norman Paech (Hrsg.): Hegemoniale Weltpolitik und Krise des Staates. 2006.

Band 59 Zanghyon Bak: Das Menschen- und Weltbild bei Feuerbach und Marx. Zur Begründung der Solidarität. 2006.

Band 60 Sandro Nannini: Seele, Geist und Körper. Historische Wurzeln und philosophische Grundlagen der Kognitionswissenschaften. Deutsche Bearbeitung von Sibylle Mahrdt. 2006.

Band 61 Jens Pape: Der Spiegel der Vergangenheit. Geschichtswissenschaft zwischen Relativismus und Realismus. 2006.

Band 62 Valerio Meattini: Der Ort des Verstehens. 2007.

Band 63 Sandra Baquedano Jer: Wille zur Phantasie. Versuch das „Nichts" bei Schopenhauer auszuloten. 2007.

Band 64 Hans Jörg Sandkühler (Hrsg.): Menschenwürde. Philosophische, theologische und juristische Analysen. 2007.

Band 65 Sara Dellantonio: Die interne Dimension der Bedeutung. Externalismus, Internalismus und semantische Kompetenz. 2007.

Band 66 Hans Jörg Sandkühler (Hrsg.): Repräsentation und Wissenskulturen. 2007.

Band 67 Mario Trevi / Marco Innamorati: Das Erbe C. G. Jungs. Neue Wege in der dynamischen Psychologie. 2008.

FSC
www.fsc.org
MIX
Papier | Fördert gute Waldnutzung
FSC® C083411

Kolibri 360 GmbH
Ferdinand-Jühlke-Straße 7
99095 Erfurt, Deutschland
produktsicherheit@kolibri360.de

Druck:
CPI Druckdienstleistungen GmbH
im Auftrag der
Kolibri 360 GmbH
Ferdinand-Jühlke-Str. 7
99095 Erfurt